DESCUBRE
EN EL JUEGO DE LA VIDA
TU PHOENIX

*Activa tu autenticidad y
sigue las misiones de vida*

HIROYUKI "HIRO" MIYAZAKI

Traducción por Sayuri Sato Hirata

Primera Edición

Descubre tu Phoenix en el Juego de la Vida /Hiroyuki "Hiro" Miyazaki.-

ISBN 978-1-09833-139-9 (Libro impreso);
ISBN: 978-1-09833-140-5 (eBook)

Información para pedidos: https://store.bookbaby.com.

Imagen de portada© chesterf /Stockfresh; todas las demás imágenes Hiroyuki Miyazaki

Primera edición

CONTENTS

El Phoenix está volando a través del tiempo y el espacio,
llegando a la encrucijada de tu vida.

Duda, y desaparecerá en el aire.

Persíguelo, y se te escapará de los dedos como arena del desierto.

Ríndete, y ella te mostrará el camino a tu destino.

Hiroyuki 'Hiro' Miyazaki

PREFACIO

¿Quién soy yo? ¿Cuál es mi propósito en la vida? ¿A dónde iré después de la vida?

Soy sanador, coach, profesor de meditación y sanación emocional. Solía trabajar en un trabajo en el ámbito corporativo, pero cambié de carrera en 2008 cuando empecé a meditar, esperaba encontrar respuestas a las mayores preguntas de la vida; sin embargo, no fue tan fácil. En cada sesión de meditación, estaba lejos de estar en un estado meditativo porque mi mente estaba llena de reflexiones que me distraían de mi trabajo, situaciones de vida, el futuro y arrepentimiento de experiencias pasadas. Mi profesor de meditación me dijo que continuara todos los días sin importar. Y tenía razón. A medida que pasaba el tiempo, aprendí a calmar esos pensamientos y emociones, y gradualmente, pude llegar a un estado tranquilo y pacífico durante mis meditaciones.

Con el tiempo, también empecé a notar un sentimiento que surgía dentro de mi corazón durante mis meditaciones. Fue un sentimiento agradable, cálido y reconfortante, como si alguien me dijera "Hiro, todo va a estar bien". Cada vez que meditaba, buscaba el sentimiento y disfrutaba recibir una muestra de ello. Al final, noté que había más sentimientos dentro de mi corazón, y cada uno parecía tener distintos mensajes. Si intentaba agarrarlos, desaparecían. Pero si me relajaba y les permitía subir lentamente, podía experimentarlos. Cada uno me dio sentimientos agradables, pero todos eran diferentes y parecían tener distintos mensajes. Hice lo mejor que pude para interpretar sus significados.

"Todo lo que necesitas está en ti".

"Tú eres amado por todos y todo a tu alrededor".

"Eres valioso y eterno".

Así es como empecé a recibir mensajes intuitivos desde mi corazón. Cada día, en mi meditación, recibía mensajes intuitivos y tomé nota de ellos. Los mensajes eran genéricos y amplios en el sentido, y a veces era difícil entender si tenían un uso práctico en la vida real, pero seguía tomando notas.

Mientras empecé a meterme más profundamente en mi práctica espiritual, empecé a enseñar meditación y a organizar sesiones privadas de sanación. En mis sesiones privadas, evité solucionar problemas de superficie y, en cambio, profundicé en la situación de mi cliente y determiné ciertas lecciones que podían aprender de ella. Sí, lecciones, no la causa. Cada problema o desafío en la vida tiene una lección subyacente que debe aprender el cliente. Cuando se aprende la lección, pueden sanar su corazón, y la situación se resuelve por sí misma. Entonces, se cumple el propósito del desafío. A través de sesiones privadas de sanación, ha tocado a la gente en sus corazones y les he ayudado a identificar sus lecciones y superar sus desafíos. También he recibido mensajes intuitivos, como:

"Libérate perdonando a otros".

"¡Recuerda quién eres realmente!"

"Este es el momento divino que planeaste para tu vida".

Cada uno de estos mensajes tuvo un profundo efecto sanador en el cliente y proporcionó importantes ideas a mis preguntas iniciales. También tomé nota de eso.

Después de más de diez años de meditación y miles de sesiones privadas, finalmente pude conectar los puntos de esas piezas de perspectivas intuitivas y representar una imagen más grande de lo que sucede realmente en nuestras vidas, que respondió a todas mis preguntas. Es una respuesta larga que describe un sistema de vida, que he denominado la Teoría del Juego de la Vida. Nos da una perspectiva diferente sobre por qué los desafíos ocurren en nuestras vidas, cómo podemos resolverlos para siempre y cómo podemos crear la mayor alegría y la realización de la vida.

Una de las cosas más importantes que aprendí a través de esas perspectivas intuitivas fue que no hay enemigo en nuestras vidas, sino miedo. El miedo es el enemigo que causa desgracias e infelicidad. El miedo es lo que nos impide conectarnos a nuestros corazones. Si no sabes lo que quieres en tu corazón, ¿cómo puedes ser realmente feliz? En lugar de luchar contra el otro, los humanos podemos unir fuerzas para conquistar nuestros miedos.

La información que aparece en este libro te permitirá conquistar tus miedos, redescubrir quién eres realmente, y crear alegría y satisfacción en tu vida. Y creo que muchas personas en el mundo necesitan recibir lo que he reunido en este libro.

Así es que aquí estoy. Esta es mi teoría sobre la vida.

Con amor y gratitud,
Hiroyuki "Hiro" Miyazaki

PRÓLOGO

Numerosas almas se reúnen en un campo abierto lleno de luces brillantes. No hay sonido ni viento, sino una energía de paz y calor. Cada alma irradia una hermosa luz de diferentes colores, blanco, azul oscuro, verde, violeta, amarillo, oro, entre otros.

Como todos los demás, estás listo para entrar en el Juego de la vida, esperando el momento perfecto para dar el salto. Desde que decidiste unirte al juego, has hecho mucha preparación para cumplir tus deseos. Has prometido a un grupo de otras almas que irías con ellas, has elegido un lugar y fecha de nacimiento, y has elegido a una madre biológica y un cuerpo físico. También has organizado algunos acontecimientos y reuniones importantes, has prometido con otras almas a ayudarse mutuamente en el camino, y has acordado desempeñar ciertas funciones para crear situaciones de aprendizaje eficaces para todas las almas implicadas. ¡Estás deseando mucho entrar en esta vida!

Además de hacer grandes avances en tu crecimiento espiritual, conocerás a muchos miembros familiares en diferentes funciones, algunos como miembros de tu familia o parejas románticas y otros como mentores, estudiantes, amigos, colegas, competidores, enemigos o extraños. Con ellos, podrás experimentar varios pensamientos, emociones y sensaciones físicas que nunca has tenido antes.

Tú eres consciente de que, una vez que entras en una vida humana, perderás el acceso a la misma conciencia y memoria que tienes ahora. Esperas descubrir tu Phoenix, pero nunca sabes cómo evolucionará tu vida con tu libre voluntad. Aún así, estás emocionado, incluso con las partes inciertas del juego, porque hace que la experiencia sea aún más enriquecedora y profunda. Incluso si las cosas se desvían de su plan original, puedes ir con el flujo, hacer los ajustes necesarios y cumplir tus propósitos en esta vida.

"Bye, a todos! ¡Nos vemos después!"

Muchos otros miembros familiares del alma ya han partido en esta vida. Finalmente, se acercan a su momento divino. Miras a tu madre biológica mientras ella te espera pacientemente en el Planeta Tierra. Está lista. Respiras profundamente, saltas a la puerta iridiscente, y viajas por un largo túnel de luz hacia un pequeño cuerpo físico en el que pasarás este juego de la vida viviendo.

¡Comienza el juego!

INTRODUCCIÓN

¿Has descubierto el Phoenix en tu vida? ¿Conoces el significado de tus desafíos y dónde te están guiando?

La felicidad empieza con saber lo que realmente quieres, los deseos intrínsecos que vienen de tu alma. El propósito de Descubrir tu Phoenix en el Juego de la Vida es ayudarte a experimentar la felicidad, la alegría y la realización en tu corazón. En el proceso, descubrirás tu Phoenix, tu transformación cambiante de vida y una identidad renovada que te guíe con éxito a través de la vida.

Mi abuelo era un soldado que sobrevivió a la guerra, y la familia de mi abuela dirigía una Terakoya, una humilde escuela de templos, durante tiempos de guerra. Sus antepasados incluyeron a un valiente guerrero samurai que luchó contra los dirigentes políticos por la libertad del pueblo. Mi abuela en una ocasión me mostró una espada samurai usada por nuestros antepasados, un largo y brillante metal que tenía un borde afilado. Era aterrador, pero hermoso al mismo tiempo. Un día, me dijo: " Hiro, ya no necesitas esto. Hoy, usas tu cerebro para hacer tu camino.

Esa era la familia en la que nació mi padre. Como primer hijo de la familia, la gente tenía muchas expectativas sobre él; querían que se convirtiera en un gran hombre, tuviera éxito en la sociedad y cuidara bien a toda la familia. Esta era la era de la posguerra, y la gente había dejado caer sus espadas y armas de fuego mucho antes, por lo que la definición de "gran hombre" era mantener la más alta integridad, ser el hombre más inteligente donde quiera que fuera, ganar todas las competencias, y tener éxito en la sociedad como hombre de negocios. Si él estuviera a la altura de sus expectativas, la gente estaría orgullosa de él y diría: "Eres un buen chico". Pero si no lo hubiera hecho, habría sido considerado un fracaso. Debido a este entorno, el propósito de la vida de mi padre, al menos al principio, era ser el "buen chico", el empresario exitoso.

Y lo hizo bien. Estudió arduamente y obtuvo buenas notas en cada evaluación que había pasado; su historial académico era extraordinario. Cuando mi padre estaba bien en su carrera, se dio cuenta de que su jefe, el director ejecutivo de la empresa, estaba tomando una decisión terrible. Conducido por uno de sus valores fundamentales, manteniendo la mayor integridad, mi padre reunió su valor y enfrentó a su jefe, arriesgando su trabajo en el proceso. Conducido por uno de sus valores fundamentales, manteniendo la mayor integridad, mi padre reunió su valor y enfrentó a su jefe, arriesgando su trabajo en el proceso.

"Jefe, esto es muy riesgoso. Esto podría potencialmente llevar a todos nuestros empleados fuera de la compañía y vivir en la calle".

El jefe no tomó bien sus críticas, y mi padre fue despedido de la compañía. Esto lo dejó fuera de curso de la vida "exitosa" tal como lo definían sus mayores, lo que fue desafortunado, pero le quitó un peso de los hombros. Finalmente fue liberado de las expectativas de otros y podría tomar un momento para parar, mirar su vida desde una perspectiva diferente, y preguntarse a sí mismo, ¿qué es lo que realmente quiero en la vida?

Unos meses después, mi madre reunió a los miembros de nuestra familia en la mesa. Parecía seria y decidida, y sentí que algo importante estaba ocurriendo. Ante todos los presentes, ella dijo:

"Hoy, quiero que sepan que su padre ha decidido tomar un nuevo camino de vida. Celebraremos el nuevo viaje de su papá y le daremos todo nuestro apoyo".

Nos dijo que perseguiría sus pasiones artísticas, como las artes de los vitrales. Recuerdo que miré su cara en ese momento, y la mirada estresada, nerviosa y suprimida que había llegado a tener se había ido por completo. Su cara brillaba como el sol, alegre, juguetón y feliz. Fue la expresión más hermosa que le había visto hacer. No entendí lo que estaba a punto de empezar, pero estaba convencido de que era para lo que nació.

Tu Phoenix

Tu Phoenix es tu auténtico yo superior que sabe por qué naciste en esta vida, lo que realmente quieres, y adónde vas. Como el proceso de descubrir su autenticidad implica dejar la antigua vida y renacer, "Phoenix" funciona muy bien como una metáfora para transmitir el proceso transformativo y la magnitud de su importancia para la vida de uno. Tu Phoenix, o tu auténtica identidad, contiene sus creencias sostenidas más profundas, sus valores y los principios que viven. Cuando tu Phoenix se revela, te alimenta con un profundo sentido de propósito que arde con el fuego de tu pasión.

Todos nacen con esta identidad innata como el Phoenix, pero muchos perdemos contacto con ella durante nuestros años adolescentes, distrayéndonos de seguir nuestros corazones. En el proceso, nuestros cerebros ocupan el asiento del conductor en nuestras vidas, mientras que nuestro Phoenix se vuelve oculto y inactivo. Como resultado, muchos experimentamos una falta de alegría, satisfacción y propósito en la vida.

Sin embargo, tu Phoenix no se queda callado para siempre. De vez en cuando, intenta hablarte a través de tu corazón, normalmente cuando tus pensamientos o acciones van en contra de tu auténtica identidad y causan conflictos dentro de ti mismo. Si ignoras esta voz interior, crece más y más fuerte, y nunca se detiene hasta que te enfrentas a ella. A menudo, esto causa mayores desafíos en la vida que disparan miedos profundos y torbellinos emocionales.

Te arrastra hacia abajo y hace tu vida miserable. Puedes tratar de abordar la situación en la superficie, pero el mismo desafío seguirá volviendo una y otra vez. Podrías darte la espalda y renunciar a tus sueños, a ti mismo o a tu vida, pero este es exactamente el momento en que puedes descubrir tu Phoenix y hacer que tu vida brille.

Una situación difícil puede convertirse en una oportunidad que ofrezca regalos preciosos y lecciones que desencadenan avances, revelaciones, nuevos entendimientos o cualquier transformación importante que sea necesaria en tu vida. Cuanto más difícil sea el desafío, más grande es la transformación. Tu Phoenix se revela cuando liberas lo viejo y te abres a lo nuevo, ya sea una idea, creencia, estilo de vida, patrón de conducta, carrera o relación. Al igual que el pájaro legendario que quemó a los viejos en cenizas y se levantó de ella en una nueva identidad, el Phoenix dentro de ti llega a tu vida, saca a lo viejo que ya no te sirve, e invita a florecer tu autenticidad.

El Juego de la Vida

Cuando piensas en los desafíos como oportunidades para descubrir tu auténtica identidad y cumplir tu propósito y misiones, te encuentras en la vida como un juego. Supongamos que eres un alma que se inscribió en este Juego de la Vida y asumió un cuerpo humano. Se organizaron cuidadosamente eventos y oportunidades de antemano para que puedas crecer paso a paso hasta llegar a un punto en el que hagas un gran avance y reveles tu Phoenix o identidad, cumpliendo así tu propósito y misiones, convirtiéndote en quien estás destinado a ser. Apuesto a que esto suena como una teoría audaz, pero explica muchos misterios de la vida, te muestra una manera de dejar ir tus miedos, y puede empoderarte para florecer. Así que te pido que seas abierto y te quedes conmigo para ver tu vida como si estuviera protagonizada por una historia heroica que incluye comedia y tragedia avanzando hacia la búsqueda de tesoros que alimentan tu alma.

Descubre tu Phoenix

Descubrir tu Phoenix no es fácil. Necesitas conquistar tus miedos y arriesgarte a cambiar tu vida. Puede que te lleve muchos años encontrarlo, como lo fue en mi caso. Este libro no contiene pasos fáciles o fórmulas simples para descubrir tu Phoenix; sino que toma el enfoque opuesto. Descubrir tu Phoenix requiere que revises tus grandes retos de vida, recuperar lecciones y activar tu autenticidad. Se necesita contemplación, concentración, valor, compasión y aceptación. En última instancia, debes asumir la responsabilidad de tu desarrollo. Debes dedicarte al desarrollo personal para que te des cuenta de tu potencial.

- En la parte I se examina la teoría del Juego de Vida como una directriz sobre cómo ver tu vida y apoyar tu viaje hacia la autenticidad.

- La parte II ofrece perspectivas de importantes retos que pueden aparecer en tu vida y ofrece orientación sobre cómo convertirlos en oportunidades para descubrir tu auténtica identidad y cumplir tu propósito y misiones en la vida.

En cada capítulo, encontrarás una serie de ejercicios para facilitar la sanación e invitar a que surjan importantes nuevos entendimientos. Si te interesa continuar tu viaje, ofrezco sesiones privadas, visualizaciones guiadas y talleres para ayudar a tu crecimiento y alineación a tus misiones de vida. Visita mi sitio web en https://phoenixblessing.com para más detalles.

Al dedicarte a descubrir tu Phoenix, te convertirás en una presencia auténtica que puede hacer una diferencia positiva en el mundo y dejar un legado para que otros lo puedan seguir.

Parte I:
LA TEORÍA DEL JUEGO
DE LA VIDA

¿ACCIDENTAL O PRE PLANEADO?

En enero de 2007 volé a Egipto con otros diez amigos. Hicimos el típico turismo, como visitar varias pirámides, comprar en el bazar, ir al museo, etc. Pero hicimos una cosa que no era típica: nos quedamos un poco más en la Gran Pirámide y meditamos en la Cámara del Rey. La cámara estaba muy encendida y húmeda. Otros turistas entraron y salieron, tomando fotos y hablando del sarcófago en diversos idiomas, pero nos sentamos en el suelo y meditamos durante algún tiempo. No tuve una visión extraordinaria durante esa sesión de meditación, pero sentí que fue más profundo de lo que había tenido antes. Cuando abrí los ojos, me sentía tan renovado y confiado, me sentí firme. Tenía la sensación de que algo nuevo estaba a punto de empezar.

Inmediatamente después de que volví de Egipto a Japón, uno de mis amigos me presentó a una técnica de sanación meditativa. Dijo: "¡Puedes cambiar tus creencias subconscientes en segundos!" Tenía dudas, pero también tenía curiosidad. Pensé que podría ayudarme a superar algunos patrones de comportamiento que obstaculizaban mi actuación laboral. En ese entonces, estaba estresado en el trabajo y buscaba formas de controlar mejor mis emociones y experimentar más paz mental.

La técnica de sanación resultó ser muy buena. Sentí un cambio dentro, pude manejar mejor mis emociones, y estaba menos estresado de lo que solía estar. Mientras seguía estudiando la técnica de sanación y practicándola con mis amigos y colegas, me encontraba experimentando un dulce y cálido sentimiento en mi corazón cada vez que me sanaba a mí mismo y a otros. No sabía cómo o por qué me sentía así, pero tenía claro que mi corazón era feliz. Gradualmente, anhelé experimentar ese sentimiento tanto como pude por el resto de mi vida. Después de meses de lucha interna, finalmente tomé una decisión importante para cambiar mi carrera de un trabajo corporativo a sanación y coaching. Esa decisión cambió el curso de mi vida completamente (Abordaré las luchas internas que nos llevan a ella más tarde.)

En los años transcurridos desde que tomé esa decisión, he viajado a otros países para ofrecer mis consultas de sanación y he ayudado a miles de personas a superar sus retos y a crear cambios positivos en sus vidas. Mis clientes han estado en todo tipo de situaciones, por ejemplo, crisis de negocios, relaciones miserables, desafíos de salud, desafíos financieros, etc. Un día, una mujer vino a mí con un bebé recién nacido y dijo: "Hiro, gracias por ayudarme a romper con mi exnovio el año pasado. Desde entonces, pude encontrar al amor de mi vida, y ahora tengo a este hermoso niño".

Esta conversación me hizo pensar; si no hubiera hecho el cambio poco convencional de carrera, pasar de un empleado corporativo a un sanador, este bebé podría no existir hoy. El cambio de carrera era tan improbable para mí, y había más de un 90% de probabilidad de que no tomara ese camino. Parecía tan accidental. Y, sin embargo, la sonrisa inocente de ese bebé no parecía un accidente en absoluto; esa hermosa y radiante sonrisa en su cara y el efecto que estaba teniendo en otros era tan profunda, eterna y divina. En mi corazón, sabía que ese bebé debía nacer, y estábamos destinados a encontrarnos en ese momento y nos inspiramos por su presencia, como con todos los demás que estaban presentes en ese momento.

No habría podido conocer a ese bebé sin una cadena única de eventos, la introducción de mi amigo a la sanación, la reunión con el fundador, viajar a otros países, reunirme con esta mujer para ayudarla a sanar, etc. Es fácil decir que todos esos acontecimientos fueron accidentales o coincidentes, pero ¿y si todos estaban destinados a suceder para que pudiéramos llegar al lugar y en el momento adecuado?

En la vida, hay algunos acontecimientos o reuniones importantes que hacen profundos efectos en el curso de nuestras vidas. Para Helen Keller, la reunión con Anne Sullivan cambió su vida completamente. Paul McCartney conoció a John Lennon y formó la sociedad de escritura de canciones más exitosa de la historia. Asociándose con Steve Jobs, Steve Wozniak inventó la computadora Apple I. Para Anthony Robbins, su adversidad de vivir por su cuenta a los diecisiete años lo llevó a Jim Rohn, quien le dio la oportunidad de aprender, crecer y tener un impacto en la vida de los demás. Estas personas hicieron profundos efectos en la vida de otros, y cada uno tuvo algunos encuentros casuales que parecen haber ocurrido accidentalmente en la superficie, pero eran tan esenciales para sus contribuciones al mundo. La gran pregunta es: ¿Tuvieron suerte de tener esos eventos y reuniones que les guiaron hacia su camino de vida? ¿O todos esos eventos estaban predestinados a suceder?

Digamos que todos los eventos y reuniones de la vida ocurren accidental o casualmente. Un día, quizá experimentes felicidad, pero al día siguiente, podrías experimentar desgracia que te hace sufrir. La vida es volátil, incierta, compleja y ambigua. Esta perspectiva activa diversos temores: miedo a la supervivencia, miedo a perder tu calidad de vida, miedo a perder el amor, miedo a estar solo, miedo a no tener sentido en la vida, etc. En la búsqueda de la seguridad, se les empuja a competir con otros para luchar por dinero, fama y poder. Finalmente, esto se convierte en el propósito de tu vida, y tu visión y valores reflejan lo mismo. Pero no importa cuánto ganes, los miedos no se van, sino que se agravan. Terminas aún más asustado de perder lo que tienes, y aún no tienes paz mental. Y tú te planteas: "¿Qué significa todo esto?"

Otra vez, digamos que algunos eventos de vida y reuniones están pre planeados para que sucedan en beneficio de tu propósito de vida. Experimentas eventos y reuniones que te guían para convertirte en quien estás destinado a ser y hacer lo que estás destinado a hacer. Confías en que todo en la vida ocurre por una razón. Puede que a veces experimentes desgracias, pero aún pueden mantener la paz mental porque saben que incluso una desgracia te enseña una lección necesaria para acercarte un paso más a quien se supone que eres. Con esta perspectiva, te sientes seguro y apoyado, teniendo fe en tu vida, y puedes vivir en paz y con gratitud por todo lo que ocurre.

Todos tenemos la opción de creer que los eventos de vida son coincidentes o pre planeados.

¿Cuál elegirás?

Es esencialmente una elección entre el miedo y la fe. Estas dos opciones ofrecen perspectivas totalmente diferentes de la vida que afectarán a tus experiencias y resultados. Cuando hice esta elección hace años, me di cuenta que esta pregunta causó un conflicto interno entre mi cerebro y mi corazón. Mi cerebro decía que los eventos de vida son accidentales, mientras que mi corazón decía lo contrario. Pasé muchos años tratando de resolver esto, y ahora tengo una teoría en la que mi cerebro y mi corazón finalmente están de acuerdo.

La Teoría del Juego de la Vida explica que naciste en esta vida con un propósito, y antes de esta vida pre planeaste acontecimientos y reuniones importantes para que puedas crecer y cumplir ese propósito. Entraste en esta vida sin conciencia de esos planes y dependes de tu libre voluntad de seguir el camino de tu vida. ¿Esta teoría representa la verdad sobre nuestras vidas? Te invito a responder esta pregunta sólo después de leer este libro.

Sin importar, esta teoría explica sobre los muchos misterios de nuestras vidas y puede ser muy útil para conquistar nuestros miedos y abordar eficazmente diversas situaciones de vida, permitiéndonos crear la máxima alegría y realización en la vida.

1. SINOPSIS DEL JUEGO

La vida humana es un juego de roles. Los jugadores asumen las funciones de los personajes y asumen la responsabilidad de desempeñar esas funciones en el transcurso de una vida mediante la adopción de decisiones literales y eficaces en el ámbito del desarrollo de personajes.

- El objeto del Juego de la Vida es vivir una vida en un cuerpo humano y satisfacer todos los deseos (cuerpo, mente y espíritu) lo más posible a través de varios eventos de vida en el Planeta Tierra.

- Cuando entras en el cuerpo, se vuelve "despierto", y vives una vida como cuerpo. Debes salir del cuerpo regularmente y entrar en un estado de "dormir" como mantenimiento de rutinas.

- Tu cuerpo vive en un entorno físico; por lo tanto, tu actividad como cuerpo está influida por las leyes del universo físico, así como por las cualidades físicas, las relaciones, las comunidades y la naturaleza.

- Jugar al Juego de la Vida es como jugar a una historia heroica que incluye tanto comedia como tragedia y progresa hacia encontrar tesoros que alimentan a tu alma.

- Puedes predisponer que se celebren algunos eventos y reuniones durante tu vida humana para ayudarte a cumplir tu propósito; sin embargo, una vez que estés en tu cuerpo, estarás por tu cuenta. Tienes libre voluntad de hacer lo que quieras, aunque sea en contra de los eventos y reuniones pre planeados que te fijas. Si ese es el caso, tendrás que ajustar tu plan en consecuencia.

- A lo largo de tu vida, tendrás un sinfín de oportunidades para disfrutar de una experiencia física en un cuerpo humano, alcanzar el crecimiento espiritual y contribuirás al crecimiento espiritual de los demás.

Aquí hay algunas implicaciones importantes. Primero, entraste en este juego, una vida humana, por tu propia voluntad. No fuiste forzado, y no tenías que jugar, pero realmente querías aprovechar esta oportunidad. El propósito de la vida es que tu alma crezca, y tienes la libertad de fijar el nivel de crecimiento que necesitas para alcanzarlo en esta vida y planificar en consecuencia. Segundo, todas tus experiencias vitales son ilusiones generadas por las leyes físicas del universo. Estas ilusiones son eficaces para proporcionarte un entorno para tu crecimiento, pero tu verdadera esencia reside más allá del reino físico. En tercer lugar, ninguna vida está por encima o por debajo de los demás, independientemente de sus experiencias en la vida humana. Cada experiencia te da conocimientos y sirve para tu crecimiento; por lo tanto, cada vida es especial, preciada y valiosa. El juicio humano sobre el bien/mal, rico/pobre y el éxito/fracaso no es pertinente para la dignidad de una persona desde la perspectiva de nuestras almas.

Con esto, repasaremos los conceptos claves de la Teoría del Juego de la Vida.

Jugador del Juego

¿Alguna vez has jugado un videojuego? Asumes el papel de un personaje para jugar el juego, ya sea un guerrero, atleta, coche o animal. Estos personajes son un vehículo para que juegues, pero los vehículos no son los jugadores.

El Juego de la Vida humana funciona de la misma manera. Los cuerpos humanos no son los jugadores, son sólo vehículos. Bueno, entonces, ¿quiénes son los jugadores? Esta es posiblemente una de las preguntas más inevitables y profundas. Es como, "¿Quién soy realmente?"

Para responder a esta pregunta, utilicemos un ejemplo de un humano llamado Michael. Si le preguntas quién es, diría: "Soy Michael". Para todos, incluido él mismo, su cuerpo físico es la expresión de su identidad. En esta perspectiva, se aplica la siguiente ecuación:

Yo=Michael=Este cuerpo físico

En el Juego de Vida, el cuerpo físico es sólo un vehículo del juego; por lo tanto, esta conciencia que dice "Yo" no es igual al cuerpo físico. En cambio, la conciencia tiene el cuerpo, y el cuerpo se llama Michael. Con esto, la siguiente declaración describe la relación con más precisión:

Yo tengo este cuerpo físico llamado Michael.

Ahora, si preguntas quién es éste sin un cuerpo y un nombre, la única manera de describir esta consciencia es:

Yo soy.

Aquí es. "Yo soy" es el jugador, una conciencia que existe, piensa y siente. No necesita un cuerpo físico, pero tiene un cuerpo físico en el Juego de la Vida. Si quiere, puede unirse a múltiples juegos de la vida al mismo tiempo y disfrutar de todas las experiencias que cada juego ofrece. Algunas personas podrían llamar al "yo soy" con diferentes nombres: alma, yo superior, subconsciente o súper consciente, por nombrar algunos. Prefiero llamarlo alma de ahora en adelante.

No eres tu cuerpo. Eres un alma que tiene un cuerpo. Algún día, tu cuerpo físico dejará de existir, pero seguirás existiendo como conciencia, y eso es eterno.

Propósito, metas, y misiones

Para un videojuego de carreras de autos, quizá el propósito del juego es divertirse y emocionarse. La misión sería cada carrera de autos, y el objetivo sería ganar todas las carreras en el menor tiempo.

Ahora, examinemos el propósito, los objetivos y las misiones para el Juego de la Vida. Como alma que existe más allá de la realidad física, no se necesita objetos físicos, como el dinero, un coche, una casa, salud o belleza físicas. El propósito es algo más significativo, más allá del reino físico. Si cierras los ojos por un momento, puedes experimentar el estado más allá del reino físico. Es cierto, es ese espacio negro donde piensas, imaginas y sientes. Este es el espacio donde vive tu conciencia, y no desaparece, incluso después de tu muerte física. Lo que ganes a través del Juego de la Vida debe ser significativo en este mundo más allá de lo físico. ¿Qué podría ser?

Es el estado mental. A través de una vida humana, tú (tu alma) querías mejorar tu estado de ánimo. En tu mente, puedes experimentar varios estados. Puedes tener estados de baja vibración, como el miedo, la tristeza, y la ira, o tener estados de alta vibración, como el amor, la alegría y la realización. A través de una vida humana, experimentas varias situaciones que te ponen en un estado de baja vibración, dándote la oportunidad de activar cualidades virtuosas para mantener un estado de alta vibración o ir aún más alto. Crecer espiritualmente mediante la activación de cualidades más virtuosas es el propósito del Juego de la Vida.

Como alma, ya tienes todas las cualidades virtuosas dentro de ti, pero tienes que activarlas para reflejarlas en tu estado de ser. Se puede activar una calidad virtuosa cuando haya una oportunidad de utilizarla. Como almas, queríamos unirnos a este Juego de la Vida para crear varias situaciones para activar cualidades virtuosas, como la bondad, la paciencia, la tolerancia, la compasión, la honestidad, la integridad, etc. Por ejemplo, ¿cómo se puede activar la tolerancia? Necesitas una situación que requiera tolerancia. Si la tolerancia es una de las virtudes que deseas desarrollar, tú como alma habrías organizado tales situaciones para que tuvieran lugar en tu vida. Observa que cada calidad virtuosa tiene diferentes niveles de dominio. Hay sombras infinitas de gris entre el nivel más bajo de bondad al más alto nivel; por lo tanto, para activar tantas cualidades virtuosas como sea posible, tu alma elegiría jugar este juego de la vida una y otra vez

Antes de cada Juego de Vida, fijas metas de crecimiento espiritual para alcanzar durante toda tu vida. Los objetivos de crecimiento dependen de cuánto has conseguido durante toda tu vida y cuánto y en qué áreas quieres alcanzar en esta vida. Por ejemplo, podrías elegir alcanzar un nivel más alto de compasión, abordar tu temperamento corto y cultivar la conciencia en esta vida.

Además de los objetivos de crecimiento, también planeaste algunas misiones en la vida para contribuir al crecimiento de los demás. Las misiones son promesas entre almas para apoyar el crecimiento espiritual el uno del otro. Las misiones pueden ser tan profundas como inspiradoras para millones de personas, o podría ser tan humilde como ayudar a tu familia y amigos. Puedes compartir tus experiencias, dar consejos e inspirarlos a crecer. No importa cuántas almas ayudes. Importa cómo te sientes y creces siendo de servicio para otros. Los objetivos y las misiones son las razones reales detrás de los desafíos y acontecimientos difíciles, y es posible resolverlos revisando lo que has experimentado hasta ahora en tu vida. Reconociendo tus objetivos y misiones te dará claridad sobre lo que deseas en la vida y hacia dónde te diriges.

Otro propósito importante del Juego de la Vida es disfrutar de una realidad física. Como alma, vivir una vida humana es una oportunidad valiosa y fascinante para experimentar un cuerpo físico, naturaleza y relaciones con otras almas y presenciar diversos niveles de cualidades en ti y en otros.

Planeación de vida

Decidiste venir a esta vida para tu crecimiento, misiones y experiencias físicas. Para crear una buena oportunidad de cumplirlos, planeaste cuidadosamente tu vida y elegiste tu personalidad, el medio ambiente, los miembros familiares, el cuerpo, la fecha de nacimiento y la hora de nacimiento, la comunidad, los acontecimientos y los encuentros.

Familia

Los miembros de la familia influyen en tu construcción física, mental, emocional y espiritual durante la adolescencia y, por lo tanto, influyen enormemente en la calidad de tu vida entera. Pueden permitir que tus cualidades virtuosas florezcan para que puedas empezar tu misión temprano en la vida, o pueden causar dolor a través del cual puedes crecer. Influyen enormemente en la trayectoria de tu camino de vida. A través de tus padres y familiares, aprendes a amar y ser amado, tu dignidad, lo que una relación hombre-mujer debe ser, cuál es el propósito de vida, y posibles visiones para el futuro. También te ayudan a establecer hábitos, disciplinas y te dan muchas creencias sobre todo en la vida. Todos estos afectan a tu edad adulta.

Debido a tu fuerte influencia, eliges a tus familiares y/o tutores cuidadosamente y prometes con ellos ayudarles a crecer mutuamente. Pero esa no es la única razón. Tienes algunas almas que te son queridas, y puedes elegir nacer con ellas en una familia y pasar tiempo de calidad juntos. No es sorprendente que un grupo de almas que elijan nacer juntos en toda la vida se llame una familia del alma.

Por supuesto, la elección del entorno familiar no se limita a los padres biológicos; a veces las almas eligen ser adoptadas por otros padres. Otras veces, las almas eligen no tener figuras de padres dedicadas y pasar su adolescencia en un orfanato. Todos estos diferentes entornos dan a las almas temas y oportunidades valiosas para su desarrollo que posteriormente florecen como regalos y talentos en sus vidas.

Las familias del alma podrían ser tus padres en una vida, hermanas o hermanos en la próxima vida, o cónyuge o amigos en otra vida. También podrías elegir encontrarlos como novio o novia, marido o esposa, padre o hijo, o parientes. Cuando un alma decide nacer como hijo de un alma querida y el embarazo no funciona como se esperaba, el alma del bebé espera otra oportunidad y sigue intentándolo. Si eso no funciona, el bebé podría elegir venir como nieto, como hijo por adopción, suegros o incluso un colega en un lugar de trabajo. Pasar tiempo de calidad con las almas queridas, aunque sea un corto período de tiempo, enriquece nuestro corazón y alma. Una vez decididos, nuestras almas logran que suceda, no importa lo que cueste. En relaciones con un alma querida, te sentirás cómodo con ellos desde el primer día, aunque nunca hayas visto a la persona antes; será fácil experimentar alegría, calidez y una conexión más profunda con ellos.

Cuerpo

Cuando entraste en esta vida, tenías una amplia gama de opciones para un cuerpo físico. Además de los rasgos físicos, elegiste talentos y regalos que heredaste de tu línea familiar. Algunas personas podrían decir que quieren cuerpos diferentes, como los de atletas y modelos de moda, pero no es tan simple. El mejor cuerpo para ti es el que te brinda las mayores oportunidades de crecimiento, que no necesariamente coincide con las deseables en un sentido mundial. Algunas almas eligen cuerpos con discapacidad o enfermedad desde el nacimiento. Nuestros órganos están destinados a darnos experiencias únicas para nuestro crecimiento y para las personas implicadas, para cumplir nuestros objetivos de crecimiento, misiones y deseos de experiencias físicas.

Toda familia tiene sus antepasados, y de ellos, heredaste rasgos físicos, así como rasgos mentales y emocionales. Por ejemplo, si tus ancestros atravesaron la pobreza, podría haber heredado cualidades virtuosas, como la paciencia, la diligencia y la colaboración, pero también podría haber heredado resentimiento contra los ricos y la creencia de que "el dinero es la raíz de todo mal".

En cada línea familiar, hay varias cualidades y creencias que heredas como un paquete. Si eres un niño que llegó por adopción, tu herencia es mezclada; tus atributos físicos provienen de la familia de tus padres biológicos, mientras que tu interpretación mental/emocional es una combinación de tus padres biológicos y por adopción.

Fecha de nacimiento, Lugar de nacimiento, Comunidad, Hora del planeta

Un camino de vida no es una línea recta; más bien, tiene un sin número de altibajos, y encrucijadas. Hay corrientes de energía que tienen un impulso creciente y que disminuye. El flujo de energía de tu vida está influenciado por el flujo de energía de tu entorno. Cuanto mayor sea la energía, mayor es la influencia. Una de las cosas que hace una mayor influencia en su flujo energético es la de planetas, incluida la Tierra, la Luna y otras estrellas en el universo. Cuando elegiste tu fecha de nacimiento, elegiste una configuración particular de influencias de las estrellas, que provoca grandes ritmos y momentos crecientes en tu vida. Estas influencias determinan el momento de acontecimientos importantes, como desafíos difíciles, buenas oportunidades y grandes encrucijadas en tu vida. Los astrólogos y numeró logos explican bien el detalle de la influencia.

La elección de una fecha de nacimiento está estrechamente vinculada a la elección de un lugar de nacimiento porque también estarás influido por los importantes acontecimientos y creencias de la comunidad local, el país y el planeta. Cuando elegiste un lugar de nacimiento, sabías qué acontecimientos probablemente ocurrirían en ese ámbito: cambios económicos, situaciones políticas, guerras, terremotos, cambios climáticos, etc. Además, la tierra mantiene la memoria y la energía de todo lo que ha pasado, y puedes recoger ciertas emociones y creencias de ellos. Por ejemplo, en una tierra donde había una historia trágica, puedes recoger sentimientos tristes y deprimentes. En una tierra fértil que ha tenido historias de abundancia, sus sentimientos se verán afectados en consecuencia, ayudándoles a atraer la misma energía en tu vida. Examinaste todas estas condiciones ambientales y elegiste un lugar de nacimiento que funcionó mejor para tu crecimiento.

Acontecimientos y encuentros

Para cumplir tus objetivos y misiones de crecimiento, tú hiciste que ocurrieran ciertos acontecimientos en tu vida. A través de estos diferentes eventos, se crean situaciones que te empujan a crecer espiritualmente. Estas situaciones te dan desafíos y prueban tus cualidades virtuosas.

Un desafío funciona como entrenamiento de resistencia para construir nuevos músculos. Por ejemplo, si tú cultivas una calidad de tolerancia, necesitas una situación difícil que requiera tolerancia para superarla. Algunas personas lo describen como "aprendizaje de lo contrario". Estas situaciones desafían tus creencias limitantes y a menudo causan dolor emocional. Una vez que transformes esas creencias y sanes el dolor, puedes activar cualidades virtuosas y seguir adelante. Si intentas arreglar una situación en la superficie, la situación se recreará nuevamente hasta que aprendas la verdadera lección.

En todas las situaciones hay otras personas involucradas, y podrían comportarse de una forma cruel contigo. Están jugando esos papeles para ayudarte a experimentar la situación que necesitas pasar. A menudo, también necesitan aprender algunas lecciones de la situación, y todos aceptan desempeñar estos papeles para cumplir los objetivos de crecimiento del grupo.

Aunque sientas que has aprendido lo suficiente, siempre hay algo más que aprender. Hay lecciones infinitas sobre el camino del crecimiento espiritual, y los desafíos en la vida nunca se acabarán. Pero mientras sigues creciendo espiritualmente, estas situaciones se vuelven cada vez menos difíciles, y finalmente no te sientes desafiado en absoluto. En ese estado, es posible permanecer siempre en paz mental, pase lo que pase, y aún puedes encontrar lecciones y crecer todos los días.

Además de desafiar eventos, tú como alma organizaste oportunidades en tu vida. Las oportunidades expanden tus actividades y te guían al siguiente capítulo de tu vida. Algunos ejemplos son una oportunidad de estudiar en el extranjero, unirte a una nueva empresa, mudarte a otra ciudad, casarte o tener un bebé. Una oportunidad entra en tu vida cuando superas algunos retos importantes y estás dispuesto a seguir adelante. Las oportunidades te guían al camino de vida que planeaste para ti y el camino de tu destino, que en última instancia llevará a la máxima alegría y satisfacción en tu corazón.

Para apoyar tus objetivos y misiones de crecimiento, también organizaron importantes encuentros. Existen dos tipos de encuentros. Primero, hay encuentros con ayudantes que te dan inspiración, consejos, dirección, mensajes, enseñanzas y sanación. ¿Tienes a alguien en tu vida que llamarías tu modelo a seguir? Es un ayudante que está aquí para inspirarte. ¿Tienes a alguien que escuche tus quejas y te deja desahogarte? Ese es otro ayudante que está aquí para sanarte. Los encuentros con estos ayudantes son esenciales para que sigas el camino, y que te ayudaran antes de entrar en esta vida.

Además de los ayudantes, te reúnes con tu gente prometida. Estas son las personas a las que prometiste ayudar de alguna manera. Tal vez les ayudes dando consejos o demostrando un buen ejemplo. Cada vez que superas un desafío, aprendes una nueva lección. Como alma, prometiste compartir tus lecciones aprendidas con un grupo de otras almas. Estas personas podrían incluir a tu familia, amigos, clientes, estudiantes o audiencia. Si no están en tu vida ahora, aparecerán en tu vida cuando estés listo. Tus almas te están esperando, y te reconocen cuando te comunicas con ellos desde tu corazón. Por lo tanto, es más fácil encontrar a tu gente prometida mediante actividades o negocios basados en tus lecciones de vida. Mientras compartes tus enseñanzas, transmites tu energía desde tu corazón, y eso se cruza con tu público y toca tu corazón de una manera especial. Entonces, te reconocerán subconscientemente como su ayudante.

2. FASES DE DESARROLLO

Adolescencia

La base de tu camino de vida está establecida en el curso de la adolescencia, estableciendo la trayectoria inicial de toda tu vida. Para muchos, esto sucede en sus relaciones en casa. Conoces a tus padres y a otros familiares y aprendes de todos ellos.

Digamos que quieres desarrollar la compasión en esta vida. ¿Cómo harías para que suceda? Para desarrollar la compasión, necesitas una situación que te desafíe a desarrollarla. Una forma de hacerlo podría ser nacer en una familia donde tus padres o hermanos te traten de manera dura y exijan mucho de ti. Esta situación puede exigir tener un alto nivel de compasión para aceptar la situación y dedicarse a los demás. Otra forma sería nacer para padres que te muestran grandes ejemplos de comportamientos compasivos que puedes aprender y encarnar más tarde en la vida. Cualesquiera que sean tus metas y misiones de crecimiento, se planeó cuidadosamente tu adolescencia para preparar el escenario para toda tu vida. ¿Cuál podría ser la razón por la que elegiste específicamente tu entorno adolescente? ¿Cómo te ayudó a crecer?

Los miembros de la familia son las fuentes primarias de conocimiento, pero también aprendes de otras personas, como amigos, profesores, vecinos, programas de televisión, o incluso juegos de computadora. Te enseñan de diversas maneras, con gestos, instrucciones verbales y expresiones faciales. A menudo, la gente enseña a otros siendo un ejemplo, tanto bueno como malo. Dependiendo de cómo interpretas estas enseñanzas, hay mucho espacio para malentendidos, y tomas todo "como debe ser". Por ejemplo, cuando papá besa a mamá cada mañana, un bebé lo tomará como debe ser una pareja. Igualmente, cuando papá vuelva a casa del trabajo estresado y empieza a discutir con mamá, el niño tomará eso de ese modo.

Las enseñanzas van desde el conocimiento esencial de supervivencia, desde cómo comer y cómo evitar el peligro, a las capacidades sociales, como cómo hablar, cómo ser amados, cómo no dañar a otros, y cómo formar buenas relaciones con otros. Como bebé, no filtras ninguna información procedente del medio ambiente y simplemente aceptas todo como verdad. No eliges qué información entra o sale hasta que formas un conjunto de creencias fundamentales para tomar decisiones conscientes. Como tal, los primeros años de la infancia establecen la "programación inicial" de tu vida. Observa que es sólo una inicial, que puede cambiarse más tarde.

Estas enseñanzas se memorizan como una serie de programas (creencias, perspectivas y supuestos) y se utilizan como base de tu pensamiento. De niño, tus padres estaban contentos con todo lo que hiciste si cumplías sus expectativas. Te dirían lo buen niño que eras, y tú te decías a ti mismo, por supuesto, que me aman. Hice lo que querían. Soy una buena chica/chico. Empezaste a creer que, para ser amado, tenías que hacer lo que ellos querían. Igualmente, si tu padre estuviera ocupado trabajando todo el fin de semana y olvidara ir de compras contigo como prometió, te dirías a ti mismo, ¡siempre es así cuando está ocupado trabajando! y aceptarías subconscientemente la creencia de que el trabajo es más importante que tú. Si vieras a tus padres pelear por dinero, probablemente crearías la creencia de que el dinero hace enojar a la gente, creando así un miedo a las situaciones de dinero en tu propia vida.

Usando estas enseñanzas acumuladas como fundamento, gradualmente comprendes ideas más conceptuales, pero importantes como tu identidad, valores, ambiciones y propósito en la vida. Este conocimiento se manifiesta como tus pensamientos, emociones, comportamientos, decisiones y acciones, y todos influyen profundamente en tus experiencias de vida. Determinan lo que te gusta, quién te gusta, lo que sientes sobre cada situación, cómo reaccionas o respondes, y lo que aspiras a hacer en la vida. Las definiciones de conceptos importantes, como el éxito, la felicidad, el amor y el bien/mal, también están determinadas por este conocimiento.

Como existen tantas diferencias en los entornos vitales de todos, algunas personas podrían comparar su vida con la de otros y pensar que no es justo, y tienen razón. Nuestros entornos no son iguales ni son justos, y eso está bien. Elegiste tu entorno porque es lo que mejor sirve a tus objetivos de crecimiento y misiones de vida. Tu entorno de vida está preparado para ti, una oportunidad única, especial y valiosa para que experimentes la vida humana y crezcas espiritualmente.

Fase de desarrollo físico (Edad 0–7)

La primera fase de desarrollo es el período principal de desarrollar tus bases físicas, como tu estructura esquelética, músculos, fisiología y movimiento. Además, tus padres, tutores o profesores desempeñaron funciones vitales en la transferencia de tus programas energéticos relacionados con estar a salvo, la seguridad, las relaciones, el amor, el dinero y la abundancia. En otras palabras, tu vida fue influenciada por aquellos que te rodean durante este período. Si no se sintieran físicamente seguros en su vida y no estaban relajados en sus cuerpos, lo aceptaste. Si no tenían confianza en sí mismos y consideraban que la vida era peligrosa y dura, también tomaste esas creencias, como "la vida es dura; tengo que ser cauteloso y serio todo el tiempo". Pero si ellos tenían confianza en sí mismos, tomaste esos programas para disfrutar de la belleza de estar en tu cuerpo, lo que te permitió radiar tu calor interior y brillar durante toda la vida. Si ellos pensaban que la vida era segura y cariñosa, lo aceptaste, y tu cuerpo aprendió a relajarse y disfrutar de su armonía interna natural, atrayendo así una vida más ligera, alegre, y llena de oportunidades y posibilidades.

Un niño pequeño aprende a través del juego. El entorno deseable para un niño sería un entorno seguro, educativo, amoroso y virtuoso, tanto de forma física como enérgica. Sin embargo, no todos eligen entornos tan deseables; en cambio, algunas personas eligen desafíos, situaciones familiares caóticas, discapacidades físicas, tiempos turbulentos en la sociedad, etc. Algunos de ustedes podrían haber experimentado situaciones que causaron dolor grave debido al aislamiento extenso, al descuido, a la violencia o al abuso. Estas pueden superar como problemas en las dos fases siguientes, a medida que desarrollas capacidades emocionales y mentales. Si no se maneja adecuadamente, es probable que provoque graves problemas en la edad adulta, como el sufrimiento empático, el placer de las personas, las relaciones abusivas, la vergüenza, el arrepentimiento, la culpa y el castigo propio. En la parte II se examinarán posibles retos y cómo resolverlos.

Una de las cosas más importantes que aprendes en este período es cómo ser amado. Normalmente, los retos en el romance y el matrimonio pueden ser rastreados hasta la relación con el padre del sexo opuesto. Tus patrones de comportamiento en relaciones románticas probablemente serán modelados después de tus padres o tutores. De niño, tu vida depende de tus padres o tutores, y necesitas que te cuiden en muchos aspectos. Como tal, el amor de tus padres hacia ti es crucial para tu bienestar, haciendo que aprender a ser amado sea extremadamente importante para un niño. Si no se tiene en cuenta, muchos aprenden a llamar la atención de otros cumpliendo sus expectativas, creando esta creencia de que hay que hacer para otros para poder ser amados. Si los padres no prestan atención a un niño, un niño tiende a creer que hay algo malo en ellos, lo que hace que el niño no se sienta lo suficientemente bueno y eso potencialmente lo presiona para satisfacer las expectativas de sus padres y obtener su aprobación. Si no se aborda durante la adolescencia, esta creencia puede causar amor condicionado en relaciones, como la entrega unilateral, el placer de la gente o las relaciones abusivas.

¿Cuál es la condición para la felicidad? ¿Cómo defines el éxito? Aprendes estas ideas sobre la felicidad y el éxito de la gente que te rodea en este período, y conducen tus sueños, visiones y motivaciones. Estas ideas aprendidas no siempre te sirven bien. Tus padres podrían enseñarte que la felicidad proviene de tener mucho dinero o fama o un estatuto social. Si vieras a tus padres luchando por dinero con frecuencia, quizá hayas recogido ideas negativas, como el dinero es peligroso, "el dinero hace que la gente se enfade", o "El dinero es malvado". Estas, por supuesto, influirán en el resto de tu vida en consecuencia, creando una realidad exactamente sobre cómo crees que es.

El antídoto a las relaciones condicionales es reconocer y aceptar que puede haber amor incondicional en tu vida en forma de relaciones donde eres amado, entendido, respetado y valorado como eres. También es importante identificar tu importancia y valor basados en tus cualidades interiores en lugar de logros o condiciones externos. Las falsas ideas sobre conceptos importantes, como la felicidad, el éxito, la abundancia y el propósito de vida, deben ser abandonadas para descubrir tu autenticidad y verdadero propósito en la vida.

Si tuvieras grandes retos en esta fase, probablemente hayas tenido muchas lecciones para activar tus cualidades virtuosas (paciencia, tolerancia, amor incondicional, dignidad y abundancia). Imagina que tus misiones vitales te guiarían para ayudar a la gente a experimentar estas mismas cualidades en sus vidas.

Ejercicio: Cómo ser amado

1. Piensa en la persona más importante y que haya influido en tu vida durante tu infancia.

2. Pregúntate:
   ¿Qué necesitaba hacer para que me amaran?

   ¿Cómo ha afectado esta dinámica de relación a mis relaciones hoy?

Fase de desarrollo emocional (Edad 7–14)

La segunda fase es el desarrollo emocional. La experiencia en esta fase podría ser dulce o dolorosa, pero nunca aburrida. A través de esta fase, experimentas situaciones emocionales con tus grupos de compañeros y creas patrones de cómo manejas tus emociones y relaciones para formar tu identidad básica. Antes de llegar a esta fase, aprendiste patrones de emociones y relaciones de tus padres u otros alrededor de ti y patrones de lo que sientes sobre tu cuerpo físico. Si estos patrones se crean con ideas basadas en el miedo, pueden causar lucha en situaciones durante este tiempo.

Tu experiencia en esta fase probablemente afectará a tu vida social en la edad adulta. Los desafíos como el rechazo social, el miedo al ataque y la baja autoestima pueden ser rastreados normalmente hasta este período. Si deseas mejorar tus relaciones sociales/laborales o aumentar tu confianza, habrá que regresar a este período.

El tema principal de esta fase es la gestión emocional. En la fase anterior, podrías haber aceptado todo lo que tus padres o tutores te dijeron... ya no. En esta fase, formulas tus propias opiniones, dictaminas cuándo tus padres o maestros están equivocados, te encuentras conflictos con tus grupos de compañeros y experimentas aceptación o rechazo del sexo opuesto. Estas experiencias pueden causar turbulencias emocionales durante este período, y hay dos formas extremas de responder a estas emociones: expresión o supresión. Si expresas demasiado tus emociones, puedes herir a otros y hacer difícil el desarrollar relaciones estrechas con otros. Si suprimes demasiado tus emociones, puedes acumular energía negativa en tu cuerpo, que puede convertirse en una bomba de tiempo emocional o problemas de salud más tarde en la vida.

Cambios de humor

Los cambios hormonales durante la pubertad te hacen extremadamente sensible a todos y a todo, causando situaciones emocionales volátiles. Las pequeñas cosas pueden parecer desastres importantes. Los cambios de humor también son prominentes en lo que se refiere a la sexualidad. A menudo pasas por un trastorno emocional cuando te atrae el sexo opuesto. La aceptación por el sexo opuesto puede sentirse como el cielo, mientras que el rechazo puede sentirse como el fin del mundo.

Esta es una oportunidad para aprender a manejar tus emociones y evitar que te quedes atrapado por emociones difíciles para que puedas mantener la paz mental. Lamentablemente, la oportunidad de aprender el control emocional sigue siendo limitada en nuestras sociedades, y es común recibir mensajes confusos sobre emociones y sexualidad. Como tal, muchos de nosotros luchamos en esta fase.

Conflicto

Durante este período, formas patrones de defensa emocionales básicos que llevas durante tus años de adulto, que hacen que tus relaciones sean pacíficas o de otra manera. A medida que te vuelves más sensible a todos y todo, se vuelve más difícil controlar tus emociones, dificultando el manejo de los conflictos con otros. Cuando estás en conflicto, sientes la necesidad de defenderte del peligro. Algunos eligen establecer límites y retroceder; otros eligen luchar. Estas respuestas a los conflictos tienden a causar dolores emocionales a ambas partes. Lo que realmente necesitas desarrollar aquí es madurez emocional. En lugar de intentar defenderte contra otra persona, deberías trabajar en evitar que te quedes atrapado por tus emociones. Esta es una oportunidad para que aprendas a gestionar tus emociones, pero no será fácil porque en la sociedad actual no se dispone de mucha orientación sobre este tema. Si no aprendes a manejar emocionalmente en esta fase, tendrás situaciones que sirvan de oportunidades para aprender a desarrollarla más adelante en la vida.

Presión de los compañeros

En un entorno con mayores conflictos, es importante quién te acompaña. Este es el momento en que empiezas a formar grupos sociales con compañeros y a aceptar o rechazar a otros basado en similitudes y diferencias, entre el género, las opiniones, la apariencia física, los pasatiempos, etc. En cierto modo, esta experiencia da forma a tus ideas sobre quién eres y lo que te hace único.

Podrías encontrar eventos que te hagan sentir inseguro, como si necesitaras encajar con otros en el grupo. Algunos podrían sentirse obligados a hacer lo que sea necesario para ser aceptados por sus compañeros, aunque signifique hacer cosas que no quieren hacer. Esto puede causar dolor al no poder expresar sus verdaderos sentimientos y no poder defenderse por sí mismos.

En grupos de compañeros, las diferencias sutiles pueden destacarlos de otros, lo que conduce a burlarse o a acosar. Las diferencias corporales en la pubertad plantean tales retos, siendo más altos, más gordos o delgados, con un color de piel diferente o peinado, etc. La maduración sexual temprana también puede ser la causa de burlas. Aunque uno no sea el objetivo de burlarse o acosar, sólo ver las experiencias de otros o escuchar rumores dolorosos sobre otros pueden ser suficientes para asustarte. Puede que te obsesiones con la idea de que existe algo mal contigo y que desarrolles una baja autoestima.

Identidad a través de la comparación.

A través de la presión de los compañeros, empiezas a entender lo que te hace único comparándote a ti mismo con otros y etiquetándote como "suficientemente bueno" o "no lo suficientemente bueno". Tus compañeros te miran y hacen sus opiniones, que también afectan tu idea sobre ti mismo. Si te miran con admiración, te sientes superior a los demás. Pero si te miran hacia abajo o incluso te ignoran, puedes decirte: "A la gente no le gusto. No soy normal/apropiado/agradable/amable. No soy nada. No pertenezco aquí". Estas experiencias impactan tu sentido básico de identidad.

Si pasas por el proceso de identificarte a través de la comparación y juicio, probablemente sentirás emociones difíciles, como celos, ira, resentimiento, ansiedad y desesperación, porque siempre habrá alguien mejor que tú. Si este es el caso, tendrás oportunidades más adelante en la vida que te enseñarán a identificarte a través de tu autenticidad.

Si terminas identificándote como "no lo suficientemente bueno", que es una creencia muy común en la sociedad actual, perderás la confianza en tu habilidad para navegar por la vida, causando profunda preocupación y temor sobre lo que podría suceder en el futuro. En un intento de sentirse seguros, muchas personas intentan crear ambientes pacíficos agradando a los demás, incluso a expensas de sus verdaderos sentimientos y opiniones. Como resultado, aprenden a suprimir sus sentimientos, perdiendo contacto con su autenticidad en el proceso. En el otro extremo del espectro, la gente puede expresar su ira rápidamente y proyectarla sobre otros, resultando en que alejen a otros.

El antídoto a los retos emocionales es el control de la atención. Si has construido emociones suprimidas, deben ser sanadas y liberadas para prevenir explosiones emocionales o problemas de salud más adelante en la vida. Para que te sanes, necesitarás activar cualidades virtuosas, como aceptación, comprensión, respeto, compasión y perdón. Todos estos se discutirán en la Parte II.

Si has experimentado grandes retos en esta fase, probablemente hayas tenido lecciones para activar la aceptación, la comprensión, el respeto, la compasión, el perdón, el honor y la inteligencia emocional. Las personas con estas cualidades hacen grandes líderes y realizan misiones de gran ayuda a la humanidad en su conjunto.

Ejercicio: Condiciones para ser "Suficientemente bueno"

1. Piensa en tus días de infancia.

2. Pregúntate:
   ¿Qué necesitaba hacer para que me consideraran «lo suficientemente bueno»?

   ¿Qué hice que me hizo «no lo suficientemente bueno»?

   ¿Cómo están estas creencias que afectan mi vida hoy?

Fase de desarrollo mental (Edad 14–21)

Si deseas crear más equilibrio en tu vida, activar tu creatividad, y aumentar tu motivación, esta es la fase a la que hay que regresar. Tus habilidades de pensamiento se desarrollan rápidamente en esta fase, formando estructuras mentales en las que se basan tus opiniones y decisiones. A través de la adquisición de conocimientos y diversas habilidades, se desarrolla intelecto o la capacidad de comprender los hechos objetivos de la situación externa. En esta fase, tu inteligencia espiritual también empieza a desarrollarse. Es posible aumentar tu conciencia espiritual y formular tu identidad, propósito de vida, motivaciones y visión de acuerdo con tu corazón para que puedas proceder a la fase de desarrollo espiritual que inmediatamente le sigue a esta.

Para muchos, este período está lleno de lucha: construir facultades mentales, adquirir conocimientos, presiones académicas y competencia, encarar grupos de compañeros, planificar el futuro y abordar los desafíos pendientes de las dos fases anteriores. Las cuestiones emocionales no abordadas desde las fases anteriores podrían empeorar aquí, posiblemente causando depresión, comportamientos sexuales obsesivos, consumo de drogas y alcoholismo, aislamiento excesivo y otros comportamientos autodestructivos.

El reto más grave que puedes experimentar en esta fase es el dominio de tu inteligencia mental, que puede ser tan poderoso que se hace cargo de tus funciones emocionales y espirituales. La inteligencia emocional es responsable de sentir, gustar y disfrutar de experiencias, y de la inteligencia espiritual es responsable de tu sabiduría, intenciones, prioridades y propósito. A medida que tus facultades mentales se vuelven poderosas, tiendes a ponerlas a cargo de tu vida, permitiéndoles dictar cómo te sientes, cómo te comportas, lo que haces, lo que quieres, y lo que te gusta o desagrada. Por ejemplo, si se te pregunta: "¿Qué quieres hacer hoy?", la respuesta de tu cerebro anula la verdadera respuesta de tu inteligencia emocional y espiritual. En toda la adolescencia, has internalizado las opiniones de otros sobre lo que deberías hacer, tener o debe hacer, y estas se utilizan como base de respuestas de tu cerebro.

Ejemplos de voces que te dicen "Tengo que".

"Como hijo mayor, debería encontrar un trabajo estable para apoyar a mi familia".

"Debería casarme a los 20 años y eso debería hacerme feliz".

"No debería perder el tiempo haciendo nada".

Lamentablemente, la mayoría de estas ideas sobre "deberían" están impulsadas por el miedo y son ruidosas en tu cabeza. Las ideas basadas en el miedo son tan poderosas que suprimen las ideas de tu corazón. Finalmente, pierdes contacto con tu corazón y dices: "No sé lo que realmente quiero". Como resultado, formulas tu identidad, propósito de vida, motivaciones y visión basada en lo que deberías hacer en lugar de lo que realmente quieres. Estas voces basadas en el miedo tienden a impulsar a la gente a centrarse en sus logros, por lo que invierten una cantidad importante de energía en trabajar duro y ganar concursos en su búsqueda de la "felicidad" y el "éxito" tal como se definen en la inteligencia mental. Otros problemas que pueden surgir de la suscripción a ideas basadas en el miedo son las creencias escasas, el deseo excesivo de significación, la identidad basada en la comparación, la baja autoestima, los comportamientos de autocastigo, las críticas, los celos y el consumirse.

Por favor, toma nota de que esto no es quitarle valor a la importancia de la inteligencia mental. La facultad mental es sumamente importante para comprender los hechos objetivos de una situación, identificar soluciones prácticas, crear disciplinas, hábitos eficaces y mucho más. Aun así, la inteligencia mental no debe dictar lo que sientes o lo que quieres en tu corazón. Si tu inteligencia mental se hace cargo de los papeles de tus inteligencias emocionales o espirituales, apuesto a que tendrás desafíos que sirven para ayudarte a desaprender esas ideas, permitiéndote activar tu autenticidad e identificar tus misiones de vida.

Leyendo a través de las fases de desarrollo hasta ahora, algunos de ustedes podrían estar preguntándose por qué tu alma ha elegido un entorno desafiante en esta vida. Si sientes que tienes muchos desafíos intensos en tu adolescencia, es porque eres un alma valiente. Sabías lo que podría pasar en tu infancia, y aún así decidiste que era el mejor ambiente que podría apoyarte para cumplir tu propósito en esta vida. Para construir músculos fuertes, necesitas resistencia más fuerte. Para sacar tus mejores cualidades, necesitas un entorno que exija tales cualidades. Elegiste esas experiencias de vida porque sabías que podías crecer mucho a través de ellas. Sabías que podías superar todos los desafíos y florecer con tus mejores cualidades virtuosas más adelante en la vida.

Sea cual sea la vida que estés viviendo, te sugiero estar orgulloso de ti mismo porque estás haciendo lo mejor que puedes en cada situación difícil que encuentres. No importa cómo se vea tu vida desde una perspectiva mundana. Ninguna vida es mejor que otra. Estás caminando por un camino únicamente adaptado para ti y solo para ti.

Edad adulta (Años 21+)

Después de pasar por la adolescencia y aceptar su programación inicial, pasas a la edad adulta. Algunas personas alcanzan un alto nivel de crecimiento espiritual en la adolescencia y pueden seguir adelante para cumplir sus misiones de vida a principios de su vida. Sin embargo, la mayoría de nosotros tenemos muchos asuntos sin terminar desde las tres primeras fases y continuamos abordando las mismas en la edad adulta. Algunas almas eligen empezar con su misión temprano en su vida, mientras aún están atendiendo los asuntos pendientes a lo largo del camino; otras eligen cargar más pesado antes de empezar con su misión de vida. De cualquier manera, está bien. Todos avanzan a su ritmo, y no hace una vida superior o inferior a la de otros. Cada experiencia y camino de vida es único, especial y valioso.

Sólo porque aceptaste tu programación inicial de niño no significa que tengas que vivir con ella el resto de tu vida. Puedes cambiarla en cualquier momento. Sin embargo, la gente normalmente no cambia su programación a menos que sea necesario. La oportunidad de cambiar tu programación viene a tu vida cuando te desafían y te empujan a cambiarla; la forma en que lidias con ella, sin embargo, es hasta tu libre voluntad. Muchos programas pueden cambiarse fácilmente aceptando un programa distinto. Digamos que crees en Santa Claus. Un día, tu hermano mayor te dijo que era mentira y que tu padre actuaba como Santa Claus. Como resultado, tu creencia inicialmente programada desaparece y aceptaste una nueva creencia, incluso yendo aún más lejos pidiéndole a tu padre un regalo de Navidad en los años siguientes en lugar de preguntarle a Santa.

Incluso aún así, los programas se vuelven más difíciles de cambiar cuando se les acusa de emociones, especialmente las negativas. Por ejemplo, si tu padre está muy ocupado y no pasa tiempo contigo durante un largo período de tiempo, tus sentimientos pueden resultar heridos y empezar a creer que ya no te ama o hay algo malo contigo. Puede que te enfades y estés triste. Tu padre podría decirte que te ama y que eres una buena chica/chico, lo que te hace sentir mejor por un momento, pero cuando está ocupado de nuevo, el dolor y las emociones vuelven a ti, haciendo cumplir la creencia de que hay algo malo contigo o no eres lo suficientemente bueno. Incluso cuando tratas de quitarte esas creencias y confiar en tu padre, no puedes dejarlas ir porque tienes esas dolorosas emociones que te recuerdan y refuerzan las creencias. Mientras creces, estas creencias se manifiestan en tu vida una y otra vez en otras relaciones. Cuando tienes a alguien importante en tu vida, amigos, novia o socio, tienes miedo de perder la relación. Entonces, intentas complacer a la otra persona en un esfuerzo por no perderlos, a menudo a expensas de expresar tus verdaderos sentimientos.

Estos programas cargados de emoción se manifiestan en diversas situaciones de la vida. Las situaciones pueden ser a veces duras y dolorosas, pero siempre son oportunidades para que dejes de lado los conocimientos aceptados e incorpores nuevas creencias que te sirvan mejor y te permitan crecer. Para hacerlo, primero necesitas sanar el dolor emocional. Necesitas aceptar que las creencias antiguas no eran ciertas. Entonces, puedes estar preparado para aceptar un nuevo conjunto de creencias, como "la gente me ama por quien soy. No importa lo que pase, el amor sigue igual. Soy libre de expresar mis sentimientos". Cuando se produce esta reprogramación, casi siempre hay un momento de realización, o "el momento", donde sientes más libertad, energía y esperanza en tu vida.

Tu programación inicial podría causar muchas de estas creencias emocionalmente cargadas, ¡y está bien! Sí, causan desafíos en la vida, pero puedes crecer a través de ellos, y por eso es exactamente por lo que viniste a este juego de la vida. Hay muchas maneras de sanar el dolor emocional y cambiar la programación inicial, pero compartiré contigo la forma efectiva que he encontrado, en capítulos posteriores.

Fase de desarrollo espiritual (Edad X)

Al avanzar en la superación de los retos en la vida y completando los asuntos pendientes de la adolescencia, llegas a un cruce para elegir si pasas o no a la siguiente fase del desarrollo espiritual.

Esta es una oportunidad para que recuerdes quién eres realmente, por qué viniste a esta vida, lo que realmente quieres en la vida, y hacia dónde vas. En cierto modo, estás dejando ir tu antiguo modo de vida y entrando a lo nuevo, como el Phoenix quemó su antiguo ser y se levantó de las cenizas de nuevo. Con esta transformación, activas muchas cualidades virtuosas y comienzas a vivir tu vida como una autentica presencia.

Noche Oscura del Alma

Durante el camino del desarrollo espiritual, tus mayores temores pueden causar un período de confusión emocional conocido en tradiciones espirituales antiguas como la Noche Oscura del Alma. Servirá como una experiencia en el viaje de un héroe que prueba tus mejores cualidades y saca lo mejor de ti. La agitación emocional es tan intensa que no puedes darle la espalda. Puedes estar consumido por el trabajo, un negocio fallido, problemas en tu relación o problemas de salud.

Si tienes una Noche Oscura del Alma, significa que ya es hora de dirigirte a tus misiones de vida. Para alcanzar un nivel de crecimiento que coincida con lo que tus misiones de vida exigen, necesitas dar un salto. Es como un curso rápido para terminar muchas de tus asuntos pendientes al mismo tiempo. Para hacerlo, tu alma te está dando tiempo a solas o soledad para que puedas concentrarte en conquistar tus mayores miedos.

Descubre Tu Phoenix

Al conquistar tus mayores temores, descubrirás tu Phoenix, que es el símbolo de tu autenticidad y conciencia de tus misiones de vida. Es la resurrección de tu alma y el renacimiento en una nueva vida. A medida que conquistas tus miedos y activas tus mayores cualidades virtuosas, elevarás tanto tu vibración que recuperarás el acceso a una mayor conciencia como alma, donde tienes claridad de lo que es importante en tu vida.

En este punto, ya no estás impulsado por necesidades de supervivencia. Te verás obligado a servir a otros y ayudarlos a crecer y prosperar. Ese es el estado del Phoenix. Tu cuerpo, mente y espíritu estarán alineados y sacarán la mejor versión de ti, y encontrarás oportunidades que te lleven a conocer a tus prometidos, mentores, aliados y tu público, para cumplir tu destino.

3. LEYES UNIVERSALES

Como se ha dicho anteriormente, los propósitos de unirse al Juego de Vida incluyen el crecimiento espiritual, la contribución al crecimiento de los demás y el disfrute de una realidad física. Creo que la mayoría de nosotros compartimos estos objetivos. Tú pre planeaste desafíos que te ayudarán a crecer espiritualmente, y organizaste oportunidades para cumplir la misión de tu vida y así contribuir al crecimiento de los demás. Por otra parte, disfrutar de una realidad física depende por mucho de tu libre voluntad y fluidez en las leyes del universo. Cómo experimentas tu vida depende de ti; puedes elegir pasar por tus lecciones de vida con menos sufrimiento, experimentar mucha felicidad y alegría, y vivir una vida más rica y exitosa en un muy buen sentido. O, puedes elegir lo contrario. Por supuesto, los entornos de nacimiento son muy diferentes en muchas personas y eso podría darle algunas limitaciones iniciales, pero todavía puedes manifestar tu experiencia para lo que desees utilizar las leyes del universo. Entender estas leyes y cómo funcionan puede marcar una gran diferencia en la creación de la vida que deseas.

Ley de vibración

Hace muchos años, cuando me mudé a Nueva York, adopté dos gatitos pequeños, uno atigrado rojo y otra marrón, respectivamente. Recuerdo que el primer día que los llevé a mi departamento, ambos estaban nerviosos y tensos, gritando tanto. Fuera de la jaula, el rojo empezó a oler alrededor del apartamento, y lo seguí para ver en qué se metía. Poco después, me di cuenta que el marrón había desaparecido. Recordé que huyó a algún lugar una vez que salió de la jaula, pero no sabía exactamente a dónde había ido. Busqué por todas partes, debajo de la cama, detrás del sofá, alrededor del puesto de televisión, pero no pude encontrarla. ¡Vamos! Este es sólo un pequeño departamento de un dormitorio. ¿Cómo puede desaparecer aquí?. Horas más tarde, finalmente la encontré escondida en el pequeño espacio dentro del calentador construido en la pared. Después de que la saqué del calentador, ella todavía estaba nerviosa y asustada, bufando frente a mi incesantemente. No tuve otra opción que meterla en la jaula hasta que se acostumbró a estar con un humano.

Afortunadamente, la situación cambió completamente después de algunas semanas. La gatita finalmente se acostumbró a estar conmigo e hizo una rutina diaria para dormir sobre su espalda con los brazos y piernas estirados para mostrar su barriga e invitarme a acariciarla. Cuando me acerqué a ella, me miró suavemente. Ya no había nerviosismo. Ninguna. Ella era feliz con su vida, y estaba cómoda y en paz. Para mí, el estado nervioso de la gatita al principio, sentí que era totalmente diferente comparada con su feliz estado algunas semanas después. No hubo cambios en su apariencia, pero pude sentir la clara diferencia en su vibra.

En la ciencia, se puede detectar una distinción de vibraciones como diferencia en frecuencias de vibración en el campo electromagnético. El nerviosismo es una frecuencia y la felicidad es otra. Nuestros pensamientos, sentimientos y emociones siempre vibran y emiten ondas. Lo que creemos y sentimos genera ondas que viajan a través del tiempo y el espacio. Cuando eres feliz, radias ondas a una frecuencia de felicidad. Cuando estás enfadado, las ondas radican en una frecuencia de ira. ¿Alguna vez has visto a una persona enfadada e inmediatamente sentiste su energía? Si la onda de ira es fuerte, puede afectar tanto tus sentimientos que también empiezas a sentirlo. En el lado opuesto, cuando un bebé es feliz, sonriendo, y riendo, puedes sentirlo. No es sólo una comprensión inteligente de "OK, este bebé es feliz", sino que la vibración del bebé afecta realmente tus sentimientos. Todos notamos las sutilezas de diferentes vibraciones y decimos: "¡aquí siento buenas vibras!"

Por eso los sentimientos fuertes son a menudo contagiosos. Cuando Martin Luther King, Jr. dijo: "Tengo un sueño", no fueron las palabras lo que movió a la gente; fue su pasión la que se transmitió a través del tono de su voz que viajaba a través del público y provocó el movimiento que transformó la sociedad. Igualmente, muchas cosas en nuestra vida diaria también nos afectan. ¿Te sientes más feliz cuando ves hermosas flores o escuchas música alegre o el sonido de los pájaros? ¿Alguna vez te has sentido de maravilla y asombrado cuando te has encontrado una montaña gigante? Todo en nuestras vidas vibra y radia ondas, que nos afectan de diferentes maneras.

Los efectos de las ondas fuertes se quedan en la gente, las cosas y las tierras hasta que se conviertan en otra cosa. La gente siente la energía de las vibraciones pasadas durante mucho tiempo. Solía trabajar en Wall Street hasta unas semanas antes del ataque del 11 de septiembre. Años después, cuando viajé de regreso al lugar ahora conocida como "Zona Cero", una serie de sentimientos diferentes saltaron en mi corazón y me abrumaron. La energía del ataque y los sentimientos de las personas afectadas siguen allí.

Influimos nuestro entorno con nuestros pensamientos y emociones, que son los productos de los programas, creencias, perspectivas y supuestos, que nos enseñaron. Naturalmente, también nos influye nuestro medio ambiente, que incluye a todos los animales, plantas, piedras y otros objetos inanimados; todos interactuando e influyendo entre sí y en todo momento. En este sentido, nunca se puede separar de los demás; en un nivel de alma, estás conectado a todo.

En general, los llamados sentimientos "negativos" vibran en frecuencias más bajas, mientras que los sentimientos "positivos" vibran en frecuencias más altas. Como todos sabemos, nuestros sentimientos tienden a cambiar en momentos aleatorios, por lo tanto, nuestra vibración también cambia en momentos aleatorios. A veces estamos enojados y vibramos a una frecuencia más baja, y en otras ocasiones, somos compasivos y vibramos a una frecuencia más alta. A medida que crecemos espiritualmente y activamos nuestras cualidades virtuosas, gradualmente llegamos a ser capaces de mantener sentimientos vibratorios superiores, como la compasión, la bondad, la humildad, la tolerancia y la aceptación. Por lo tanto, tu crecimiento espiritual es experimentado como un aumento en tu frecuencia vibratoria. Cuando se pueda mantener cualidades virtuosas mayores, se verá menos influenciado por los sentimientos de vibraciones bajas hacia otros, como la ira o los celos. Será como si sintonizaras en una estación de radio con la frecuencia de la compasión y no escucharas nada de otras emisoras de radio porque operan a frecuencias distintas.

Considerando la Ley de la vibración, mi sugerencia es cultivar tus virtudes lo más posible. Te sirve para alcanzar el crecimiento espiritual, te ayuda a alejarte de experiencias desagradables en la vida, y te da una mayor oportunidad de experimentar la felicidad, la alegría y la realización en la vida.

Ejercicio: Ley de la vibración

1. Piensa en alguien en tu vida que te da buenas vibraciones. ¿Qué tiene de especial esta persona?

2. Entonces, piensa en el mejor momento de tu vida hasta ahora. ¿Qué vibración te dio esa experiencia?

3. Pregúntate: ¿Cómo puedo mantener buenas vibraciones todos los días?

Ley de la concentración

Hace muchos años, tenía un colega llamado Dave. Era un tipo alto y masculino con una voz energizante, que era amable con todos. Cada mañana, decía: "¡Buenos días, Hiro!" y me sentía energizado y respondía a él de la misma manera. Pero un día, me di cuenta que estaba molesto. Recibió un duro correo electrónico que avergonzó su trabajo y cuestionó su competencia. Lo enfadó mucho, pero en vez de responder inmediatamente, decidió respirar profundamente y esperar hasta el día siguiente.

De camino a casa, no podía evitar pensar en el correo electrónico. "¿Por qué nadie me entiende? ¡Nadie me escucha! Siento que estoy manejando un zoológico lleno de animales enojados", pensó para sí mismo. Cuando llegó a casa, su familia notó que tuvo un mal día. Sintieron su vibración. Su familia tenía miedo de hablar con él porque estaba tan gruñón esa noche. Lo trataron como si fuera una bomba de tiempo frágil, y toda la noche estaba arruinada porque su atención estaba tan centrada en la ira, sus pensamientos y emociones fueron afectados, y su experiencia vital reflejaba esa energía.

Algunos días después, compartió su experiencia de esa noche conmigo. Le aconsejé que centrara su atención en lo que quería, en lugar de lo que no quería. Esto hizo una diferencia inmediata en su vida. La próxima vez que recibió una denuncia por correo electrónico, actuó de forma diferente; aunque se presentó el mismo sentimiento de enojo, pudo hacer pausa y decirse a sí mismo: "Está bien; me ocuparé de esto mañana. Todo va a estar bien. Vamos a casa y centrémonos en pasar un buen rato con la familia". Con este pequeño cambio de mentalidad, pudo pasar un buen rato con su familia después de un estresante incidente en el trabajo.

Experimentas en lo que quieres concentrarte. Para manifestar tus acciones y resultados deseados, debes invertir tus recursos internos, es decir, tu atención, pensamientos, emociones y pasión. Si te centras en tus pensamientos negativos, tu manifestación reflejará la misma energía de vibración. Como dicen los grandes maestros: "¡Concéntrate en lo que quieres! Deja de centrarte en lo que no quieres". Concentrándote en lo positivo es cómo moldeas tu vida en cada momento.

Dave aprendió a cambiar su atención de lo que no quería a lo que quería con rapidez, pero esto no es fácil para todos. Mucha gente queda atrapada en sus sentimientos negativos durante semanas, meses, o incluso años. Podrían ser capaces de cambiar su atención a sentimientos más deseables en un momento, pero les resulta difícil quedarse en ese espacio porque sus pensamientos y sentimientos negativos son lo suficientemente fuertes para distraerlos y arrastrarlos hacia abajo. Por eso es tan importante construir la capacidad para ejercer eficazmente el control de la atención y gestionar sus emociones. Con control de atención, puedes mantener la concentración en una cosa, y dejar que todos los demás pensamientos y sentimientos desaparezcan, permitiéndote experimentar más de lo que quieres en la vida.

¿Y si no tomamos la decisión consciente de concentrarnos? Nuestra vida entra en piloto automático. Según los neurocientíficos, cuando no nos centramos en algo, somos propensos a experimentar el rumear en nuestra mente, deambular y autocriticarnos, quizá, lo que condujo a lamentar lo que ocurrió en el pasado o preocuparse por el futuro. Estos pensamientos y sentimientos están cargados emocionalmente y, por lo tanto, son más fuertes en nuestras mentes y atrapan nuestra atención. Debido a nuestros instintos de supervivencia, somos propensos a centrarnos en ideas basadas en el miedo. Sin practicar el control de la atención, es difícil salir del piloto automático.

El control de la atención es una habilidad que cualquiera puede desarrollar. Es como construir un nuevo músculo, un músculo mental para centrar su atención a voluntad. Muchas tradiciones meditativas tienen prácticas para el control de la atención. En el pasado, la gente solía sentarse en la alfombra durante horas todos los días, pero en los últimos años han surgido prácticas más fáciles. La práctica más popular es el trabajo de respiración, o tomar unos minutos para enfocarnos en nuestro aliento. Gracias a la creciente popularidad de las técnicas de concientización, se pueden encontrar fácilmente meditaciones guiadas para el control de la atención en Internet.

Considerando la Ley de concentración, mi sugerencia es centrarme en lo que quieres en lugar de lo que no quieres porque ese cambio de mentalidad puede afectar mucho a tus experiencias en la vida. Para hacer esto bien, debes desarrollar la capacidad de control de atención.

Ejercicio: Control de la atención

1. Cierra tus ojos y enfoca la atención a tu respiración. Pon atención a como tu cuerpo se mueve al inhalar y al exhalar.

2. Si tu atención se distrae, nótalo y gentilmente regrésala a tu respiración sin juicio.

3. Continúa esto por tan solo 3 minutos, y luego abre tus ojos.

Ley de la atracción

Las energías con las mismas frecuencias sincronizan, amplifican y se unen para la co-creación. Hace muchos años, tuve una cena en el centro de Tokio. Estaba con un grupo de amigos que practicaban la meditación juntos y viajaban a lugares interesantes, como Sedona y Egipto. Una dama empezó a hablarme de una técnica de sanación que puede cambiar las creencias subconscientes usando ondas cerebrales theta a través de una corta meditación. Sentí su emoción y alegría, y estaba fascinado por la posibilidad de cambiar mis creencias, así que me inscribí inmediatamente para el taller para aprender la sanación yo mismo.

La técnica del taller fue muy buena. No puedo discutirlo en este libro, pero fue simple y divertido, e introdujo una práctica de visualización única que ayudó a facilitar un estado mental alterado. Me permitió experimentar sensaciones en mi cerebro que nunca había tenido antes; quizá, eran las ondas cerebrales theta. Con esa práctica, aprendí a cambiar mis creencias y sanar mis emociones, y el instructor hizo una demostración sobre mí frente a la clase para quitarme el miedo a las alturas. ¿Mi miedo a las alturas se ha ido? ¿En serio? Fui muy escéptico, así que un día después de la clase, fui a uno de los pisos superiores de un edificio alto y miré afuera para probarme. Estaba bien. Fui a un piso aún más alto de otro edificio, y de nuevo, estaba bien. Estaba tentado a hablar con mis amigos sobre este cambio, pero aún tenía dudas. ¿Y si subo más arriba en el edificio y me asusto? Quería probarlo de una vez por todas, así que decidí probar el paracaidismo, lo cual fue un movimiento audaz, pero así es como deseé confirmarlo. Con la ayuda de una escuela de paracaidismo, me subí a un helicóptero, fui a una altura de 4.000 metros (13.000 pies) y salté. ¿Cómo estuvo? ¡Fue tan divertido y emocionante! El aumento de la adrenalina fue inexplicablemente increíble. Me sentí renacer.

El paracaidismo me dio pruebas de que la técnica de sanación funcionó muy bien. Estaba muy emocionado por las posibilidades que podría traer a la vida de todos. Muchas personas podrían cambiar sus vidas dramáticamente. Empecé a compartir mis experiencias con muchos de mis amigos y colegas, invitando a más gente a probar la técnica de sanación. La palabra se extendió rápidamente a muchos otros, y cuando organizamos un evento de encuentro, más de cien personas aparecieron. Todos ellos estaban emocionados por la posibilidad de cambiar sus vidas a través de este método, y todos nosotros queríamos difundir el método de curación a otros y soñamos con invitar a la fundadora del método de sanación, para que pudiéramos obtener certificados para enseñarlo. Esta idea se convirtió rápidamente en una visión compartida de todos los de la comunidad. Cada vez que nos reunimos, la comunidad creció cada vez más grande. Una cosa llevó a la otra, y de alguna manera nos comunicamos con la fundadora, y nuestro sueño se hizo realidad; la fundadora vino a Japón para certificar a la gente para enseñar el método.

Lo que pasó después de eso fue fenomenal. Muchos de nosotros enseñamos el método mediante talleres, y la comunidad siguió creciendo. La fundadora volvió a Japón el año siguiente y siguió viniendo cada año después de eso. En aproximadamente cinco años, el método de sanación se convirtió en una de las modalidades más populares en Japón, con cientos de instructores certificados para enseñarlo. Solíamos decir: "En cualquier lugar que vayas en Japón, puedes encontrar talleres de esta sanación, y experimentar emoción y alegría con nuevos amigos". La energía de alegría y emoción fue compartida por un gran número de personas, y de alguna manera creó un gran impulso para hacer realidad la visión. Los sentimientos se transfirieron mediante comunicación, atrayendo a personas que compartían una visión para tomar medidas para hacer realidad su sueño. No era un trabajo de una sola persona, sino un esfuerzo de colaboración.

La Ley de atracción se hizo bien conocida a principios de los años 2000, gracias a libros y vídeos populares. Algunas personas dicen que puedes manifestar lo que quieres sólo teniendo una idea, sin ninguna acción. Aunque apoyo esta idea como dirección de nuestra evolución espiritual en el futuro y quizá algunos individuos evolucionados podrían tener tal capacidad hoy-, no creo que estemos allí todavía como humanidad.

La Ley de atracción que está en vigor para la mayoría de nosotros trabaja más sobre la base de "buenas vibraciones" o "buena química". Cuando se comunica con otros, sus sentimientos se transmiten más allá del lenguaje a través de expresiones faciales, tono de voz, posturas corporales y comportamientos. La gente siente tu energía y reacciona en armonía, desarmonía o en algún lugar intermedio. ¿Cómo pueden afectar estas reacciones a nuestros sentimientos?

Según los científicos, si dos ondas están sincronizadas, la energía amplifica a la suma de las dos ondas. Lo que esto significa es que cuando encuentras a gente que tiene los mismos sentimientos, el sentimiento se amplifica; dos personas felices se hacen aún más felices. Esto explica cómo la gente con ideas similares aumenta su energía cuando se juntan. Cuando comparto mis ideas con alguien que es parecido, nos emocionamos y nos inventamos ideas aún mayores.

Por otro lado, cuando hablo con alguien que está estresado y no me presta atención, me siento fuera de sincronización con la persona y siento que mi energía agota. ¿Alguna vez has experimentado algo así antes? Si prestas atención a otra persona, puedes sentir la diferencia de su energía, ya sea alegre, grave, aburrida o peligrosa. Es como percibir diferentes colores o sonidos. Naturalmente, a todos nos gusta estar con alguien que comparte los mismos sentimientos; como dice el viejo dicho, "lo similar atrae". La buena noticia es que puedes atraer fácilmente a gente con ideas parecidas y compartir grandes ideas con otros, lo que da oportunidades que pueden manifestar su idea en realidad.

La Ley de atracción significa que atraes a la gente y cosas que coinciden con tu energía, es decir, tus visiones, pensamientos, emociones, creencias y perspectivas. Al interactuar y unir fuerzas con otros que tienen la misma energía, se puede ampliar dicha energía y manifestar tu visión en realidad.

Ejercicio: Ley de atracción

1. ¿Quién en tu vida tiende a amplificar tus buenos sentimientos?

2. Pregúntate a ti mismo: ¿Qué visiones, creencias o perspectivas comparto con esta persona?

Ley del tiempo y del espacio

En la preparatoria, tomé una carga pesada de cursos para poder entrar en una buena universidad, pero a veces mi mente se alejaba de mis clases y fantaseaba con otras cosas. Me imaginaba salir con mis amigos y jugar al baloncesto, comer ramen juntos, o incluso ir a la luna o a otras galaxias. Mi mente fue liberada e ilimitada, volando por el cielo, yendo al futuro, al pasado y a cualquier otro lugar que pudiera imaginar. Después de un tiempo, me encontré de regreso al momento presente, todavía en el aula. ¿Alguna vez has experimentado algo así antes?

Sólo puedes experimentar tu cuerpo en un solo punto: aquí y ahora. Pero en tu mente, puedes ir a cualquier tiempo y espacio mientras puedas imaginar. La pregunta es ¿puedes cambiar lo que pasó en el pasado? Sí, puedes. Bueno, no se puede cambiar aspectos físicos y materiales de lo que ocurrió en el pasado, pero se puede cambiar aspectos energéticos, como tus pensamientos, sentimientos, emociones, creencias y perspectivas sobre la situación.

Permítanme darles un ejemplo. Hace muchos años, cuando trabajaba en un trabajo corporativo, tenía un colega llamado Harry, y tuvimos una buena y confiable relación. Solíamos ejecutar proyectos importantes juntos, a menudo trabajando hasta tarde por la noche para resolver problemas difíciles y salir a cenar después. Solía expresarme gratitud frente a todos, y yo hacía lo mismo. Un día, los ejecutivos de la empresa me pidieron que hiciera una breve presentación sobre nuestro proyecto y explicara cómo el equipo trabajó para alcanzar el mismo objetivo. Después de la presentación, recibí un correo electrónico de Harry, que estaba muy molesto por mi presentación.

"¿Por qué lo presentas como si fueran todos tus logros? También es mi proyecto, y deberías haberme preguntado de antemano. ¿Quién te crees que eres?"

Su respuesta me sorprendió, y me alteré. En mi mente, dije, ¿qué le pasa? Hizo lo mismo con nuestros proyectos antes, y no me lo pidió de antemano. Nadie hace tal cosa. ¡Él es el egoísta!

No quería responder con ira por la posibilidad de que pudiera dar lugar a una discusión intensa. En retrospectiva, debería haber intentado aclarar cualquier malentendido que había, pero no lo hice. Sólo quería calmarme y recuperar mi tranquilidad. Me sentí atacado, juzgado, y negado. Algo en mi corazón se había destruido. Hice todo lo posible para calmarme y concentrarme en otra cosa para poder olvidar el incidente. Harry y yo continuamos trabajando juntos en proyectos, pero nuestra relación cambió. Estábamos distantes y fríos entre nosotros. Me comporté con calma y profesionalmente en la superficie, pero todavía estaba enojado por dentro. Cuando lo vi, sentía emociones negativas que me estresaban. Pude sentirlo físicamente como una sensación de ardor dentro de mi estómago.

Años después, cuando estaba aprendiendo la técnica de sanación, me di cuenta que todavía me aferraba a esa ira. Cuando me encontré con alguien que me recordaba a él, personas que me atacaron, juzgaron, me negaron a mí o a otros, sentía las mismas emociones negativas que causaron la sensación de ardor dentro de mi estómago. Lo que pasó en el pasado me afectó físicamente, emocional y mentalmente. Temía que la sensación física se convirtiera en una enfermedad algún día, así que decidí hacer algo al respecto antes de que se convirtiera en un problema mayor.

¿Cómo resolví el problema? Podría haber sido fácil si Harry se hubiera disculpado por lo que hizo, pero sabía que eso no pasaría. Ya había dejado la compañía, y habíamos perdido el contacto completamente. Así que puse la atención en mí mismo, a cambiar la parte enérgica de lo que pasó en el pasado, a sanar el dolor y dejarlo ir.

Esto es posible debido a la Ley del tiempo y del espacio. Sólo vives en el momento actual físicamente, pero puedes ir a cualquier tiempo y espacio energéticamente. Esto significa que puedes cambiar la energía de cualquier tiempo o espacio en tu vida, ya sea el pasado, presente o futuro.

El cambio energético que haces en el pasado se reflejará en tu energía en todos los demás tiempos y espacios, y físicamente en el momento actual. Hoy puedes cambiar tu vida cambiando tus sentimientos sobre el pasado.

Para crear mis cambios energéticos, primero miré hacia atrás en los momentos pasados y noté todos los sentimientos, emociones, creencias y perspectivas que experimenté con Harry. Me sentí atacado, juzgado, negado por lo que hizo, y después de darme cuenta de eso, me pregunté qué quería en su lugar. Quería ser aceptado, entendido, y apreciado. Me pregunté qué aprendí de la experiencia. Aprendí a no permitir que otros afecten mis sentimientos y arruinen mi vida de nuevo. Aprendí a detener mis deseos de aceptación para poder experimentar la paz, sin importar lo que otros digan.

Me imaginé escucharme en el pasado diciéndole a mi joven yo, que estaba confundido y enfadado: "Está bien; estás a salvo. Estoy aquí para ti, y te amo. Te acepto, te entiendo y te aprecio". Imaginé que mi yo más joven se liberaba de la ira, y me imaginé soltando todos los sentimientos que ya no me servían. Entonces, algo interesante sucedió. Un sentimiento de compasión comenzó a surgir dentro de mí. Harry es sólo humano. También está aprendiendo a ser una mejor persona, y a veces comete errores como yo. Quiere ser feliz y libre de sufrimiento. Deseo su felicidad, y lo perdono.

¿Qué pasó? La sensación de ardor en mi estómago desapareció. Cuando pensé en Harry, la ira ya no surgió. Sentí que podía hablar con él nuevamente como colega sin resentimientos. Puede que no confíe en él como solía hacerlo, pero podía verlo con compasión.

El mundo dentro de su mente es un mundo de energía basado en su programación inicial. En tu mente, todos los marcos de tiempo existen al mismo tiempo. Puedes cambiar la forma en que piensas sobre tu dolor del pasado. Tú puedes cambiar no sólo tus sentimientos hoy, sino también tu preocupación por el futuro. De esta manera, puedes crear felicidad y empoderar tu cuerpo físico hoy. Sólo recuerda lo que pasó en el pasado, sana el dolor, y reestructura con una nueva perspectiva y significado.

Hablaremos más sobre cómo cambiar sus energías desde el pasado para impactar el presente capítulo en "Desafíos y oportunidades".

Ejercicio: Ley del tiempo y espacio

1. Piensa en un reto que se ha repetido en tu vida. ¿Qué situaciones te encuentras una y otra vez?

2. Pregúntate: ¿Qué está tratando de enseñarme esto?

Libre albedrío

Digamos que tienes un hijo. Después de graduarse de la universidad, comenzó su propio negocio, pero se metió en problemas con uno de los proveedores y terminó con una gran deuda. Él acude a ti devastado y no está listo para hacer frente a la situación. ¿Qué harías tú?

A. Pagarle la deuda con tu dinero.

B. Llama al proveedor y negociar con él.

C. Ofrecerle consejo y apoyo.

Si estás en este lugar como su padre, podrías estar tentado a hacer A o B. Tal vez tengas el dinero o las habilidades de negociación para que funcione. Pero esto no hace nada por tu hijo. Recuerda, todos vinimos aquí para experimentar desafíos y crecer. Esta situación fue creada por tu conciencia "soy" como una oportunidad de crecimiento. Este desafío le ayuda a sacar sus mejores cualidades. Pagar su deuda y llevar a cabo negociaciones por él le quitaría una valiosa oportunidad para su crecimiento, y si lo haces cada vez que se mete en problemas, se hará dependiente de ti. En cambio, tienes que confiar en que puede sacar su fuerza y capacidad para superar la situación por sí mismo. Esto no es fácil; se necesita paciencia y compasión de tú lado. Todavía puedes ofrecer consejos y apoyo para guiarlo o entrenarlo para que pueda reconocer su capacidad interior para superar la situación, pero no le hará bien ocupar su lugar y hacer el trabajo por él. No puedes crecer por él, como no puedes construir un músculo por él. Cuando una persona atraviesa un gran desafío, el crecimiento resultante también es grande. Como dice el dicho: "Lo que no te mata te hace más fuerte".

Cuando tenía diez años, tuve un incidente doloroso. Estaba asistiendo a clase en la escuela primaria, y cuando el profesor me hizo una pregunta, no entendí lo que quería decir y no pude responder a la pregunta. Entonces, el profesor empezó a humillarme frente a la clase, culparme por no centrarme en la lección. Sentí que todos me juzgaban y me atacaban. Lloré. Sentí dolor en mi corazón. Desde entonces, tuve miedo de hablar en público y he evitado ese tipo de acontecimientos lo más posible.

Incluso después de graduarme de la escuela y comenzar a trabajar, todavía tenía miedo. Mi trabajo me exigía que hablara en público, y siempre me sentí desafiado y nervioso, no podía hacer un buen trabajo. Cuando alguien dice que temen hablar en público, la gente suele decirles que sigan haciéndolo hasta que se acostumbren. Lo hice, pero era como si me estuviera obligando a ignorar mi nerviosismo, y aún no pude disfrutar hablando en público. Finalmente, mis responsabilidades se expandieron en la empresa, y tuve que hablar frente a público más grande; me sentí empujado a una esquina. Tuve que enfrentar este miedo y dejarlo ir. Así que decidí tomarme tiempo para trabajar en ello.

Después de una excavación y contemplación, recordé el evento de la infancia en la escuela primaria cuando me sentí juzgado y atacado por primera vez, y me di cuenta que era la causa de mi miedo. Luego, puse mi atención en mis compañeros de clase. Recordé cómo me miraban durante el evento, pero también recordé lo que me apoyaban después; estaban enojados con la maestra por cómo me trataba delante de la clase, y algunos de mis amigos se enfrentaron a la profesora por mí. No eran juiciosos o críticos; se preocupaban por mí. Fue un hallazgo maravilloso.

Luego, puse mi atención en la profesora. Recordé su expresión facial, que era nerviosa y casi temible, no era la típica expresión general de ira. En ese momento, me di cuenta que no se trataba de mí. Había algo en su vida, y no se comportaba como su verdadero yo en ese momento. Cuando me enteré de esto, empecé a sentir lástima por ella y mi profundo resentimiento se convirtió en compasión. Sentí que el sentimiento duro en mi corazón se derretía. Me sentí mejor sobre el evento, puse mi atención en lo que podría haber hecho de otra manera. ¿Y si mantenía mi confianza, estaría bien cometer errores, y estaría abierto a los comentarios de la profesora? Todo el evento pudo haber sido una experiencia positiva para todos. Al ser una presencia, podría haber empoderado a todos en la clase. Este pensamiento me ha traído una nueva energía. No se trata de cómo la gente me mira y cómo puedo verme bien en público, sino de lo que puedo hacer para potenciar a otros, posiblemente incluso inspirarlos, hacia algo mejor.

Con esta contemplación, pude dejar de temer que otros me juzgaran y atacaran, y en cambio, activé la compasión y la intención de prestar servicio a otros. Esta realización cambió mis sentimientos sobre hablar dramáticamente. Me emocioné con la próxima oportunidad de hablar en público, y ya no estaba nervioso. Desde entonces, he empezado a disfrutar de la charla pública, con mi pasión para inspirar a otros.

Mi miedo al juicio fue algo que creé en la infancia, y contenía lecciones valiosas para mí. Nadie podría quitarme eso. Esa es la Ley del libre albedrío. Trabajando en resolver la memoria energética del pasado, puedes cambiar la energía y aplicarla en el momento actual. Otros no pueden asumir tu oportunidad de aprendizaje por ti, pero puedes pedir su apoyo. Puedes pedirle a tus amigos y familia que te guíen para examinar un desafío de vida y descifrar lo que podría ser la lección.

En cada reto de vida, hay un plan oculto para el crecimiento. Una vez alcanzado el crecimiento, el reto se resuelve y la persona se mueve por el camino hacia la próxima oportunidad. Si conoces a alguien que está pasando por un desafío, puedes ofrecer tu ayuda y apoyo si la persona pregunta, pero ten cuidado de no violar su camino para el crecimiento. ¿Quién hace la llamada? La persona como conciencia "yo soy". Si por casualidad, su ayuda viola su plan para el crecimiento, la persona tendrá que experimentar un reto similar de nuevo. La situación podría resolverse en la superficie, pero la necesidad de crecimiento seguirá en la realidad energética, lo que provocará otro desafío para que la persona pueda completar la lección. Por eso muchas personas pasan por los mismos desafíos una y otra vez, ya sea un jefe difícil en el trabajo, relaciones miserables, una gran pérdida de negocios o cualquier otro reto en la vida.

4. REALIZACIONES E IMPLICACIONES

Después de años de meditaciones y sesiones privadas, tuve un momento en que finalmente pude conectar los puntos y comprender la idea del Juego de la Teoría de la vida. A esto le siguieron las realizaciones que me liberaron del miedo a la incertidumbre y aumentó mi fe en mí mismo, mi vida y Dios. ¿Cómo nos ayuda esta teoría a vivir una vida mejor? Creo que nos ayuda a experimentar la mayor cantidad de alegría y satisfacción.

Permítanme resumir algunas de mis importantes realidades que han cambiado la forma en que vivo mi vida.

Las siete realizaciones

1. **Pregunta hacia Dios**
   Somos almas nacidas de Dios, y cada uno está en un largo viaje de recordar y experimentar nuestras cualidades heredadas de Dios, que normalmente describimos como virtudes. La vida humana es una forma de avanzar en este viaje.

2. **Crecimiento, contribución y experiencia**
   Una vida humana nos da oportunidades de crecer espiritualmente, contribuir al crecimiento de otras personas y experimentar las cualidades de Dios en el reino físico. Creo que estos son los propósitos principales de nuestras vidas.

3. **Cada vida es especial, valiosa e importante**.

   No hay una forma de cumplir estos propósitos. Cualquier experiencia de vida nos da la oportunidad de crecimiento. No importa cuánta riqueza, fama o éxito tengamos en un buen sentido, y este no es un juego que tenga un ganador o un perdedor; no es una carrera o competencia porque eres el único que está caminando tu viaje de vida en particular.

4. **Los retos con regalos disfrazados.**

   Los retos en la vida son oportunidades para crecer espiritualmente y siempre hay una lección escondida en cada reto. Al completar la lección, el reto se resuelve por sí mismo, y esta lección ayuda a demostrar más de las cualidades virtuosas que heredaste de Dios, revelando así tu autenticidad.

5. **Sanando lo esencial.**

   Cuando experimentamos un desafío, a veces nuestros sentimientos se hieren y experimentamos dolor emocional. Para superar un desafío y convertirlo en una oportunidad, necesitas sanar ese dolor, dejarlo ir, y aprender plenamente la lección. Más tarde en este capítulo compartiré cómo sanar este dolor.

6. **Alegría/plenitud**

   Hubo un tiempo en el que me la pasé preguntando sobre la diferencia entre alegría /plenitud y felicidad/satisfacción durante las meditaciones. La respuesta que recibí fue que la felicidad / satisfacción están relacionadas a experiencias espirituales, lo que significa que la alegría y la plenitud son emociones que experimentamos como almas, activando nuestra autenticidad y completando nuestras misiones, que es lo que nos dan tales experiencias.

7. **Felicidad/satisfacción**

Experimentando felicidad y satisfacción es tan importante como experimentar alegría y plenitud. La experiencia que experimentas y la satisfacción depende de 1) qué tan bien trabajas con las leyes universales para crear lo que quieras en la realidad física; 2) cómo perfeccionas las condiciones aprendidas para que suceda / satisfacción; y 3) cuán bien manejas tus emociones. El capítulo anterior sobre las leyes universales debería ayudarte con el número uno, y los próximos capítulos sobre desafíos y oportunidades deberían ayudar en los números dos y tres.

La Noche Oscura del Alma

A veces experimentamos un gran desafío que nos arrastra hasta el fondo. Nos da la vuelta y nos hace sentir que todo se está desmoronando. Puede que sientas que tu vida está hecha, pero este es el momento en que tu mayor transformación está a punto de tener lugar: tu renacimiento de la Noche Oscura del Alma. Permítanme compartir mi experiencia y cómo la superé.

Hace años, miré desde el balcón de mi apartamento del piso 15 y pensé que sería más fácil si acabara mi vida en ese momento. Mi relación importante se estaba desmoronando, y me había quedado sin opciones. Todas mis oraciones no tuvieron respuesta. Me sentí ignorado, rechazado y abandonado. Era horrible pasar por tanta incertidumbre, y me hacía sentir impotente, indefenso e inútil. Día y noche, me encontraba solo. Tenía llamadas y reuniones relacionadas con el trabajo, pero no pude compartir lo que estaba pasando con ellas. Sentí que nadie lo entendería. Hubo días que no hablaba con nadie. Estaba obsesionado con pensar en los peores casos y me sentí tan inseguro. Traté de meditar y sanarme con todo lo que había aprendido hasta entonces, pero no logré ir al estado tranquilo y pacífico al que normalmente fui durante la meditación. Luché. Sentía que no había salida, y la agitación emocional parecía durar para siempre.

Es increíble lo que esas emociones podían hacer. Cuando miro hacia atrás, mi vida en aquel entonces no era tan mala, era buena. Mis actividades de sanación y negocios iban bien. Fui abundante financiero y materialmente. Sólo había algo que no funcionaba bien: mi relación, pero esas emociones oscuras eran lo suficientemente poderosas para hacerme pensar que todo se estaba desmoronando. Había una parte de mi mente que me decía: "Relájate, estás bien", pero esas voces fueron voladas por mis emociones oscuras en segundos.

La agitación emocional no desapareció. Duró horas, días y semanas. Incluso un día soleado con cielos azules me pareció una noche oscura. No me extraña. Después, descubrí que esta experiencia de intenso desafío emocional tenía un nombre: Noche Oscura del Alma. Desde los tiempos antiguos, ha sido bien conocido en muchas tradiciones espirituales, y no hay remedio fácil, sino dar un salto en crecimiento espiritual de alguna manera y liberarse de esas emociones. De hecho, el salto espiritual es el verdadero propósito de este desafío emocional, según las tradiciones espirituales, pero no pude encontrar ninguna instrucción sobre cómo dar el salto.

Sentí que había tocado fondo. Estaba perdido, pero no quería rendirme. Estaba abierto a intentar cualquier cosa para recuperarme. Primero, necesitaba evitar que las emociones oscuras me distrajeran. Normalmente la meditación ayudaba con eso, pero como ni siquiera podía meditar, decidí probar algunas tácticas diferentes, como ir a correr, comer comida agradable, etc. Luego encontré una cosa que funcionó muy bien: cantar. Cuando canté una canción que resonaba con mis emociones, que normalmente era una canción triste, esos sentimientos se volvieron menos intensos. Era como si estuviera sacando las emociones de mi cuerpo simplemente a través del tono de mi voz. Me sentí mejor después de cantar durante unos días, lo suficiente para poder meditar nuevamente. Todavía no era tan fácil como solía ser, pero seguía meditando todos los días. Algunos días después, sentí que una voz venía de mi corazón: "Hiro, estás bien. Estás a salvo. Estoy aquí por ti. Te amo. No estás solo. Acepta quién eres en realidad".

Cuando recibí esto, sentí que tocaban mi corazón por primera vez en mucho tiempo. Me sentí seguro y protegido. Esto me dio un alivio, y pude respirar más profundo. Durante la meditación, simplemente me centré en mi aliento, inhalando y exhalando. Poco a poco, pude calmarme y descansar en un estado mental pacífico. Todavía dentro de mí tenía muchos pensamientos y emociones negativas, pero me estaba volviendo capaz de disociarme de ellos y mantener una distancia mental de ellos. Los vi como si fueran objetos o energías atascadas en mi cuerpo. Sentí la oscura energía roja de la impotencia en mi corazón, una pesada y oscura tristeza azul en mis pulmones, y una energía desesperada negra en mi estómago. Mientras los veía y los identificaba como energías con color, se volvió más fácil distanciarme de ellos.

Después de un tiempo, escuché otra voz de mi corazón: "Entra".

No había nada que perder. Lo intenté. Cuando imaginé entrar en la sensación indefensa en mi corazón, recordé la primera vez que lo sentí en mi vida. Tenía catorce años y estaba enamorado de una chica en la escuela. Cuando la invité a salir dijo que no, y se sentía como el fin del mundo. En mi imaginación, vi al chico, mi yo más joven que parecía tan indefenso.

La voz de mi corazón dijo: "¡Escúchalo!" Me imaginé escuchando al chico. Estaba triste y no entendía por qué las cosas no salieron como esperaba. Era como si no pudiera controlar nada en su vida, como si no tuviera poder. Pensó que tenía que haber algo malo con él, que nadie lo amaba, que estaba solo.

La voz de mi corazón continuó: "Abrázalo". Me imaginé abrazándolo y dije: "Estás bien. Estás a salvo. Estoy aquí por ti. Te amo. No estás solo".

Algo cambió en ese momento. Sentí que algo atorado en mi corazón comenzaba a derretirse. El dolor emocional se sentía un poco mejor, pero aún estaba allí. Luego escuché la voz nuevamente:

"¿Qué aprendiste de esto?"

Recordé que solía salir con la chica en grupo; siempre fuimos ella, otra chica que era su mejor amiga y yo. Como grupo, tuvimos muchas conversaciones alegres. Luego me di cuenta que la puse en una situación difícil. Si los dos nos convertíamos en pareja, podría terminar dejando a la otra chica sola, y podría haber perdido a su mejor amiga. Entendí que eligió mantener nuestra amistad como grupo.

¿Qué aprendí de esto? Aprendí que tenía que respetar su decisión. No es que me odiara; quería estar en armonía con todos. No es que estuviera solo; aunque no pudiera salir con ella, tuve dos buenas amigas con los que tener conversaciones alegres.

Con esta nueva perspectiva, me di cuenta que todas las creencias negativas que mi yo más joven me dijo eran malentendidos. Todos estaban equivocados. En cambio, los opuestos eran verdaderos; tengo el control sobre mi vida, soy adorable, y estoy rodeado de personas que me aman. Poco a poco, sentí que las últimas piezas atoradas en mi corazón se limpiaron completamente, y finalmente, el doloroso sentimiento desapareció.

Me alegré tanto de encontrar una manera de dejar ir ese intenso dolor emocional en mi corazón, así que me moví a la energía negra, desesperada en mi estómago, repetí el mismo proceso, y funcionó bien. Después de eso, pasé a la siguiente y al siguiente, y después de varios días, pude dejar todo, todos los dolores emocionales que pude encontrar en mi mente y cuerpo. ¡Todos desaparecieron! Y así recobré las siguientes lecciones (y muchas más) incluidas:

- Estoy conectado con todos y todo.

- Todo lo que necesito está dentro de mí.

- Dios siempre me apoya.

- Merezco ser amado plena y completamente.

- Mi dignidad sigue igual, sin importar lo que digan los demás.

Entonces, algo increíble sucedió. Finalmente experimenté la ausencia de todas las emociones negativas. ¿Alguna vez has experimentado una ausencia de emociones negativas en tu mente? Pensé que sería un sentimiento plano y neutral, pero no fue así. En el momento en que todas las emociones negativas desaparecieron de mi mente, experimenté una extrema felicidad. Era como si hubiera un hermoso sol de mi interior. Creo que fue la sensación llamada "dicha". Durante muchos días, no pude evitar reír y sonreír. Estaba tan feliz, realmente feliz.

Sanación Emocional

Después de recuperarme de mi Noche Oscura del Alma, compartí mi experiencia en las redes sociales y empecé a ayudar a otros a superar sus retos emocionales. El proceso que me ayudó a sanar mi dolor resultó ser efectivo en otros, y descubrí más procesos e instrumentos para apoyar diferentes situaciones emocionales.

Hay tres llaves en el núcleo de la sanación emocional: control de la atención, el abrazar la emoción y la reflexión.

Control de la Atención

Para manejar tus emociones, tienes que salir de la ilusión de tus emociones y observarlas desde lejos. Una forma práctica de hacerlo es con el control de la atención, como se ha dicho en la sección de Ley de enfoque. Esta es una habilidad que se puede desarrollar mediante la formación, como la conciencia. Si eres nuevo en el control de la atención, prueba los ejercicios que introduje en el capítulo anterior. Puedes empezar con unos minutos al día. Aunque se recomienda continuar practicando el control de atención todos los días durante años, podrás empezar a distanciarte de tus emociones más fácilmente en unas semanas.

Abrazando tus emociones

Cuando te vuelves capaz de observar dolor emocional a través del control de atención, puedes empezar a sanarlo. Si cavas profundamente en tu dolor emocional, encontrarás que la causa raíz suele ser el temor a perder un amor, temer a la muerte, temer a convertirte en nada, etc.

El antídoto más efectivo al miedo es el amor. Para facilitar la sanación de este dolor, debes darle amor.

- Primero, piensa en el momento en que el dolor emocional se originó y mírate cómo eras entonces.

- Entonces, deja que tu pasado te lo cuente todo y sólo escucha. Escuchando, le estás prestando atención, y la atención es una forma de amor. Esto comienza el proceso de sanación.

- Después de que terminen de hablar, imaginen abrazarlos y darles palabras de amor. Siempre uso la misma frase que recibí en mi oscura experiencia en la Noche del Alma: *"Estás bien. Estás a salvo. Estoy aquí para ti. Te amo. No estás solo"*.

Abrazar es un acto de amor. Facilita la sanación del dolor emocional y potencia a tu ser interior para salir de una ilusión basada en el miedo. Mira cómo cambian los sentimientos mientras das este paso.

Reflexión

El último paso es recuperar la lección del desafío. La forma de hacerlo es mediante la reflexión, que es un importante ejercicio psicológico que puede ayudarte a crecer, desarrollar tu mente y extraer valor de tus errores. Las preguntas reflexivas te impulsan a examinar más profundamente la situación anterior, determinar las lecciones aprendidas y reformular el significado de lo que ocurrió en el pasado, posiblemente conduciendo a una realización importante. Este es el paso que te da un cierre y te permite seguir adelante con energía renovada y aumentar la motivación para vivir mejor tu vida.

Hay muchas preguntas que se pueden hacer en este paso, y cada una funciona bien para situaciones diferentes, pero las más comunes y útiles son:

- ¿Qué aprendí de esto?

- ¿Cómo me ayudó esto a crecer?

- ¿Qué virtudes he desarrollado a través de esto?

En la parte II de este libro, presentaré los retos más comunes que aparecen en la vida de muchas personas, y ofreceré algunas orientaciones, consejos y preguntas reflexivas para facilitar la sanación emocional. Espero que puedas disfrutar de este viaje de sanación y poder a ti mismo mientras lees este libro.

Para ayudar más en tu sanación emocional, puedes aprovechar de una técnica llamada Phoenix Blessing™ a través de talleres y vídeos. Usando una serie de visualizaciones y preguntas reflexivas, puedes sanar tu dolor emocional, cambiar tus creencias y perspectivas, y potenciarte para aumentar la alegría y el cumplimiento en tu vida. Visita mi sitio web en https://phoenixblessing.com para más detalles.

Parte II:
DESAFÍOS Y OPORTUNIDADES

En la parte I, discutimos la Teoría del Juego de Vida, las leyes universales y los desafíos que vienen con cada fase de desarrollo hacia el descubrimiento de tu Phoenix. Cuando decidiste unirte a este juego de la vida como alma, conocías todas las posibles experiencias alegres, así como los desafíos que podrían ocurrir, y sabías en lo que crecerías para convertirte en adulto. Puede que te preguntes por qué nuestras almas querían hacer todo esto. Creo que es por la evolución de nuestras almas. Cada alma está en su viaje para volver a casa a la conciencia de la que nacieron todas las almas. La gente le da nombres diferentes: el Big Bang, el Gran desconocido, algo grande, creador de todo lo que es, Dios, etcétera. Heredamos todas las cualidades más altas del origen, pero deben ser reconocidas, experimentadas y encarnadas. El Juego humano de la vida nos da valiosas oportunidades para avanzar en nuestro viaje. Al activar su autenticidad y sus misiones de vida, se convierte en un Phoenix que se levanta de las cenizas de lo viejo y se convierte en un agente de transformación para otros.

La mayoría de nosotros llevamos cuestiones pendientes o asuntos sin resolver de nuestra adolescencia y seguimos abordando las cuestiones de la edad adulta. Cada uno de nosotros pasa por diversos retos en la vida, que son oportunidades de crecimiento disfrazadas. Para superar cada desafío, debemos soltar algunas creencias y perspectivas que ya no nos sirven y cultivar cualidades superiores. Permíteme compartir cómo pueden aparecer estos desafíos en tu vida.

Convirtiendo desafíos en oportunidades

¿Alguna vez te has preguntado por qué te enfrentas a menudo al mismo desafío una y otra vez en tu vida? ¿Alguna vez te preguntaste por qué un problema no se resuelve rápidamente y te hace sentir miserable durante mucho tiempo? Las posibilidades son que estas situaciones fueron causadas por asuntos inconclusos del pasado que intentan enseñarte algo. Una vez que obtengas una lección del desafío y reconozcas tu crecimiento, obtendrás una nueva perspectiva que te permite superar la situación, y tu dolor emocional será sanado. Entonces, y sólo entonces, podrás seguir adelante. Al hacerlo, has convertido el reto en una oportunidad para crear más felicidad, alegría y satisfacción en la vida.

Una cliente mía llamada Tamara estaba muy estresada cuando me llamó para pedir ayuda. Su marido la engañó de nuevo, y ella ya había decidido que lo dejaría, pero estaba preocupada por haber sido engañada en muchas de sus relaciones anteriores. Quería averiguar cuál era la verdadera causa detrás.

Dijo: "Me preocupé por mis exparejas e hice mucho para hacerlos felices, pero nadie me trató como la "número uno" en su vida. Siempre tenían algo más importante que yo, y yo estaba al final de sus listas de prioridades. ¿Por qué siempre es así? Me hicieron sentir traicionada, miserable, insegura y pequeña. Tal vez sea yo. No soy una buena chica, no lo suficientemente buena, no soy adorable".

Pregunté: "¿Cuándo fue la primera vez que sentías esos sentimientos en tu vida?"

"Estaba con mi padre cuando era pequeña, alrededor de cinco años. Era un hombre encantador, amable, gentil y alegre, pero rompió muchas promesas que me hizo, cosas como comprarme un vestido para una fiesta, llevándome a un parque nacional, o viniendo a mi ceremonia de graduación. Eran importantes para mí, y elegimos una fecha y hora para hacerlas, pero siempre había algo más importante que aparecía, y me dejó plantada. Pensé que tenía que hacer algo para recibir más atención de él, así que trabajé duro para cumplir todas sus expectativas para probarme a mí misma. Lo hice muy bien en la escuela, y cuidé bien a mi hermana menor. Sin embargo, seguía rompiendo las promesas. Me sentí traicionada, miserable, insegura y pequeña," dijo.

Escuchándola, era obvio que la situación con su padre en la adolescencia se estaba repitiendo en sus relaciones adultas. Ella había estado llevando el dolor de ser traicionada por alguien que amaba y creía que no era lo suficientemente buena. Este dolor debe haber atraído al tipo de hombres que le proveían esa misma situación para que pudiera sanar la herida emocional. Necesitaba sanar el dolor, dejar de creer, e identificarse con su mayor verdad para cambiar el patrón de sus relaciones.

Hiro: Me gustaría que te imaginaras hablando con la niña que eras cuando tenías cinco años. ¿Qué quería de su padre?

Tamara: Ella quería que él le prestara más atención. Quería que la viera a los ojos y la abrazara. Quería saber que él la amaba.

Hiro: Pregúntale por qué él no le dio eso.

Tamara: Ella me dice que porque él no la amaba. Que algo estaba mal en ella. Que ella era digna de ser amada. Que no era lo suficiente para ser amada.

Tamara comenzó a llorar. Ella recordó el sentimiento doloroso que sintió en esos momentos.

Hiro: ¿Crees que estas cosas son verdad?

Tamara: No. Era su problema. Era distraído y descuidado. No había nada mal en mi como niña.

Esta es una idea importante. No era su problema, era problema de él. Aunque su padre la amaba, no sabía cómo amar a su hija de una manera que la hiciera sentir amada. Como todos los demás, su padre necesitaba aprender algunas lecciones. Los niños interpretan el comportamiento de sus padres de manera propia y a menudo crean creencias negativas sobre sí mismos, las cuales deben de cambiar.

Primero, Tamara necesitó sanar a esta niña de cinco años—la parte de su conciencia como niña.

Hiro: Tamara, necesito que hagas algo. Imagina acercarte a tu yo de cinco años y abrazarla. Sujétala en tus brazos. Y di: "Estás bien. Estás a salvo. Estoy aquí para ti. Te amo. No hay nada malo contigo. Eres adorable, y eres más que suficiente para ser amada". ¿Cómo está reaccionando?

Tamara: Ella esta … mejor. Se siente aliviada y mejor.

Hiro: ¿Como te sientes?

Tamara: Siento mas calor en mi corazón.

Ahora que sentía algo de paz, necesitaba completar sus lecciones reconociéndolas y creando una nueva visión para su vida avanzando.

Hiro: ¿Cómo te hizo crecer esta experiencia como persona?

Tamara: Me hice más fuerte y paciente. Me convertí en una persona responsable, y aprendí a hacer todo por mí misma, pero como resultado, no sé recibir ayuda de otros. Aprendí a cuidar de los demás, pero a menudo a expensas de mis propias necesidades.

Hiro: Imagina la situación más deseable posible. Tienes todas estas buenas cualidades, incluida la fuerza, la paciencia y la confianza. Puedes cuidarte, satisfacer tus necesidades, y amarte a ti misma. Y también puedes recibir ayuda de otros y hacer tu vida aún mejor. Disfrutas amando a los demás y siendo amado por otros. ¿Qué notas ahora?

Tamara: Es maravilloso. ¡Me siento feliz!

Hiro: ¿Esta niña de cinco años cómo está reaccionando a esto?

Tamara: ¡Está tan feliz! Esta bailando.

Hiro: En silencio di, "Esto esta en mi vida ahora".

Tamara: Sí

Hiro: ¿Cómo te sientes ahora?

Tamara: ¡Me siento bien! Y confío en que podré encontrar una relación feliz de pareja.

Esta niña en su imaginación y parte de su conciencia que había estado atrapada en un ciclo de dolorosas emociones durante mucho tiempo, todavía buscando atención y amor. Ella había estado tratando de sanar este dolor a través de sus relaciones románticas y matrimoniales, pero, por supuesto, había estado escogiendo personas que tenían lecciones similares que aprender como su padre. De hecho, nadie podría ser el padre o pareja perfecto que siempre pudiera estar con ella, sanar su dolor, y amarla incondicionalmente excepto por una persona: ella. Ella es la única persona que se conoce por dentro y que podría amarla y darle todo lo que necesitaba. Al hablar con su niña de cinco años en su imaginación, podía prestar atención a las voces del dolor que llevaba por mucho tiempo, y podía sanarse y seguir adelante.

Durante este período de sesiones con Tamara también examiné temas importantes, como la dignidad, la compasión y el amor propio. Se dio cuenta de que su dignidad era eterna y magnífica sólo por ser quien era, y que nunca cambia, sin importar cómo otros la tratan. Lo que sucedió fue desafortunado, pero fue causado por problemas de otros, no los suyos. Merece ser amada plena y por completo por una pareja que la trate como la máxima prioridad en su vida.

Durante la discusión, vi sus hombros aflojarse y liberar tensión, su cara relajada estaba iluminada con una sonrisa y su respiración se ralentizó. Fue capaz de liberarse del dolor emocional, aumentar su autoestima, y ganar claridad y confianza en lo que quería experimentar en sus relaciones posteriores.

¿Adivina qué pasó después de la sesión? Primero, su ira y decepción hacia sus relaciones pasadas desaparecieron. Ya no se arrepiente de lo que pasó en el pasado, pero reconoció cómo creció a través de todo. Segundo, prometió centrarse en amarse a sí misma y permitirse recibir ayuda de otros. Dejó de intentar hacer todo por si sola, y empezó a buscar ayuda de otros, y a darse tiempo para descansar. Ella escucho más a su corazón y hizo todo lo que pudo para disfrutar de su vida.

Poco después conoció al hombre que había estado anhelando, un hombre que siempre le hacía su prioridad número uno, dándole ayuda y apoyo respetando plenamente sus opiniones y decisiones. Con este hombre, se sentía amada y fue capaz de experimentar la alegría y la felicidad de compartir su vida con alguien que la apreciaba por quien era realmente.

Lo que le pasó no fue sólo la solución de un problema, sino la transformación en un individuo auténtico. Convirtió un desafío en una oportunidad para transformar su vida y creó la felicidad que estaba deseando.

Si estás experimentando un desafío, hay algo profundo oculto en él que te dará la oportunidad de transformar tu vida. En las siguientes páginas compartiré con ustedes algunos de los temas comunes que ocurren en nuestras vidas.

Las siete etapas

Etapa	Desafíos	Oportunidades
1	Dependencia emocional	Independencia emocional
2	Viviendo en el pasado o futuro	Completamente vivo en el momento presente
3	Victima del ambiente	Líder pata crear cambio
4	Competencia	Colaboración
5	Escasez	Abundancia
6	Incertidumbre	Autenticidad
7	-	Claridad de misión de vida

De numerosas sesiones privadas de consulta como la de Tamara, he encontrado temas comunes de desafíos que todos pasan en la vida, y los he categorizado en siete etapas. Puede que ahora estés pasando por una de estas etapas, o quizá, múltiples etapas al mismo tiempo. Las etapas 1 a 5 se centran en tu crecimiento espiritual y aumentan tu felicidad y calidad de vida. Esto puede darse uno por uno, o por completo. El orden del acontecimiento también puede ser al revés. Las etapas 6 y 7 se centran en transformarse en el estado del Phoenix con autenticidad activada y concientización de las misiones para crear la máxima alegría y el cumplimiento en la vida.

Comenzaré con una breve visión general de cada etapa, y luego, entraremos en más detalle.

Etapa 1. Independencia emocional

La dependencia emocional significa que tu vida emocional se ve afectada por otros. Esto está relacionado con la empatía, una mayor capacidad para entender lo que otra persona está experimentando emocionalmente. La empatía es buena, pero si experimentas las emociones de otros como tuyas, tu vida emocional se verá constantemente afectada por otros, lo que dificulta la creación de paz y felicidad en tu vida. Esto también puede llevar a un deseo de complacer a otros a expensas de tus propias necesidades, o controlar a otros para que puedan crear paz en su entorno. Al superar la dependencia emocional, puedes tomar el control total de tu vida emocional y experimentar la paz mental y la felicidad cada día, lo que es esencial para activar la creatividad.

Etapa 2. Estar presente

En la vida, todos experimentamos desafíos o fracasos. Cada evento de este tipo causa heridas emocionales. Cada vez que tienes una experiencia similar, recuerdas las dolorosas emociones del pasado, y te arrastra hacia abajo. Perdiste la confianza, suprimes tu capacidad y pierdes las oportunidades que tienes por delante. Sin embargo, estos desafíos en el pasado no están destinados a deshabilitarte; están destinados a enseñarte algo y ayudarte a crecer. Las dolorosas emociones son un recordatorio para que recojas las lecciones y dejes ir el pasado, para que puedas vivir plenamente en el momento.

Etapa 3. Aceptación social

En la antigüedad, los humanos tenían que pertenecer a un grupo para protegerse de los depredadores y comprometerse con sus compañeros para crear generaciones futuras. En aquellos días, cuando era muy peligroso vivir solo, el rechazo social equivalía a una pena de muerte. Los tiempos han cambiado, y ahora hay menos peligros físicos, pero una experiencia de rechazo social todavía desencadena varios sentimientos negativos, como la ansiedad, la inseguridad, la ira, la tristeza, la depresión y la baja autoestima. Estos sentimientos dificultan tu capacidad de cambiar el estado actual para mejor y causar una mentalidad de víctima. Al superar estos sentimientos, puedes liberarte de la prisión de las presiones sociales, activar tu creatividad y transformarte en un líder que introduce una nueva forma de vida a la sociedad.

Etapa 4. Colaboración

Cuando llegas a ser derrotado severamente en las competencias, la gente se rinde y permite que el miedo domine tu vida. Se sienten impotentes y desesperados, y se deprimen. Se pusieron en una mentalidad de víctima, pasando su vida quejándose, lloriqueando y en autocompasión. Incluso si tiendes a ganar competencias, una mentalidad competitiva está vinculada al miedo al fracaso, y puede hacer tu vida miserable. Al superar los temores y salir de la ilusión de la "supervivencia del más apto", esto se puede convertir en una oportunidad para redirigir tu vida hacia un propósito más alto. A medida que conquistas los temores y liberas el deseo de significación y superioridad, podrás participar en competiciones con una energía totalmente distinta. Tu intención será aumentar tu nivel de excelencia en un esfuerzo por sacar la mejor versión de ti. Con esta mentalidad, una competencia se convierte en un esfuerzo de colaboración para sacar la mayor expresión posible de todos los involucrados.

Etapa 5. Abundancia

La abundancia es la mentalidad de que hay algo más que suficiente para activar las mejores cualidades en ti mismo, en otros, y todo lo que te rodea. Es una forma de vida que abraza y aprecia todo lo que existe en el mundo, sabiendo que hay más que suficiente para todos y todo lo que se expresa en su mayor potencial. Lo que te impide experimentar la abundancia es el miedo. El miedo te quita tus cualidades virtuosas y activa la peor versión de ti, desencadenando emociones negativas. Al ver altas cualidades en todos y todo, incluido tú mismo, puedes experimentar alegría en cada momento, y atraer a la gente y cosas con la misma energía de alta calidad.

Etapa 6. Autenticidad

En la vida, te encontrarás en una encrucijada donde tendrás que elegir entre desviarte hacia un nuevo camino o permanecer en el mismo. El nuevo camino es un viaje hacia la autenticidad, para conectar con los deseos de tu corazón y vivir tu misión de vida. Esto es una llamada a la aventura, sacude tu sistema de creencias y provoca temores. Hay muchas incertidumbres y tu cerebro probablemente gritará: "¡De ninguna manera!" Al mismo tiempo, sentirás un impulso inexplicable de tomar el nuevo camino porque tu corazón sabe que provocará una metamorfosis, y te ayudará a florecer en un ser auténtico. Aún puedes ignorar la vocación, fingir que no es importante, y abrumarte con otras cosas, pero la vida nunca te abandonará. Seguirá llamándote hasta que finalmente tomes la aventura.

Etapa 7. Phoenix

Mientras sigas a tu corazón y vivas como un ser auténtico, obtendrás claridad sobre lo que realmente quieres en la vida y cómo puedes ser de mejor servicio a otros, lo que encenderá tu pasión para invertir en algo más grande que tú.

Este es el estado del Phoenix. Todo lo que pasó en tu vida te preparó para esto, y activarás tus más altos dones, talentos y capacidad para cumplir tus misiones, y experimentarás la máxima alegría y satisfacción.

ETAPA 1.
INDEPENDENCIA EMOCIONAL

Ann tuvo un día agradable. Empezó con el cielo azul claro y sol suave, y disfrutó un buen café con sus colegas en un café. Hizo bien su trabajo y recibió reconocimiento en público, y disfrutó de conversaciones constructivas y alegres con su jefe y sus colegas. Llegó a casa con un sentimiento tan feliz. Sin embargo, cuando abrió la puerta de su apartamento, escuchó a su marido gritando por teléfono, obviamente molesto por algo. Después de colgar el teléfono, empezó a hablar con ella sobre lo que pasó en su negocio y cómo sus clientes lo trataban duro, expresando su ira y frustración. Entendió por lo que estaba pasando y también empezó a sentirse frustrada. Además, su tono de voz era intenso, y la hacía sentir insegura. Cuando vino a mí, estaba molesta con todo lo que estaba pasando en la vida de su marido y me dijo: "¿Puedes ayudar a mi esposo en esta sesión?"

Quería que ayudara a cambiar a su esposo sin que él lo supiera. Dije: "No, no tengo tal habilidad, y no creo que deba hacerlo, aunque tuviera esa capacidad. Pero puedo ayudarte a cambiar, para que así no te afecten las emociones de tu marido, y puedas permanecer feliz sin importar lo que suceda. Eso también ayudará a tu esposo".

La dependencia emocional es cuando tu vida emocional se ve afectada por otros. Esto representa empatía, una capacidad más amplia para entender lo que otra persona está experimentando emocionalmente. Pero si experimentas las emociones de otros como tuyas, tu vida emocional será constantemente afectada por otros, y será difícil crear paz y felicidad en tu vida. Esto puede conducir a un deseo de complacer a otros a expensas de tus necesidades o de controlar a otros para que puedan crear paz en tu entorno. Las personas con dependencia emocional tienden a ser muy inteligentes, eficientes y eficaces. Pueden leer entre líneas y son capaces de hacer muchas cosas por sí mismos, impulsadas por la necesidad de ir más allá de las expectativas. Por lo tanto, muchos de ellos ganan la confianza de su familia, amigos y colegas. Por otra parte, después de muchos años de suprimir sus sentimientos y opiniones, pueden perder contacto con sus verdaderos sentimientos y no saber qué los hace verdaderamente felices y plenos.

Ahora, volvamos a la situación de Ann. Así es como encontramos la raíz de su problema.

Hiro: ¿Cómo te sientes sobre la situación con tu esposo?

Ann: Me siento frustrada e insegura.

Hiro: ¿Cuándo fue la primera vez que sentiste estas emociones?

Ann: Sé cuando sucedió por primera vez. Estaba con mi padre cuando tenía alrededor de seis. Siempre estaba enfadado y frustrado por algo, gritándole a mi madre, y a veces se metían en discusiones fuertes. Estaba asustada. Hice todo lo que me dijo que hiciera, incluso más de lo que me dijo que hiciera para que no se molestara.

Hiro: ¿Alguna vez te hizo daño?

Ann: No físicamente, pero sí verbalmente. Cuando hacía algo bien, me trataba bien, y me sentía aliviada. Pero cuando no le gustaba lo que hacía, se enfadaba y me gritaba. Estaba asustada y lloraba mucho, y luego se ponía aún más molesto. Era sensible a los problemas de comportamiento, cómo lo miraba, el tono de mi voz, el uso de mis palabras. Siempre tuve que entender cómo se sentía él.

Hiro: Si pudieras imaginar hablándote a ti misma, ¿qué te diría ella?

Ann: Ella tiene miedo y dice que el es peligroso.

Hiro: ¿Qué es lo que quisiera en lugar de eso?

Ann: Ella quiere paz y que la abracen.

Hiro: ¿Qué es lo que ella necesita hacer para crear paz y ser abrazada?

Ann: Ella necesita hacerlo sentir mejor con su comportamiento y haciendo todo lo que él le dice que haga.

Hiro: Y entonces ¿él la abrazará?

Ann: Realmente no, pero ella no puede evitar esta situación familiar tan intensa.

Hiro: ¿Y si él no estuviera feliz con ella?

Ann: Él le estaría gritando a ella y a veces la tendría afuera por horas. Y ella tiene mucho miedo de eso.

Primero, Ann necesitaba sanar a la niña de seis años que aún estaba dentro de ella.

Hiro: Ann, necesito que hagas algo. Imagina que te acerques a tu niña de seis años y la abraces. Sostenla en tus brazos. Y dile, "Estas bien. Estas a salvo. Aquí estoy para ti. Te amo". ¿Cómo está reaccionando?

Ann: Ella está llorando sobre mi pecho. Se está sintiendo más segura ahora.

Hiro: ¿Cómo te ayudó esta experiencia a crecer como persona?

Ann: Supongo que aprendí a entender los sentimientos de los demás y ayudarlos a sentirse mejor. No sólo comprenderlos, sino sentir su dolor como mío. También he estado haciendo esto con otros en mi vida.

Hiro: ¿Por qué necesitas experimentar su dolor como el tuyo?

Ann: Supongo que... así es como los amaba, y me amaban por eso.

Hiro: ¿Te gustaría cambiar esto para no tener que experimentar su dolor para ayudarlos?

Ann: Seguro, ¡eso sería muy lindo!

Hiro: Bien. Creemos una visión para eso. Imagina que tu marido está estresado y frustrado delante de ti. Entiendes su dolor, pero mantienes una mentalidad tranquila y pacífica. Tienes un límite claro entre tus sentimientos y los suyos. Y tienes intenciones genuinas de aliviar su sufrimiento. ¿Qué estás notando sobre ti misma?

Ann: Es un sentimiento interesante...es como un sentimiento nuevo para mí. Pero veo que es posible. Me siento en paz y en alma, y siento que puedo ayudarlo mejor de esta manera.

Hiro: ¿Qué es lo que estas notando de él?

Ann: Él está apreciando que comprenda sus emociones y está agradecido por mi intención de ayudar.

Hiro: Si tu le muestras esta visión a la niña de seis años, ¿cómo reacciona?

Ann: Oh, ¡ella está tan feliz! Está respirando profundo y sonriendo.

Hiro: Excelente. Ahora dite en silencio, "Esta es mi vida ahora".

Ann: Sí.

Hiro: ¿Cómo te sientes ahora?

Ann: ¡Me siento bien! ¡Esa pesada sensación de estrés ahora se ha ido!

Después de la sesión, empezó a notar la diferencia entre los sentimientos de su marido y los de ella, y fue capaz de mantener su paz, calma y felicidad dentro. Interesante, sintió su paz y calma interior, y eso también le ayudó a calmarse. Esto le permitió tener conversaciones más constructivas con su marido sobre su situación, lo que le permitió ayudarlo mejor, como lo había visualizado durante la sesión.

La dependencia emocional se forma a principios de la infancia cuando necesitabas depender de tus padres y tutores para tu alimentación, supervivencia, seguridad, paz y felicidad. Como bebé recién nacido, necesitabas gritar en voz alta para recibir lo que querías. Mientras creciste, aprendiste cómo tus acciones y comportamiento influyeron en lo que recibías. A veces recibiste afecto feliz y amoroso de otros, y en otras ocasiones, recibiste sentimientos de decepción, preocupación, miedo e ira. De niño, tus padres son la gente más importante del mundo. Es importante para tu supervivencia y bienestar el sentirte amado por ellos. Poco a poco, empezaste a buscar lo que tus padres querían de ti, e intentaste cumplir con sus expectativas tanto como pudiste. Cuando notaste que tus padres experimentaban sentimientos difíciles, hiciste lo que pudiste para aliviar su sufrimiento.

Cuando no están contentos con lo que haces cuando eres niño, esto resulta en un gran problema. Cuando dicen que eres una chica o un chico malo, te lastima profundamente. Cuando eres niño, tomas todo lo que tus padres dicen o hacen como la verdad. Cuando dicen que eres feo, lo aceptas como una verdadera declaración, y se convierte en tu creencia sobre ti mismo.

Cuando tus padres tratan a tu hermano o a tu hermana mejor que tú, crees que algo pasa contigo. Cuando son verbal o físicamente abusivos contigo, justificas su comportamiento: "Tienen que castigarme porque hay algo malo conmigo", o "Me amarán de nuevo si hago lo que ellos quieren que haga".

Algunos niños se dan cuenta temprano de que reciben la atención de los demás y reciben mas atención cuando se enferman o sufren dolor. Como resultado, empiezan a usar esto como táctica de atención. Tenía un cliente que recordaba fingir una enfermedad para llamar la atención de sus padres. También usó esta táctica para evitar que sus padres pelearan. Este es un patrón peligroso. Si el niño sigue haciendo esto, podría convertirse en un hábito buscar algo malo en sí mismos. Como hablamos antes, en lo que te enfocas, es lo que más recibirás. El hábito de buscar lo que no te funciona atraerá exactamente eso, y no te permitirá experimentar y apreciar plenamente lo que sí está funcionando en tu vida. Podrías haber experimentado estas situaciones con alguien que no sean tus padres, como tus abuelos, tutores, hermanos, maestros o amigos de tu vecindario.

La causa subyacente es el miedo a perder el amor. Necesitamos amor de nuestros padres más que nada. Es vital para nuestra supervivencia y bienestar cuando éramos niños. Al recordar tus días de infancia, ¿qué sentías que necesitabas hacer para ser amado por tus padres? Si tuvieras una experiencia similar a esta, podrías haber creado creencias que causaron dependencia emocional, que afecta a tus relaciones y desempeño laboral hoy. Si miras el lado positivo, apuesto a que también desarrollaste cualidades virtuosas, como la empatía, la paciencia y la perseverancia durante tu infancia. ¿Qué cualidades has desarrollado?

El único problema es que estas buenas cualidades fueron condicionadas por miedo, tristeza e ira. Regresemos a tu memoria mediante la visualización, sanemos las cicatrices emocionales y volvamos a acondicionar tus buenas cualidades de emociones y creencias desfavorables.

Ejercicio: Acondicionamiento

1. Piensa en un momento en tu infancia cuando estabas temeroso, triste y/o enojado.

2. Escucha lo que tu yo más joven quiere decirte.

3. Al terminar, envuélvelo con un abrazo. Observa cómo cambian los sentimientos de tu propio joven y cómo te sientes diferente.

4. Ahora, imagina presionar un botón rojo que desacondiciona tus buenas cualidades de todas las emociones y creencias desfavorables.

5. Pregúntate: ¿qué me motivaría a demostrar buenas cualidades? ¿Para ayudar a alguien? ¿Ser lo mejor que puedo ser? ¿O ser quien soy realmente?

6. Imagina cómo esas buenas cualidades te harán sentir. Termina diciéndote: "Esto está en mi vida ahora".

Como lees, podrías estar tentado a culpar a tus padres. Por favor, no. Todos los padres aman a sus hijos sin excepción, al menos en su alma, pero los padres son humanos. Están pasando por sus propios desafíos en la vida, y hay muchas cosas que pueden provocar sus emociones y comportamientos. Criar a un niño no es un trabajo fácil, y probablemente no sabían qué hacer. Es posible que hayan criado a tus padres de la misma manera. Podrían haber heredado creencias de su educación sobre cómo tratar a los niños. Te garantizo que te aman en su corazón. Además, cuando se es niño, a veces malinterpretamos el comportamiento y los idiomas de nuestros padres. Las posibilidades son que estaban pasando por sus propios dramas, y no tenía nada que ver con nosotros. Hicieron todo lo posible por no expresar sus emociones frente a los niños, pero a menudo esos intentos no funcionaban bien porque los niños podían recoger las emociones de sus padres más allá del idioma y tomarlo personal o interpretarlos a su manera.

Los comportamientos desfavorables y las acciones de nuestros padres no reflejan su verdadera naturaleza. También son viajeros en este viaje humano, tal como tú. No son las personas a las que debes culpar. Son sus creencias, miedos y emociones los que tienen la culpa.

Deja cualquier emoción negativa que puedas tener contra tus padres o tutores mediante visualización y perdonándolos por lo que te hicieron; perdónate por no poder defenderte. Observa que esto no significa que sus acciones o comportamiento estuvieran bien; no necesitas justificar ni estar de acuerdo con ellas. Tienen que aprender sus propias lecciones y corregir sus acciones y comportamiento, pero no eres responsable de ellas. No es necesario que participes en su corrección. Perdonando a la otra persona, puedes liberarte de la ira y seguir adelante.

Ejercicio: Perdón

1. Imagínate en la infancia, de frente a tus padres en aquel momento.

2. Deja a tu ser de niño decir todo lo que el /ella quiere decirles a tus padres, todas las emociones dolorosas, que es lo que quisiera en su lugar—todo.

3. Cuando hayan terminado, pídele a tu ser de niño que diga. "Te perdono. Y me perdono a mi por ponerme en este difícil lugar. Con el perdón, me libero de esta emoción".

4. Nota la deferencia de energía en tu corazón.

5. Pregúntate: ¿Qué es lo que quiero en mi vida en su lugar?

Angustia empática

Para las personas que dependen emocionalmente, se convierte en su segunda naturaleza conectarse con otros y comprender las necesidades y expectativas de los demás. Les ayuda a establecer una relación y a confiar en sus relaciones. Sin embargo, muchos de ellos tienden a sentir las emociones de otros tan vívidamente como si fueran sus propias emociones- uniéndose así a la experiencia de otros. Cuando alguien se siente triste, ellos también experimentan tristeza. La emoción que recogen de otros no desaparece; se queda con ellos hasta que de alguna manera lo procesan internamente y lo dejan ir. Lamentablemente, no mucha gente sabe cómo procesar emociones negativas, y estas emociones negativas pueden aumentar a medida que continúan experimentando las emociones de otros cada día. Esto causa problemas emocionales. Se trata de un problema particularmente grave para las personas que participan en las profesiones de cuidado como profesionales médicos y trabajadores sociales.

En estos días, la gente está conectada en línea, y muchas de nuestras interacciones se llevan a cabo sin ver físicamente a la otra persona. La empatía es una calidad esencial para conectar más profundamente con otros y establecer relaciones confiables. Al superar el dolor empático, esta gente empática puede utilizar más de su naturaleza cuidadosa y promover la comprensión, el respeto y el apoyo en la sociedad.

Al superarlo, la angustia empática se convierte en compasión. Según el maestro budista Joan Halifax, la compasión se define como "la capacidad de atender a las experiencias de otros, desear lo mejor para los demás y sentir lo que realmente servirá a los demás". Los científicos descubrieron que la gente utiliza diferentes partes del cerebro para la empatía y la compasión. La empatía utiliza la región del dolor del cerebro, mientras que la compasión utiliza regiones prosociales. Como resultado, la compasión provoca una menor respuesta del estrés (cortisol) a situaciones sociales estresantes.

Para superar la angustia empática, necesitas hacer dos cosas. Primero, debes disociarte de tus emociones o distanciarte mentalmente de ellas. Esto también se le conoce como control de la atención, que ya he discutido anteriormente. Segundo, debes establecer límites saludables entre tú y otros. No tienes que enfrentarte al dolor de los demás para ayudarlos. Ellos tienen que lidiar con sus emociones, no tú. Y apuesto a que la otra persona no quiere que pases por ese dolor, sólo quieren que alguien se preocupe. Si te pones en apuros, tienes menos capacidad para cuidar a otra persona. Debes mantener un sentido de calma y paz en ti mismo mientras escuchas la desgracia de alguien. Sólo entonces podrás ofrecerles ayuda sin sacrificar tu bienestar. Abordaremos esto mediante la visualización.

Ejercicio: Poniendo límites para el dolor de otros.

1. Piensa en alguien en tu vida que esté sufriendo de dolor emocional. Observa su dolor a distancia, mientras mantienes calma en tu corazón, un estado de paz.

2. Di a ti mismo: "Este es su dolor, no el mío".

3. Después, pregúntate: ¿Cómo puedo ser de mejor apoyo para él/ella para aliviar su sufrimiento?

Sobre-sensibilidad

Cuando estaba dirigiendo una oficina de gestión de proyectos en mis días corporativos, Ken se unió a nosotros como director de proyecto. Era un tipo grande y musculoso y era muy enérgico. Como director de proyecto, le apasionaba conducir a su equipo de proyecto para lograr los resultados esperados de la empresa. Normalmente se comportaba bien, pero cuando sus emociones se interpusieron, su actitud era ofensiva; a menudo levantaba su voz, hacía grandes gestos y provocaba conflictos con sus miembros del equipo que obstaculizaban el éxito de sus proyectos.

Como director de proyecto, creó un plan de proyecto y lo presentó a sus miembros del equipo. En general, hizo un buen plan, pero a veces uno de sus miembros de equipo le dio una respuesta constructiva para hacer el plan aún mejor. Esto era generalmente cuando Ken se enojaba. No tomaba bien las críticas, y a menudo se frustró, empezando a discutir con la persona y terminando en un enorme conflicto donde alguien necesitaba intervenir. Después de algunos de estos incidentes, le pregunté: "¿Por qué no lo tomas como retroalimentación constructiva y lo incorporas en tu plan?" Dijo: "¡Me están culpando! Primero deben cambiar sus actitudes". Estaba tomando la opinión como un ataque personal contra él, lo que provocaba su ira.

Y esto era una bandera roja para mí. Se estaba poniendo en una mentalidad de víctima, y no entendía que necesitaba cambiar. En muchos momentos, vi a la gente actuar mal en el trabajo, y la mayoría de esos incidentes estaban arraigados en sus rasgos de personalidad, que fueron causados por sus creencias, perspectivas y heridas emocionales. Ken era uno de ellos. Como su representante, necesitaba sentarme con él para averiguar cómo evitar que esto sucediera nuevamente.

Hiro: Dime nuevamente, ¿Cómo te sientes sobre esta situación?

Ken: Me están culpando. Son malos.

Hiro: ¿Qué es lo que te hace sentir que te están culpando?

Ken: Bueno, ellos hacen objeciones a mis planes de proyecto y me dijeron que lo cambiara. Tu sabes, el plan esta basado en lo que dijeron en las juntas pasadas. Ellos deberían de haberme dicho antes. Es su error.

Hiro: ¿Te dijeron que era tu error?

Ken: No, pero no me gustó que lo hayan puesto de esa manera. Por la mirada en sus ojos y el tono de su voz era obvio que me estaban atacando de manera personal.

Hiro: Ken, esta no es la primera vez que tienes conflictos serios con los miembros de tu equipo de Proyecto. Esto no ayuda al proyecto ni a la empresa. No puedes cambiar a otras personas, pero puedes cambiarte a ti mismo. ¿Estás dispuesto a trabajar en ti mismo para evitar que vuelvan a ocurrir situaciones similares?

Ken: OK, me parece bien.

Hiro: ¿Cuándo fue la primera vez que tuviste emociones de enojo similares o que te sentiste culpado o atacado?

Ken: ¿Quieres decir, en mi vida? Creo que eran mi padre y mi hermano mayor cuando era un niño pequeño. Me criticaron, me negaron, y me rechazaron por todo lo que hice, sin importar lo bien que lo hiciera. Me sentí atacado por ellos todo el tiempo.

Ken: Me enojé y me defendí. Los negué, y tuvimos muchos argumentos feos, a veces peleas físicas.

Hiro: ¿Qué estabas protegiendo al enojarte?

Ken: ¿A qué te refieres?

Hiro: Déjame preguntarte de otra manera. ¿Qué perderías si no te enojaras?

Ken: Hubiera perdido mi lugar en la familia…de cierta manera mi significado y comodidad en la familia. Es como si te sientes pequeño e insignificante.

Hiro: ¿Y qué sucede si te sientes pequeño e insignificante?

Ken: La gente me deja. Nadie me ama, y yo me quedo solo. Creo que tenía miedo de quedarme solo.

Hiro: Ya veo. ¿Que querías de tu papá y tu hermano en lugar de criticarte?

Ken: Quería comprender, aceptar y apoyar. Desearía que reconocieran lo que hice bien y me animaran a mejorar lo que no hice bien. Sabía que no era perfecto, y quería que me aceptaran por quien era.

En este momento, Ken se calmaba. La ira parecía haber desaparecido, y estaba experimentando dolor emocional.

Hiro: Ken, necesito que hagas algo. Imagínate cuando estabas peleando con tu padre y tu hermano, y abraza a tu ser más joven. Sujétalo en tus brazos y di: "Estás bien. Estás a salvo. Estoy aquí para ti. Te amo. Eres especial, valioso e importante. Eres amado por quien eres" ¿Cómo está reaccionando?

Ken: Está llorando. Pero está bien. Esta llorando feliz. Parece estar aliviado.

Hiro: Esas experiencias de niño ¿Cómo ayudaron a tu crecimiento como persona?

Ken: Me hice más fuerte. Y aprendí a trabajar fuerte para lograr mejores resultados. Así es como logré buenas calificaciones en la escuela y obtuve éxito en el trabajo.

Hiro: Muy bien. Ahora ¿Cómo te sientes?

Ken: Siento mejor mi corazón. El enojo ha desparecido. Veo que no necesito estar enojado.

Hiro: Excelente. ¿Quieres crear una visión para una relación deseable con tus colegas de ahora en adelante?

Ken: Sí.

Hiro: Imagina el momento cuando te sentiste culpado durante la junta del reciente proyecto. Imagina que los miembros de tu proyecto están siendo agradecidos por tu trabajo y realmente queriendo ayudarte a tener éxito. ¿Puedes imaginar eso?

Ken: Sí.

Hiro: Ahora, imagina que están dando sugerencias a todo el equipo del proyecto, y no a ti personalmente, con la pura intención de lograr lo mejor para el proyecto. Realmente quieren contribuir a la compañía. ¿Qué notas?

Ken: Me siento… bien. Veo que no me atacan, sino: "Hagamos esto juntos". Me gusta eso. Siento que estamos trabajando juntos como un equipo.

Hiro: Increíble. Ahora, si muestras esta visión a tu ser más joven, ¿cómo reacciona?

Ken: Está feliz y relajado. Está motivado.

Hiro: Excelente. Ahora, en silencio di a ti mismo, "Esto es mi vida ahora".

Ken: Sí.

Hiro: ¿Cómo te sientes ahora?

Ken: Me siento bien. Entiendo, yo actúe poco profesional en la reunión. Como encargado del proyecto, debo tomar responsabilidad por eso y arreglarlo.

Necesito enfocarme en colaborar con el equipo mejor para la visión y las metas.

Ese día, Ken habló con los miembros de su equipo de proyecto individualmente y se disculpó por su comportamiento poco profesional. Después, fue capaz de tomar comentarios constructivos y parecía disfrutar más que nunca de las reuniones de proyectos.

La sobre sensibilidad es cuando las personas son sensibles a cómo los otros los tratan y se desencadenan fácilmente emocionalmente. Por ejemplo, cuando tu pareja no responde a tu mensaje de texto rápidamente, ¿cómo te hace sentir? ¿Qué pasa si no recibes una respuesta por un día, una semana o un mes? Con la sobre sensibilidad, podría desencadenar sentimientos difíciles, como la ira, la tristeza, la inseguridad, la traición, el abandono, etc.

En un escenario diferente, la gente puede ofenderse fácilmente cuando la gente no está de acuerdo con ellos. Toman los desacuerdos como una amenaza, un ataque, un rechazo o una falta de respeto. Es sólo una opinión. Todo el mundo puede tener sus opiniones sin necesidad de estar de acuerdo entre sí, y todavía mantener buenas relaciones.

Sin embargo, con demasiada sensibilidad, las personas hacen que sus opiniones sean parte de su identidad y la conectan con su dignidad, por lo tanto, se sienten amenazadas por el desacuerdo de los demás. La sensibilidad es beneficiosa para detectar amenazas potenciales y ayuda a comprender las emociones y necesidades de los demás; sin embargo, cuando está relacionada con la identidad y la dignidad de uno, puede causar emociones difíciles e incluso desencadenar respuestas de lucha o fuga.

Para evitar crear una situación difícil de una reacción emocional, nota cuando te activas emocionalmente, luego respira profundamente y pausa un momento. Esto te da la oportunidad de calmarte y elegir conscientemente qué hacer después en lugar de reaccionar automáticamente ante la situación. Esta habilidad de notar tus emociones puede ser aprovechada a través de ejercicios de control de atención, lo que simplemente implica cerrar los ojos durante unos minutos y centrar tu atención en tu aliento. Puede que no sea fácil, incluso durante unos minutos, pero mientras continúas practicando regularmente, tendrás un mejor control sobre tus emociones una vez que surjan.

El control de la atención ayuda a las personas a evitar la creación de situaciones difíciles a partir de reacciones emocionales, pero no impide que estas emociones surjan. Son las creencias y perspectivas de la persona las que la hacen interpretar las palabras y acciones de los demás como una amenaza. Las personas demasiado sensibles tienden a identificar su valía basándose en evaluaciones externas, como la forma en que los demás los miran, lo que les dicen y cómo son tratados. Cuando alguien les está dando retroalimentación constructiva sobre sus ideas, lo toman como un ataque a su dignidad, incluso cuando la retroalimentación está en las ideas y no en la persona. Ellos creen que su dignidad está determinada por otros, pero eso no es cierto.

La verdad es que su valor y la de todos nunca cambiará, pase lo que pase, porque la dignidad reside dentro de nosotros mismos. Hay recursos internos en cada uno de nosotros, las virtuosas cualidades que llevamos desde el nacimiento. Para creer en esto, debes sentir que realmente hay algo invaluable y eterno dentro de ti.

Ejercicio: Sentir la verdad sobre la dignidad.

1. Imagina que todas las dudas, temores, pensamientos negativos y emociones son nubes oscuras flotando en el cielo.

2. Detrás de esas nubes oscuras, siempre hay sol. Imagina ir más allá de esas nubes para encontrar el hermoso sol.

3. Pregúntate: ¿Qué representa este sol sobre mí? En otras palabras, ¿qué cualidades virtuosas están ocultas detrás de tus emociones oscuras?

No puedo decir que no

Elena es una de mis colegas sanadoras, que vive en Europa oriental. Es una sanadora con talento y exitosa, y tiene muchos clientes y estudiantes que se benefician de sus talentos. Dirige un equipo de sanadores y asistentes que apoyan a muchas personas en su sanación.

Sin embargo, cuando empezó como sanadora hace varios años, estaba agotada y me pidió ayuda. En ese entonces, ella ya estaba proporcionando una sanación poderosa, y el número de clientes que acudieron a ella estaba creciendo. Cada día, tenía varias sesiones privadas. Las sesiones de sanación le dieron alegría y felicidad, y le agradeció la oportunidad de presenciar sanaciones todos los días. Sin embargo, la gente empezó a contactarla durante la noche, pidiendo ayuda. Sabiendo que tenían problemas urgentes, Elena les respondía a ellos y a menudo hacía sesiones de sanación hasta la noche. Gradualmente, esas "sesiones de emergencia" aumentaron y dio lugar a su trabajo día y noche y perdió el sueño. Gradualmente, esas "sesiones de emergencia" aumentaron y dio lugar a su trabajo día y noche y perdió el sueño. Aunque la sanación era una alegría para ella, el volumen de trabajo se estaba volviendo demasiado, y no creía que podía continuar más tiempo. Pero no podía parar; no podía decir que no a esas peticiones de sanación nocturna.

Desde que era niña, siempre dijo que sí cuando la gente le pidió ayuda. Eso hacía feliz a la gente, y apreciaron su amabilidad, pero debajo de todo, Elena tenía miedo de lo que podría pasar si ella decía que no. Temía herir los sentimientos de otros y perder su amor; la gente podría faltarla al respeto, dejar de apreciarla y dejarla por otro sanador. Se dijo a sí misma: "Tengo que soportar esto y hacer todo lo que me piden".

Le aconsejé que encontrara a alguien que la ayudara a administrar su calendario y responder a las peticiones de los clientes para que pudiera tener un buen equilibrio entre la vida laboral y la vida personal, o que pudiera contratar a otro sanador para que trabajara con ella para poder manejar el creciente número de solicitudes de clientes. No se sentía cómoda pidiendo ayuda a los demás, y dijo: "Tengo que hacer todo por mí misma".

Mientras cavábamos más profundamente para identificar la causa raíz de esta mentalidad, ella recordó sus días de infancia. Sus padres querían que ella hiciera todo por sí misma, además de cuidar de su hermana menor. Ella hizo todo lo posible para hacer todo, pero no fue fácil cuidar de ella misma y de su hermana, que estaba corriendo por ahí todo el tiempo. Cuando sus padres estaban satisfechos con Elena, la abrazaban y la trataban bien, pero si no estaban satisfechos o si ella resistía o desobedecía sus expectativas, la regañaban y la encerraban en un armario durante horas. Era oscuro y pequeño dentro del armario, lo que la asustó tremendamente. Con el paso de los años, esto sucedió varias veces, y aprendió a obedecer a sus padres porque no quería volver a estar encerrada en el armario. Esta experiencia debe haberle enseñado buenas cualidades, como la paciencia, la compasión y la independencia, pero estas cualidades fueron condicionadas con el miedo al rechazo, el castigo y la pérdida del amor. En su subconsciente, creía que tenía que satisfacer las expectativas de los demás y hacer todo por sí misma para ganarse el amor, el respeto y la paz.

Este condicionamiento podría haberla ayudado de alguna manera durante la infancia, pero ya no lo necesitaba como adulta. A través de la discusión, se dio cuenta que merecía ser amada y respetada sin necesidad de sacrificarse, y estaba bien protegerse, establecer límites, decir no y recibir ayuda de otros. Podía vivir su vida siendo amada, respetada y apreciada por personas en las que podía confiar y compartir experiencias alegres. Pero había una cosa que ella no entendía.

"¿Por qué mis padres me trataron tan duramente? Realmente no lo entiendo", dijo. La llevé a imaginar hablando con las almas de sus padres y preguntándoles por qué. Cuando regresó de la contemplación, compartió conmigo lo que recibió.

"Ellos lamentan lo que pasó. Me amaban incondicionalmente, no importaba lo que hiciera, pero no sabían cómo expresar el amor de diferentes maneras porque sus padres les hicieron lo mismo. Quieren que deje ir este dolor y viva feliz", dijo.

Sus ojos estaban llenos de lágrimas. Con esta conciencia, pudo dejar ir el dolor de su infancia y cancelar su condicionamiento basado en el miedo.

Cuando la vi nuevamente algunos años después, me sorprendió lo mucho que había cambiado su vida. Todavía estaba dando sesiones privadas, pero logró limitar su día de trabajo a unas pocas horas, y pudo pasar más tiempo enseñando técnicas de sanación a sus estudiantes. Encontró algunos sanadores en los que podía confiar y formaba un equipo para responder a las peticiones de sanación de los clientes, lo que le permitía sacrificar el equilibrio en su vida. Ellos lamentan lo que pasó. Me amaban incondicionalmente, no importaba lo que hiciera, pero no sabían cómo expresar el amor de diferente manera porque sus padres les hicieron lo mismo. "Quieren que deje ir este dolor y viva feliz", dijo.

Aprendió a utilizar la ayuda de otros y tenía varios miembros en su equipo que trabajaban para ampliar sus actividades de enseñanza a más ciudades, alcanzando a mucha más gente que nunca. Incluso en medio de esa expansión, tuvo mucho tiempo para experimentar la alegría de ayudar a otros, relajarse y disfrutar de su vida. Estaba tan feliz de verla energizada, motivada y plena.

Hay muchas personas que pasan por este desafío de no poder decir que no. Tienden a estar en un trabajo o una posición basada en el cuidar, y son buenos en su trabajo, pero a menudo pierden el equilibrio en su vida y se agotan. Si tienes este desafío, considera el condicionamiento basado en el miedo que se creó en tu pasado, identificar las cosas buenas que aprendiste, y tomar una decisión consciente de cancelar el acondicionamiento y vivir tu vida de manera diferente. Puedes crear equilibrio en tu vida. Puedes ser amado, respetado y valorado por otros. Y puedes recibir ayuda de otros.

Ejercicio: Recibiendo ayuda

1. Imagina a un grupo de personas que te aman, te respetan, aprecian tu trabajo y están dispuestas a ayudarte.

2. Imagina poder relajarte en su presencia, confiar en ellos y recibir abiertamente su ayuda.

3. Imagina tener claridad sobre lo que quieres y comunicarlo a otros con facilidad.

4. Pregúntate: ¿Qué puede ser posible con su ayuda?

Micro gestión

La micro gestión es un efecto secundario de la dependencia emocional que se produce cuando se encuentra en condiciones de gestionar a los demás. He observado muchas personas en micro gestiones durante mis días corporativos, especialmente nuevos gerentes. Tomemos a Steven como ejemplo. Como gerente, su trabajo era asignar diferentes tareas para que sus miembros del equipo los cumplieran. Sin embargo, esto no fue fácil para Steven; fue ascendido al gerente debido a su buen desempeño, y no pudo soportar resultados de baja calidad de sus miembros del equipo. No estaba cómodo con retrasar los plazos para permitir que su equipo arreglara sus errores, así que trató de arreglarlos solo. Esta fue la razón por la que siempre trabajaba tan tarde.

Como supervisor de Steven, le dije que dejara de intentar arreglar las cosas por sí mismo, y en su lugar, devolverle el trabajo a su equipo y dejarlos trabajar en ello nuevamente. Entendió esto y empezó a hacerlo, pero después de algún tiempo, sus miembros del equipo empezaron a quejarse de su micro gestión. Steven no confiaba en su equipo; quería examinar el progreso de su trabajo en cada paso del camino y crear normas y procedimientos para que todos lo siguieran. Cuando surgía un problema, investigaba todos los detalles y daba instrucciones detalladas. Su intención era prevenir errores y producir trabajos de alta calidad, pero detrás de su intención era un miedo que no le permitía confiar en otros para arreglar sus propios errores. Esto desanimó a su personal y les quitó su flexibilidad, creatividad, rendimiento y crecimiento.

Lo discutí con Steven e identifiqué otro miedo. Como gerente, tuvo que retroceder y apoyar a su equipo para producir un resultado, pero esto lo hizo sentir inseguro. Sentía como si no pudiera contribuir como solía hacerlo, y temía que su personal pudiera producir mejores resultados que en el pasado. Tenía miedo de perder su significado en la compañía.

Debajo de la micro gestión existe una fuerte necesidad de satisfacer las expectativas, desconfianza en otros, y temer a perder el significado. De niño, Steven recordó lo exigente que era su padre, y cómo no le daba espacio para cometer errores. También tuvo una experiencia de ser regañado por su padre debido al error de otra persona, y le hizo difícil confiar en otros. Se dio cuenta que era capaz de establecer una buena disciplina, diligencia e integridad debido a las enseñanzas de su padre, pero no quería temer a conducir esas buenas cualidades.

La buena noticia fue que no tenía ira ni resentimiento hacia su padre. Con conocimiento de cómo estaban conectadas todas estas cosas, decidió conscientemente dejar de lado la necesidad de satisfacer las expectativas de los demás y su miedo a perder significado. Aprendió gradualmente a confiar en otros en su equipo y a apoyarlos en el desempeño de sus mejores funciones sin micro gestionarlos.

Lo vi nuevamente varios años después. Se convirtió en un gerente superior en la misma empresa, y tenía cientos de personas bajo su supervisión. Era una prueba de que había estado haciendo un gran trabajo confiando en su personal y delegando sus responsabilidades al mismo tiempo que llevaba a la organización a la excelencia. Dijo: "Hiro, recuerdo que me ayudaste cuando era gerente novato". Luché y te puse en un lugar difícil, pero gracias a tu ayuda pude aprender lo que significa estar en un papel de gestión. Ahora, siento alegría al ver a la gente crecer y brillar, y apoyar a la empresa para prosperar".

Relaciones abusivas

Siempre es tan agradable ver relaciones felices, sonrisas en las caras de la gente, contacto visual, voces alegres, abrazos, voces inocentes de los niños. Irradian una energía tan dulce y me hacen sentir tan feliz y cálido sólo por estar en el mismo espacio; es como si estuviera descansando en un hermoso manantial de aguas calientes en el campo de Japón. Cuando la gente está en relaciones difíciles, también podemos sentir su poder, una mirada culpable en sus ojos, tonos feroces y su distancia emocional. Aún peor, a veces veo un enorme dolor emocional en sus rostros, mientras intentan mantener la paz de alguna manera. ¿Qué les mantiene en una relación tan miserable? ¿Por qué no se van?

Kristine tenía una relación con Tony. Estaba muy confiada y orgullosa de lo que hacía y en lo que creía. Él la amaba y cuidó bien de ella, pero cuando ella opinaba diferente, él hacía valer su opinión hasta que lograba cambiar el tema. Ella no sintió la necesidad de decidir cuál era el correcto y el mal, y se dio cuenta que estaba bien tener opiniones diferentes, ya que cada lado tenía sus pros y sus contras. Ella esperaba disfrutar de este tipo de discusiones, para que pudieran aprender unos de otros, pero él no tomó bien sus diferentes opiniones. Estaba obsesionado con demostrar su punto, escogiendo fallas lógicas en sus opiniones y exigiendo que ella acepte su opinión y se disculpe. Si ella no lo hacía, se enojaba y regresaba a su espacio. Dejaba de hablar con ella durante días, incluso semanas, hasta que, finalmente, ella se rendía y se disculpaba.

Después de eso, la comunicación volvió a ser lo que solía ser, sonriente, activa, íntima y divertida. Sin embargo, cuando sucedía lo mismo una y otra vez, Kristine empezó a interrogar si la relación era real. "¿Estamos fingiendo en la superficie? ¿Estamos reprimiendo sentimientos reales?" Como ella contemplaba y buscaba sentimientos verdaderos, reconoció algunas emociones dolorosas que guardaba dentro. Ella había estado tratando de olvidar lo que había pasado, pero esos recuerdos nunca desaparecieron; todo estaba profundamente adentro. Pasó más tiempo contemplando su relación y se profundizó en sus verdaderos sentimientos. Luego descubrió que, durante mucho tiempo, se sentía irrespetada, rechazada, negada, ignorada y abandonada. No se trataba de la opinión, sino de la forma en que la trataba lo que importaba.

Se culpó por darle la espalda a esas emociones durante tanto tiempo, y por permitir que abusaran psicológicamente de ella. Decidió enfrentarse a él para exigir comprensión y respeto de su parte. Una vez más, no lo tomó bien, y esta vez, levantó la voz y tensó sus músculos para evitar explotar. Se sintió amenazada, se asustó, se dio por vencida, de alguna manera arreglando la situación y creando paz en la superficie. Después de eso, cada vez que hablaba de su opinión, no se atrevía a compartir la suya. Ella era consciente que la relación estaba empeorando, pero no sabía qué hacer. Estaba atrapada por el miedo de ser amenazada por su compañero y no podía defenderse. No quería pasar por una situación aterradora como esa otra vez.

Cuando conocí a Kristine, se veía pálida y triste. No estaba segura de si había algo que pudiera hacer con su relación.

Hiro: ¿Cómo te sientes?

Kristine: Me siento cansada, Hiro. Y no me siento respetada. Me siento pequeña y sin dignidad.

Hiro: ¿Cuándo fue la primera vez que sentiste que te faltaron al respeto en tu vida?

Kristine: Fue con mi hermano mayor, George. Era arrogante y violento. Fue malo conmigo. Me gritó por nada, me golpeó en la espalda y me golpeó en la cara. Tenía moretones.

Hiro: ¿Le dijiste a tus padres?

Kristine: Mis padres no hicieron nada. No creyeron lo que dije. Querían un niño y trataron a George como un príncipe. Lo malcriaron así.

Hiro: ¿Cómo te hizo sentir eso?

Kristine: Sentí que no era nada. No era importante, no valía nada, y era inútil porque me trataban como a un tapete. Me faltaron el respeto y me ignoraron. Estaba triste, desesperada, sin poder. Insignificante. Era como si no me quisieran, como si no fuera de allí.

Hiro: Kristine, necesito que hagas algo. Imagina hablar contigo misma cuando estabas pasando por la difícil experiencia con tu hermano. ¿Qué quieres decirle a tu yo más joven?

Kristine: Ella esta tan triste y asustada y está llorando. Ella dice que nadie la protege.

Hiro: ¿Qué quisieras en lugar de ello?

Kristine: Ella quiere que alguien realmente se fije en ella, que la escuchen y la cuiden. Ella quiere calidez.

Hiro: Bien. Kristine, me gustaría que te imaginaras acercándote a esta chica y que la abraces. Sujétala en tus brazos y di: "Estás bien. Estás a salvo. Estoy aquí para ti. Te amo". ¿Cómo está reaccionando?

Kristine: Se siente mejor, pero no sé si puede confiar en mí.

Hiro: Entonces di: "¡Puedes confiar en mí! Nunca te dejaré. Te protejo y te defiendo". ¿Cómo está reaccionando ahora?

Kristine: Ella también me está abrazando. Esta relajada.

Hiro: Muy bien. Kristine, ¿Cómo te hizo crecer esa experiencia de niña?

Kristine: Tal vez, yo aprendí a ser paciente y humilde. Aprendí a respetar la opinión de otros.

Las relaciones abusivas varían en intensidad, pero el problema subyacente parece ser el mismo. El abusador carece de respeto y confianza por el abusado, causando malos tratos, celos intensos, conducta controladora o violencia física. Hace que el abusado se sienta miserable, faltado al respeto, rechazado, negado, ignorado y abandonado, creando dolor emocional. El dolor emocional tarda más tiempo en sanar que el dolor físico, y tiene un impacto serio en las creencias y los valores de los abusados; a menudo se sienten inseguros, insignificantes, sin valor, impotentes, sin esperanza y sin ser merecedores de amor o felicidad. A menudo se culpan a sí mismos en lugar del abusador. Estas creencias y valores empoderan a los abusados, y eventualmente pierden la confianza para crear la vida que desean para ellos mismos.

Casi todos estos casos pueden rastrearse hasta las experiencias de su infancia, tanto para el abusador como para los abusados. Tal vez se criaron en entornos en los que sus padres no escuchaban a los niños y los obligaban a seguir sus ideas. O quizá vieron a su madre sufrir una relación abusiva con su marido. Sentían dolor emocional al ver a sus padres y formaban temores en respuesta. Para que los abusados detengan el patrón de relaciones abusivas, necesitan sanar el dolor de su pasado identificando y aceptando y dejándolo ir. Necesitan aprender a defenderse solos para que puedan cambiar la situación para mejor. Para que el abusador deje de perpetuar estas relaciones, primero necesitan querer cambiar. Una vez que se abren al cambio, también necesitan sanar el dolor de su pasado, identificar sus valores y desarrollar sus cualidades espirituales internas.

Ejercicio: Sanando el abuso

1. ¿Cómo te sentiste cuando sufriste abuso por primera vez? Ve profundo en el sentimiento y trata de recordar exactamente cómo te sentías.

2. Imagina escucharte en ese entonces. Deja que ella/el hablen de todos sus sentimientos, pensamientos y emociones. Al terminar, rodéalo con un abrazo.

3. Dile: "Estoy aquí para protegerte. Ahora estás a salvo". Mira lo diferente que sientes tu corazón.

4. Pregúntate: ¿Qué es lo que aprendí de esto?

Incapaz de defenderte por ti mismo

Continuemos con la historia de Kristine

Hiro: Ahora, ¿qué necesitas para sentirte escuchada, entendida y respetada por otros?

Kristine: Necesito enfrentarlos. Necesito defenderme, pero para hacerlo, necesito ser valiente. Necesito tener valor y fuerza.

Hiro: ¿Quién puede ser ese alguien que admires que tenga esas cualidades?

Kristine: Rose, mi jefa en el trabajo. La admiro y ella tiene todas esas cualidades y más.

Hiro: Excelente. Imagina que Rose está entrando en tu cuerpo. Siente su valentía, valor y fuerza en ti mismo.

Kristine: Sí, puedo sentirlo.

Hiro: Imagina cómo te comportarías en la situación con tu hermano con estas cualidades. ¿Qué notas?

Kristine: Estoy de pie. Me enfrento a él y le digo que nunca debería tratarme mal. Siento que puedo defenderme sola.

Hiro: Bien. Imagina a tu compañero, Tony. ¿Qué harías en esa situación con estas cualidades?

Kristine: Estoy decidida a dejarlo atrás. Le digo mis sentimientos y le exijo que cambie, o lo dejo. Sé que merezco ser respetada y amada. Sé que merezco una mejor relación. Sé a quién puedo pedir ayuda si se enfada y estoy lista para alejarme de él.

Hiro: Bien. Ahora, imagina la relación más deseable. Puede ser con Tony o con alguien más. ¿Qué notas?

Kristine: Tengo un hombre que me ama por quien soy, y me escucha. Aunque tengamos opiniones diferentes, respeta mis opiniones y me apoya, y yo hago lo mismo por él. Aprendemos el uno del otro, crecemos juntos, y somos tan felices. Esto es hermoso.

Hiro: Increíble. Ahora en silencio di a ti misma: "Esto está en mi vida ahora".

Hiro: ¿Cómo te sientes ahora?

Kristine: Me siento más fuerte. Me siento confiada y puedo valerme por misma.

En relaciones abusivas, los abusados sienten que no pueden hacer nada, así que permanecen en la relación miserable. Tratan de aceptarlo como "tal como es" y abandonan el adoptar medidas para cambiar la situación. Debido al dolor que experimentaron, ya sea en la relación actual o en las relaciones anteriores, no pueden defenderse y enfrentarse al abusador. Al no hablar por sí mismos, evitan pasar por el mismo dolor que sufrieron en el pasado, pero este enfoque no resuelve la situación en absoluto.

Las relaciones abusivas causan una mentalidad de víctimas, que es cuando los abusados ven que su vida es controlada por otra persona y creen que su palabra tiene poco valor. Se sienten dominados por la otra persona y a menudo sienten la necesidad de renunciar a sus deseos. Pueden sentirse débiles, pequeños e impotentes, que su vida es el resultado de su entorno y no pueden crear lo que quieren en la vida. Una vez que una mente de víctima se convierte en su hábito mental, siempre busca razones por las que no puede hacer cosas en su vida, culpar a alguien, a un sistema o a un entorno. Pierde su creatividad y su ingenio, y pasa su tiempo quejándose, lloriqueando y celoso de los demás. Por supuesto, la mentalidad de las víctimas es sólo una ilusión, y ninguno de esos pensamientos es cierto. Nadie tiene control sobre tu vida excepto tú, y tienes todos los recursos internos que necesitas para crear la vida que quieres. Reconociendo tu fuerza y defendiéndote puedes recuperar el control y ponerte en el asiento del conductor de tu vida.

Otra cosa que se relaciona con las relaciones abusivas es el miedo a perder el amor. Como muchos de los abusados han perdido su autoestima, tienen miedo de perder su relación y no poder encontrar otra. Tienden a creer que su relación actual es el único amor que pueden encontrar. Suprimen sus sentimientos y se mienten a sí mismos comportándose como si todo estuviera bien. Dado que es doloroso enfrentar sus verdaderos sentimientos, aprenden a ignorarlos y terminan perdiendo contacto con su autenticidad. El hecho de que no puedan cambiar la situación los hace sentir impotentes, pequeños e insignificantes.

Los recuerdos hermosos del pasado también pueden evitar que los abusados se defiendan por sí mismos. Por los hermosos momentos que tuvieron con el abusador en el pasado, se quedan por si regresan a esos momentos agradables. Se dicen: "Si renuncio a mis necesidades esta vez, podemos volver a los hermosos momentos. Me amará más y me tratará mejor. Si me trago mis sentimientos, podemos crear paz y mantener este amor". Sin embargo, este deseo no se hará realidad. No puedes experimentar la felicidad en una relación abusiva. Si necesitas seguir sufriendo y renunciando a tus necesidades sólo para permanecer en una relación, ¿cómo puedes ser feliz? Si pierdes contacto con tus sentimientos, ¿cómo sabes lo que realmente quieres en tu vida? Te mereces algo mejor, y puedes crear felicidad por ti mismo. Tienes ese poder dentro de ti. Para hacerlo, primero tienes que defenderte, valerte por ti mismo. Necesitas sacar tu fuerza y valor para enfrentarte y cambiar la relación. De esta manera, tú puedes tomar el control de tu vida y ser un creador en lugar de víctima.

Para ser liberado de la trampa de esta ilusión y defenderte, necesitas sanar heridas emocionales de relaciones pasadas. Entonces, contempla y conecta con su lugar interior en calma donde no hay miedo. Allí encontrarás la verdad. Eres importante, especial, valioso, digno de amor y respeto. Eres lo suficientemente fuerte y poderoso para cambiar tu vida. Con estas sanaciones y entendimientos, puedes acceder a tu fuerza interior, conquistar tus miedos, y defenderte para cambiar tu vida hacia algo mejor.

Ejercicio: Valerte por ti mismo

1. Imagina un brillo de sol más allá de las nubes oscuras de los pensamientos negativos y emociones en tu mente.

2. Di:

    Yo soy fuerte, magnífico y poderoso.

    Yo soy invencible.

    Yo puedo valerme por mi mismo y cambiar cualquier situación hacia algo mejor.

3. Pregúntate: ¿Qué es lo que quiero crear en lugar de eso?

Auto-culparse

Esta es la última parte de la sesión con Kristine.

Hiro: Kristine, recuerda la experiencia con tu hermano otra vez y dile todo lo que querías decirle. Cuando termines de contarle todo, respira profundamente y di: "Te perdono y me libero de las emociones dolorosas". Luego, velo desaparecer y decir: Me perdono por haberme puesto en un lugar de víctima durante muchos años".

Kristine: Sí.

Hiro: ¿Cómo te sientes?

Kristine: Siento frescura en mi corazón. ¡Es como abrir una puerta a una vida totalmente nueva!

Kristine habló con Tony esa noche y terminó con él inmediatamente. Un año después, me envió un mensaje.

> "¡Hola, Hiro! Puede que hayas oído lo que me pasó, pero terminé con Tony justo después de tu sesión. Luego encontré a otro hombre que me trata muy bien, y me casé, me hice mamá de estos dos pequeños niños, y ahora estoy embarazada. ¡Gracias por tu ayuda!"

Aunque no defenderte por tu cuenta puede causar enojo hacia otra persona, también puede causar enojo hacia ti mismo; podrías culparte por no ser lo suficientemente valiente para defenderte. Con el tiempo, la energía de la ira aumenta tanto que puedes sentir la sensación física de ella en tu cuerpo. Esto no sólo se convierte en la causa de un profundo estrés, sino que también quita tu creatividad e ingenio. Para dejar ir la ira, necesitas perdonar a la otra persona y a ti mismo.

Ejercicio: Perdonarte a ti mismo

1. Regresa tu pensamiento en el pasado donde te hayas enojado contigo mismo.

2. Dite a ti en el pasado por qué estabas enojado con él/ella.

3. Cuando termines, di: "Te perdono. Puede que no seas perfecto, pero te amo por quien eres".

4. Imagina abrazarte a ti mismo. Nota lo diferente que te sientes.

5. Pregúntate: ¿Qué haría si me amara incondicionalmente?

El dar unilateralmente

El dar unilateralmente es donde hay un desequilibrio de dar y recibir en una relación. Por ejemplo, una persona siempre puede dar, mientras que la otra persona siempre recibe. El acto de dar y recibir incluye no sólo dinero y cosas materiales, sino también apoyo emocional. Una situación típica que observo en las relaciones unilaterales es cuando una persona siempre está suministrando dinero, necesidades diarias, atención y amor, mientras que la otra persona muestra un respeto, aprecio y atención limitado o nulo.

Amanda era una persona de negocios exitosa que le iba bien financieramente. Cuando conoció a Tom, él le recordó a un chico con el que estaba enamorada durante sus días de escuela. Tom era un músico, que soñaba con compartir su pasión con el mundo. Era un tipo agradable y apuesto que atrajo a un montón de fans femeninas, pero luchó para convertirse en un actor importante en la industria de la música.

Cuando Amanda empezó a salir con Tom, sabía que no tenía mucho dinero, así que pagó por todo. Le encantaba su música y quería apoyar su carrera, así que cuando necesitaba dinero para sus proyectos, ella estaba feliz de proporcionar apoyo financiero. Le dio un sentido de satisfacción. Tom estaba muy agradecido por sus contribuciones, y su relación se hizo más estrecha e íntima. Tuvieron momentos hermosos juntos, y ella podía sentir una fuerte conexión con él.

Pasaron unos años, y Tom se convirtió en un músico popular con una base de admiradores más grande y un ingreso decente. Aun así, pidió apoyo financiero de Amanda, y respondió a sus peticiones. Cuando se ocupó cada vez más, el tiempo que la pareja pasaba juntos disminuyó, y ella tuvo dificultades para conectarse con él para hablar. Estaba preocupada cuando dejó de responder a sus llamadas y mensajes. Cuando llegó al punto en el que él sólo la contactaba por dinero, expresó sus preocupaciones y le pidió que pasara más tiempo con ella. Se enfadó diciendo que le faltaba paciencia y que estaba demasiado ocupado para pasar más tiempo con ella. Después de esta discusión, dejó de comunicarse con ella completamente. Al darse cuenta que Tom la amaba por su dinero, se quedó devastada y no sabía lo que quería hacer. Apuesto a que había varias cosas que Amanda necesitaba aprender de esta experiencia, pero es lamentable que las aprendiera de la manera difícil.

Amanda: Hiro, me siento tan insegura y pequeña, y siento que no soy nadie. Me siento sin valor. Sé que salió conmigo por dinero, pero aún quiero que vuelva. Ahora me ignora completamente. No sé qué hacer. Por favor, ayúdame.

Hiro: Debe ser muy difícil para ti, Amanda.

Amanda: Si…

Hiro: Lamento que estés pasando por esto, pero sé que mereces ser amada completamente y estoy seguro de que esta experiencia te llevará a un futuro más brillante. Empecemos con lo que sientes. ¿Cómo describirías tus sentimientos ahora mismo?

Amanda: Estoy devastada, me siento pequeña, insegura, inútil, y como nada

Hiro: ¿En que parte de tu cuerpo lo sientes?

Amanda: En mi corazón

Hiro: Si tuviera un color, ¿qué podría ser?

Amanda: Azul oscuro o verde obscuro.

Hiro: Bien. Ahora, me gustaría que imaginaras profundamente en esa oscura energía azul o verde en tu corazón, y encontraras a alguien dentro. ¿A quién encuentras?

Amanda: Me veo a mí misma cuando tenía unos veinte años. Estoy parada en la oscuridad, sola y triste.

Hiro: ¿Qué sucedió?

Amanda: Ella echa de menos a Mark, mi hermano que es un año más joven que yo. Solíamos estar muy unidos, como gemelos, siempre hacíamos cosas juntos, bailábamos juntos, y nos ayudábamos. Como nuestros padres estaban ocupados y no estaban presentes en nuestra infancia, confiamos el uno en el otro. Pero después que eligió ir a una universidad en el extranjero, nos distanciamos y perdimos nuestra conexión. Tuvimos una discusión justo después que entró a la universidad, y luego dejamos de comunicarnos completamente.

Hiro: ¿Ella lo extraña y la hace sentir triste?

Amanda: Hay más. Es como si perdiera toda su energía. Se siente sin sentido y sin valor. Solía gastar mucha energía ayudándole con pequeñas cosas, como tarea y relaciones. Ella lo defendió cuando alguien hablaba mal de él. Él también la ayudó con muchas cosas. Cuando la intimidaron, luchó por ella. Ahora que se ha ido, se siente insegura, y no sabe lo que quiere hacer.

Hiro: ¿Porqué esta conexión con Mark es tan importante para ella?

Amanda: Supongo que le dio energía, motivación y significado. Tal vez, incluso un sentido de propósito. La hacía sentirse fuerte e importante cuando ayudaba a su hermano. Cuando él le dio las gracias, ella también se sentía orgullosa de sí misma

Hiro: Fuerte, importante, significativo y orgulloso. ¿Estas cualidades que posees alguna vez cambian con o sin Mark?

Amanda: No, tienes razón, no cambian.

Hiro: ¿Cuál podría ser la forma de experimentar estas cualidades en tu vida hoy?

Amanda: Veamos: … puedo experimentarlos cuando hago algo lindo y amable por alguien, como el acto de dar o una buena acción.

Hiro: El acto de dar. Una buena acción. Dime, ¿cómo te hace sentir cuando haces eso?

Amanda: Me siento feliz, alegre y orgullosa de mí misma.

Hiro: ¿Qué pasa si la persona que recibe tu regalo no muestra gratitud o no te devuelve nada a cambio? ¿Cómo te hace sentir eso?

Amanda: No importa. Todavía puedo sentirme feliz, alegre y orgullosa de mí misma. Es como si me alegrara convertirme en una mejor versión de mí misma cuando hago una buena acción.

Hiro: Muy bien. Ahora, imagínate a ti mismo unos veinte años de nuevo, triste y sola. Imagina acercarte a la niña de veinte años y abrázala. Sujétala en tus brazos. ¿Cómo reacciona?

Amanda: Yo siento que su dolor se está sanando.

Hiro: Ahora, dile: "Estás bien. Estás a salvo. Estoy aquí para ti. Te amo. Ya no estás sola. Eres fuerte e importante. Y estoy orgullosa de ti".

Amanda: Ella se siente aliviada, relajada, sonriente y casi se duerme en mis brazos.

Hiro: ¿Cómo te sientes?

Amanda: Oh, me siento mejor. Siento que lo que tenía pesado en mi corazón se ha lavado.

Si una persona siempre está dando para mantener la relación, es un oficio, no amor. Como en el caso de Amanda, aunque el acto de dar comienza a causa del amor puede convertirse en una relación comercial más adelante. El amor no tiene que ser incondicional; en asociaciones hay algunas condiciones que deben establecerse para mantener relaciones estrechas, como la fidelidad, la confianza y la comunicación. Pero si una relación se basa en posesiones materiales o condiciones sociales, como el dinero, la residencia o la calidad de vida, no sirve para construir una profunda conexión que satisfaga a ambas almas. Para cultivar una relación de calidad, necesitas tener comprensión, confianza y respeto mutuo, y hacer cosas por la otra persona simplemente por la alegría de dar, en lugar de ser impulsada por el miedo de perderlos.

Ejercicio: La alegría de dar

1. Piensa en alguien en tu vida a quien le tienes cariño.

2. Supongamos que se te da la oportunidad de darle a esa persona lo que quiera, sin importar el precio, pero debe ser anónimo, ¿qué podría hacerle verdaderamente feliz?

3. Imagina darle el regalo a la persona anónimamente y ver su reacción desde una distancia. Mira ¿qué sientes en tu corazón?

4. Pregúntate: ¿qué puedo hacer hoy para experimentar este mismo sentimiento?

Autoestima

En las relaciones unilaterales, las cuestiones de autonomía suelen involucrarse. En estas situaciones, el que da identifica su dignidad con algo externo, como finanzas, posesiones materiales o poder social. Creen que necesitan dar algo para ser amados. En su mente, creen que no son dignos de amor simplemente por ser quienes son. Por lo tanto, cuando el receptor lo da por sentado y no muestra apreciación, hace que el que da se sienta inseguro. Como resultado, sienten la necesidad de dar más para que puedan seguir siendo dignos de recibir amor. Veamos qué sucedió con el resto de la sesión de Amanda.

Hiro: Ahora, me gustaría que te imagines a tu hermano Mark, cuando tenía veinte años. ¿Como se está sintiendo?

Amanda: Él está preocupado por ella, mi yo más joven.

Hiro: ¿Qué es lo que quiere decirte?

Amanda: Dice: … la ama como a una hermana y quiere que sea feliz.

Hiro: Hermoso. Por favor, pregúntale si la ama porque ella cuida de él.

Amanda: Dice que no.

Hiro: Entonces, ¿Por qué la ama él?

Amanda: Él la ama porque... él la ama. No hay razón. Él la ama sólo por lo que es. Nunca cambia, pase lo que pase.

Hiro: Genial. Ahora, llévenle este mensaje: su ser más joven. ¿Cómo reacciona ella?

Amanda: Está llorando, pero está feliz. Llorando feliz. Es como que un bloque helado grande en su corazón se está derritiendo ahora.

Hiro: Dile: "Eres digno de ser amado por lo que eres".

Amanda: ¡Ella está dando saltos!

Hiro: Excelente. ¿Te gustaría crear una visión para una relación deseable que se adelante?

Amanda: Sí.

Hiro: Imagina la relación más deseable que quieras. ¿Qué notas?

Amanda: Me veo disfrutando del acto de dar a mi compañero y a muchas otras personas, y siento la alegría y gratitud de experimentar una versión mejor de mí misma. No espero nada a cambio, pero también veo que mi compañero me apoya y me ayuda mucho, como Mark lo hizo.

Hiro: ¿Cómo te hace sentir esto?

Amanda: Soy feliz, y me siento que somos íntimos y que hay un dulce amor entre nosotros. Me siento fuerte, valiosa e importante. Estoy orgullosa de mí misma. Creo que estamos creciendo juntos y colaborando para la misma visión. Siento que mi vida tiene un significado importante.

Hiro: Muy bien. Ahora, puedes abrir tus ojos. ¿Cómo te sientes ahora?

Amanda: Me siento mejor y con energía. Me gusta la visión que acabo de ver. Ahora entiendo que la relación con Tom no era sana. ¿Significa que debería renunciar a él??

Hiro: Es tu elección, Amanda. Mientras cambias, tu comunicación con él también cambia. Puede que te responda de otra manera, o puede que no cambie en absoluto. Entonces, es tu decisión si quieres arreglar la relación con Tom o seguir adelante y encontrar a alguien con quien te sientas mejor. Por lo general, la gente se atrae entre sí por las lecciones que necesitan aprender juntos. Después de crecer espiritualmente como hiciste hoy, Tom y tú quizá ya no hagan una buena pareja porque él aún necesita aprender su lección para alcanzarte. Puedes elegir quedarte con él y ayudarlo a crecer, o elegir seguir adelante y encontrar a otra persona con quien te sientas mejor. Depende de ti.

Amanda: No creo que me quede con él. ¡Estoy dispuesta a crear la relación que deseo!

¿Qué pasó después de esto? Por supuesto, Amanda terminó con Tom, y conoció a otro hombre y disfruta del tipo de relación que vio en su visión. También se reconectó con su hermano, Mark, y ahora se encuentran hablando de sus vidas y se apoyan mutuamente como solían ser niños.

Dar a otros te sirve bien cuando lo haces desde un lugar de gratitud sin esperar nada a cambio, pero el dar es necesario para mantener tu dignidad, tus emociones pueden ser fácilmente afectadas por otros, y experimentarás una vida emocional inestable. La verdad es que mereces ser amado por quien eres, y tu dignidad nunca cambiará, pase lo que pase, porque ya está dentro de ti. Has heredado todas las cualidades virtuosas de Dios, y viven dentro de ti.

Ejercicio: Cualidades internas heredadas

1. Imagina un hermoso sol que está mandando sus rayos más allá de las oscuras nubes de pensamientos negativos y emociones en tu mente.

2. Imagina entrando al brillo del sol.

3. Pregúntate: ¿Qué cualidades virtuosas están presentes aquí?

Castigo

Cuando el que da o el que recibe no se satisface, suelen utilizar castigos para controlar a la otra persona. Si el que da no está satisfecho con el comportamiento del que recibe, puede dejar de dar y exigir que el receptor corrija su comportamiento, para que puedan sentirse apreciados, respetados y valorados. Esto empeora la relación. El que recibe podría corregir temporalmente su comportamiento, pero seguir viviendo con una mentalidad de víctima. Finalmente, la ira comenzará a acumularse en el que da, empeorando la relación. Además, si el receptor no está satisfecho con lo que reciben del que da, pueden dejar de comunicarse o dejar de dar gratitud, respeto y amor. Esto es duro; el que da sentirá como si estuviera perdiendo el amor. Los hará sentir controlados, indignos del amor, y un tanto pequeños. Entonces, el que da intentará desesperadamente arreglar la situación dando lo que la otra persona esta demandando.

En ambas situaciones, la calidad de la relación empeora, poniendo a ambas partes en una mentalidad de víctimas. Este tipo de conducta de castigo se observa en diferentes tipos de relaciones, como el empleador y el empleado, el profesor y el estudiante, la figura pública y los fans, el servidor y el cliente, etc. ¿Alguien ha dejado de comunicarse contigo sin razón aparente? Puede ser que la persona te castigue por lo que cree que debería de haber recibido de ti.

Cuando una relación está controlada por el miedo, el amor verdadero no puede ser cultivado. Quizá quieras preguntarte si vale la pena invertir tu tiempo y energía para mantener esa relación. Si lo arreglaras, primero tendrías que enfrentarte al miedo de perder el amor y el miedo de ser controlado, entonces identificar tu dignidad interna. Con esto, tendrás claridad, paz mental y capacidad de conectarte profundamente con la otra persona. Cuando logres esta paz mental, no sentirás la necesidad de dar para ser amada. Entonces, puedes decidir si quieres continuar la relación con una energía diferente o alejarte y encontrar a alguien más. La elección es tuya.

No ser suficiente

Karen era la segunda hija, sus padres siempre la comparaban con su hermana mayor Ellen, la inteligente, guapa y popular. Su madre siempre elogió a Ellen y dijo: "Karen, tu hermana lo hizo mejor que tú a tu edad. Deberías poder hacer lo que ella hizo". Karen admiraba a Ellen e intentó hacer lo mismo que su hermana, pero no importara lo mucho que lo intentara, su hermana siempre hacía las cosas mejor y atraía mucha atención de todos. Cuando Karen decidió trabajar en un negocio local después de la secundaria en lugar de ir a la universidad, su madre apoyó su decisión, pero notó decepción en la cara de su madre y en el tono de su voz. Esto le hizo creer que era una decepción y que no era lo suficientemente buena.

Mientras tanto, Ellen se graduó de una de las principales universidades del país y comenzó a trabajar en la banca de inversiones. Era un entorno de trabajo competitivo, pero la recompensa era alta. Allí, experimentó decepción en sí misma; había tantas otras que eran más inteligentes, que actuaban mejor, y eran más guapas y populares. Desafortunadamente, el sueldo reflejaba su desempeño, y le impresionó el dinero que sus colegas ganaban en el mismo trabajo mientras ella se arrastraba alrededor del rango de sueldos básicos. No había área donde pudiera ser mejor que sus colegas. No sabía cómo manejar la situación porque esta fue la primera vez en su vida que se sentía inferior a otros. Se deprimió, y después de un tiempo, se rindió y dijo: "Es lo que es. No soy lo suficientemente buena".

Karen, por otra parte, trabajó tan duro para demostrar y convertirse en "suficiente". Hizo bien en su primer trabajo, luego fue a un trabajo de ventas, donde lo hizo muy bien año tras año, ganando más dinero que su hermana mayor. La hacía sentirse mejor con ella misma, y estaba orgullosa, pero su madre aún parecía favorecer a su hermana, seguía elogiándola por lo buena que era. Karen se sintió frustrada por no poder demostrarse a su madre y seguir trabajando duro. Aunque ella tenía éxito en su carrera según los estándares de cualquiera, todavía se sintió insignificante y tenía la necesidad de trabajar duro todos los días hasta que se agotó. Todavía estaba atrapada por la sensación de no ser lo suficientemente buena y no había ganado la paz mental que anhelaba.

Cuando Karen vino a mí para una sesión privada, estaba estresada, exhausta y quería crear un equilibrio en su vida.

Hiro: Karen, ¿en qué te gustaría trabajar hoy?

Karen: Quiero poder descansar. Soy adicta al trabajo y no puedo permitirme descansar. Soy consciente de ello, pero todavía no puedo descansar, y ahora estoy trabajando hasta el agotamiento.

Hiro: ¿Cómo te está haciendo sentir esto?

Karen: Me siento miserable. He logrado mucho en el trabajo, estoy haciendo mucho dinero, pero me siento miserable con mi vida. No se qué hacer.

Hiro: Miserable. Me gustaría que te imagines entrando a ese sentimiento de miseria, ahora encuentra a alguien ahí. ¿A quién encuentras ahí?

Hiro: ¿Enojada con quién?

Karen: Mi madre y mi hermana mayor Ellen. Mi madre siempre favoreció a Ellen y me juzgó comparándome con ella. Ellen era tan buena en todo, y no podía alcanzarla.

Hiro: Entonces, ¿qué hiciste?

Karen: Yo hice lo mejor para ser tan buena como Ellen, para probarle a mi mamá. Quería reconocimiento, aprobación y amor. Ella nunca me lo dio. Ni cuando hacía algo mejor que Ellen. Mamá no me reconoció, pero elogió a Ellen por otra cosa.

Hiro: ¿Cómo te hizo sentir?

Karen: Fue horrible. Estaba triste y enojada. Estaba resentida con ambas, pero nunca me rendí. Trabajé más duro. Y hoy, soy mejor que ella en todos los aspectos, pero mi madre aún la favorece y no me da reconocimiento. Sentí que nunca soy suficiente, sin importar lo que hiciera.

Hiro: ¿Pregúntale a la niña de nueve años qué es lo que quiere en lugar de eso?

Karen: Quiere que mamá la escuche, le dé reconocimiento, y la abrace. Es todo lo que quiere.

Hiro: Karen, necesito que le des lo que ella quiere. Finge que eres un ángel que viene a ayudarla. Imagínate sentada junto a ella y abrazarla. Di: "Estás bien. Estás a salvo. Estoy aquí para ti, sólo para ti. Te amo. Eres una buena chica, y eres más que suficiente".

Karen: Me está abrazando fuerte. Necesitaba oír eso. Siento que la energía se está poniendo más ligera.

¿Sientes que eres lo suficientemente bueno? Este sentimiento de "no ser lo suficientemente bueno" es prevalente en muchas partes de la sociedad. Muchas de mis clientes femeninas compartían conmigo que sus padres querían un niño, y como resultado, no eran suficientemente buenas desde el principio. Otros me dijeron que sus padres no tenían mucho dinero y que les costó pagar su educación, lo que les hizo creer que eran la causa de la desgracia de sus padres. Los que tenían padres abusivos creían que merecían castigo porque había algo malo en ellos. Otras causas de "no ser lo suficientemente bueno" son las comparaciones con hermanos, el rechazo de un primer amor, la quiebra y otras desgracias.

¿Trabajas hasta agotarte? ¿Te das por vencido fácilmente? Esta creencia de que no eres lo suficientemente bueno te hace sentir insignificante e inseguro, disminuye tu confianza y reduce tu autoestima. Cada vez que experimentas un fracaso o un resultado menos deseable, te dices a ti mismo que no eres lo suficientemente bueno. Entonces, sigues trabajando duro para convertirte en lo "suficiente bueno" o en renunciar a ti mismo. Cada vez que no ves el resultado deseado, te rindes, lo que hace que perpetúe el ciclo de no sentirse lo suficientemente bueno y no poder alcanzar tus sueños. Te decepcionas con las cosas en tu vida y dices: "Es justo como es", creando un hábito mental de buscar algo malo en ti mismo en lugar de apreciar quién eres en el momento actual.

¿Qué te hizo creer que no eres lo suficientemente bueno? A través de mi trabajo, he descubierto que esta mentalidad se crea normalmente en la infancia a través de las interacciones con tus padres, hermanos, parientes, amigos y profesores. En ese entonces, no tenías el poder de discernir y decidir qué ideas aceptar o rechazar, y aprendiste a evaluarte basándote en cualidades y logros externos. También hay una idea de escasez que entra en juego en esto. La escasez se refiere a los limitados recursos de nuestras vidas. La alimentación es limitada, la energía es limitada, las capacidades y los talentos son limitados, y el amor y la atención de los padres son limitados. Como estos recursos son limitados, sólo recibes lo que mereces, y dices: "No merezco esto porque no soy lo suficientemente bueno".

¿Cómo puedes dejar ir esta mentalidad?

El primer paso es entender que la idea de "no ser lo suficientemente bueno" es una ilusión creada por los temores. Desde la infancia, has aprendido a juzgarte sobre la base de las condiciones establecidas por otros, padres, abuelos, hermanos, maestros, etc. Estas condiciones son sus opiniones; podrían decir que eres lo suficientemente buena algún día, pero cambias tu opinión al día siguiente. Tu juicio no tiene nada que ver con la verdad sobre tu dignidad. Entonces, ¿quién es la mejor persona para determinar si eres lo suficientemente bueno? ¡Tú! Sabes todo sobre ti, y eres la mejor persona para evaluar tu dignidad. No importa lo que digan los demás sobre ti; no pueden saber más de ti que tú.

El segundo paso es aceptar que ya eres lo suficientemente bueno, pase lo que pase. Como he hablado en la Teoría del Juego de Vida, eres un alma que decidió unirse a este juego de la vida. Como alma, estás en tu viaje para volver a casa a la conciencia en la que nacieron todas las almas. Has heredado todas las cualidades más altas del origen, y estás en un viaje para recordarlas y encarnarlas. La verdad es que tienes la misma dignidad que tenías en el punto de origen. ¿Cómo no puedes ser suficiente? ¡Eres lo suficientemente bueno y mereces lo mejor!

En nuestras vidas humanas, todos expresan sus cualidades heredadas del origen de diferentes maneras, y son suficientemente buenas en sus propias maneras. Todos merecen amor, alegría y felicidad.

Con la conciencia de estos dos pasos, el último paso sería aceptarse plenamente. Puede que hayas tenido experiencias de ser juzgada por otros, lo que te causaba dolor. Esa gente puede que no sean los padres perfectos, los familiares o los profesores, pero francamente, nadie es perfecto en este mundo. Todos están en un viaje para aprender lecciones mediante experiencias, y todos tenemos nuestra propia curva de aprendizaje. No deberías esperar a que la gente se convierta en perfecta, ni deberías depender de su juicio. En cambio, puedes ser el padre perfecto, miembro de la familia o profesor para ti mismo. Puedes identificar la parte de ti que lleva el dolor, aceptarte por quien eres, y amarte incondicionalmente. De esta manera, puedes ser lo suficientemente bueno para ti, pase lo que pase en tu vida.

Aquí está el resto de la sesión de Karen.

Karen: Ahora ha crecido, alrededor de 18 años. Está de pie, orgullosa de sí misma.

Hiro: Por favor pregúntale ¿Qué le haría realmente feliz?

Karen: Dice bailar y cantar. Sí, solía bailar y cantar cuando era más joven, pero me detuve en algún momento.

Hiro: Muy bien. Ahora, si lo deseas, prométele que bailarás y cantarás de ahora en adelante.

Karen: Ok. ¡Si, ella está feliz! Ella esta bailando y cantando.

Hiro: ¿Cómo podrías describir este sentimiento ahora?

Karen: ¡Siento alegría! Siento que puedo darme reconocimiento y aprobación para disfrutar más de la vida. Me encanta la idea de ser alegre, y me gustaría experimentar más de eso. Y sé que soy más que suficiente. No necesito que mi madre me diga eso. Me siento más ligera en los hombros, y me siento relajada.

Hiro: Excelente. Respiremos profundamente, invitemos a la niña de 18 años a tu corazón y llenemos tu corazón con esta alegre energía.

Después de la sesión, Karen parecía haber encontrado una nueva motivación en la vida para amarse y buscar más alegría en la vida. Empezó a bailar y cantar con sus amigos, tomando más días libres de trabajo para viajes a retiros de bienestar, y ahora se prepara para seguir su propio negocio de bienestar. Me dijo que encontró su autenticidad, y la hace feliz todos los días.

Ejercicio: Permitirse soñar

1. Recuerda un momento en el que fuiste juzgado por otros. Imagina escuchar los sentimientos, pensamientos y emociones de tu pasado.

2. Cuando terminen, acógelo/a con un abrazo.Dile a él o ella:

   No importa lo que los demás te hayan dicho.

   Eres lo suficientemente bueno.

Eres amado por quien eres.

Tienes todo lo que necesitas en ti.

Te amo y te apoyo completamente sin importar lo que suceda.

3. Nota cómo tu ser más joven reacciona.

4. Pregúntate: ¿si todo en mi vida excede mis expectativas más optimistas, ¿cómo será mi vida en cinco años?

ETAPA 2. ESTAR PRESENTE

Henry conoció a Sayuri cuando vino a E.U.A. desde Japón a estudiar inglés. Cuando recibió una oferta de trabajo en Nueva York, le propuso matrimonio a Sayuri, y ella aceptó felizmente. Se casaron y se mudaron a Nueva York para empezar una nueva vida. El nuevo lugar de trabajo de Henry era un entorno muy competitivo, pero la remuneración era buena; pudo permitirse un bonito apartamento en el centro de Manhattan. Le costó mucho alcanzar sus expectativas de trabajo, y se estaba abrumando día a día, pasando la mayor parte del tiempo trabajando, incluso cuando estaba en casa. Por otra parte, Sayuri quería encontrar un trabajo en Nueva York, pero aprendió que tardó más de un año en conseguir un permiso de trabajo. Estaba decepcionada y no sabía qué hacer. Necesitaba alguien con quién hablar y posiblemente pedir consejo y apoyo.

La pareja hizo lo mejor que pudieron para pasar tiempo juntos, ir a restaurantes, ir de compras y ver películas, pero Henry estaba preocupado por su trabajo y no estaba mentalmente disponible para escucharla. Con el tiempo, Sayuri se perdió porque no tenía a nadie con quién hablar. No tenía amigos en Nueva York, aún no se sentía cómoda con su inglés, y se sentía sola en casa, incluso cuando Henry estaba físicamente allí. Necesitaba desesperadamente a alguien con quién hablar, así que encontró a un hombre en Internet. Este hombre estaba disponible para escucharla y hablaba japonés con fluidez. Comenzaron a comunicarse con frecuencia en las redes sociales, se conocieron en persona cuando viajó a Nueva York, y finalmente profundizaron su relación.

Un día, Sayuri recibió una llamada cuando escribía un correo electrónico a su aventura en Internet. Dejó la habitación para atender la llamada, dejando su computadora abierta. Henry estaba descansando en el sofá, preocupado por su trabajo, pero de alguna manera miró su computadora y descubrió lo que estaba pasando. Estaba sorprendido. Cuando colgó la llamada, se metieron en una discusión. Estaba tan enojado y la culpó por su infidelidad. Admitió lo que había pasado y le dijo que no estaba orgullosa de ello, pero también se enfrentó a él. Le dijo que necesitaba desesperadamente apoyo de su parte, pero no estaba disponible, lo que no le dejó otra opción que encontrar a alguien que lo estuviera.

Después de horas de discusiones, los dos decidieron arreglar su relación. Henry aceptó darle más atención y amor, y Sayuri aceptó terminar su relación con el hombre. Al principio, parecía que las cosas funcionaban muy bien, pero sólo estaba en la superficie. Ambos se dieron cuenta que su relación ya se había roto. Querían creer que todo era posible, así que intentaron mejorar la relación y hacer una familia feliz, pero tenían claro que no había más química. El esfuerzo de intentar arreglar la relación cuando había tanto equipaje emocional dentro era doloroso para ambos. Dos años después, decidieron divorciarse y tomar caminos diferentes.

Después de un tiempo, Henry empezó a salir con otra mujer. Se divirtió mucho con ella, y la relación se volvió seria, pero cuando ella expresó su deseo de casarse, dejó de verla. La idea del matrimonio provocó emociones del pasado, y no podía justificar volver a casarse. Después de un tiempo, empezó a salir con otra mujer, y pasó lo mismo. La pasaron bien juntos y desarrollaron una relación seria, pero la idea del matrimonio le recordó las experiencias dolorosas del pasado, que lo detuvo completamente. No podía soportar la posibilidad de pasar por el mismo dolor otra vez. Ambas mujeres lo amaban, y eran compatibles con él, pero tenía una fuerte resistencia al dolor que asociaba con el matrimonio. Su mente estaba atrapada por sus emociones pasadas, y no podía enfrentar la oportunidad de ser feliz.

Henry se resistió cuando vino a verme. Reveló que alguien lo había animado a visitarme.

Hiro: ¿Henry, en qué te gustaría trabajar hoy?

Henry: Tengo miedo del matrimonio. Quiero sanar los recuerdos traumáticos de mi primer matrimonio

Hiro: ¿Qué sucedió?

Henry: Me engañó, pero después entendí que tenía razón. No me estaba ocupando de ella en lo absoluto. Me sentí culpable. Intentamos arreglarlo, pero no funcionó. El periodo de tratar de arreglar las cosas fue doloroso, y ya no me quiero casar.

Hiro: ¿No te quieres casar, o no quieres el dolor?

Henry: Bueno…no quiero el dolor, correcto.

Hiro: Si recuerdas el dolor, ¿dónde lo sientes en tu cuerpo?

Henry: En mi corazón, garganta, estómago y frente.

Hiro: ¿Dónde lo sientes más fuerte?

Henry: En el corazón.

Hiro: OK. Me gustaría que imaginaras entrar en esa sensación dolorosa en tu corazón. Me gustaría que encuentres a alguien ahí dentro.

Henry: No veo a nadie.

Hiro: Si hay alguien ahí dentro, ¿Quién podría ser?

Henry: Hm, sería yo mismo cuando mi esposa me engañó.

Hiro: ¿Cómo se está sintiendo?

Henry: Está enojado y triste. Se siente culpable. Se está culpando a sí mismo.

Hiro: ¿Qué más te quiere decir?

Henry: Dice que debe ser castigado. No prestó atención a su esposa y la dejó sola, la empujó al límite.

Hiro: ¿Qué es lo que necesita?

Henry: Está buscando perdón y amor. Él siente que le falló.

Hiro: Henry, necesito que hagas algo. Imagina que te vas acercando más a tu persona de aquel momento y abrázalo. Di: "Estás bien. Estás a salvo. Estoy aquí para ti. Te amo. Estás perdonado. Tu castigo ha terminado. Puedes darte amor, felicidad y alegría".

Henry: Está respirando más profundo. Él está más tranquilo.

Hiro: Pregúntale ¿Qué ha aprendido de esta experiencia?

Henry: Aprendió la importancia de cuidar a otros. Aprendió la necesidad de escuchar y entender a los demás.

Hiro: Excelente. Ahora, dile: "Ya has aprendido bastante. Tu lección ha terminado. Puedes cuidar de los demás, escuchar y entender a los demás sin necesidad de sufrir este dolor, sin necesidad de castigarte".

Henry: Siento que se siente más ligero. Está de pie en alto.

En la vida todos experimentamos desafíos o "fracasos". Cada evento de este tipo causa heridas emocionales. Cada vez que experimentas una situación similar, recuerdas las dolorosas emociones, y eso te arrastra hacia abajo. Perdiste la confianza, suprimiste tu capacidad y pierdes las oportunidades que tienes adelante. Sin embargo, estos desafíos en el pasado no están destinados a deshabilitarte; están destinados a enseñarte algo y a ayudar a tu crecimiento. Las dolorosas emociones son un recordatorio para que te quedes las lecciones y dejes ir el pasado, para que puedas vivir plenamente en el momento actual.

Cada evento de vida ocurre por una razón. A veces aparecen para darte una nueva dirección, entregan un mensaje importante, te conectan con alguien, o te dan una oportunidad de crecimiento. Cuando uno se enfrenta a una oportunidad de crecimiento, se ha preestablecido una situación para que se extienda más allá de su límite. En la superficie, parece que está destinado a probar sus capacidades físicas y mentales, pero la verdadera experiencia es diferente: la situación provoca tu mayor miedo, uno que no te atreves a enfrentar, y te derrote. Te rindes. Pero tu vida nunca te abandona; sigue creando la misma situación una y otra vez, para que puedas enfrentarte al miedo. Cuando finalmente conquistes el miedo, habrás aprendido lecciones preciosas y podrás beneficiarte de las recompensas que provienen de la victoria.

Aquí está el resto de la historia de la sesión con Henry.

Hiro: Excelente. ¿Te gustaría crear una visión para una relación deseable de aquí en adelante?

Henry: Sí.

Hiro: Imagina la relación más deseable que quieras en tu vida. ¿Qué notas?

Henry: Estoy cuidando a mi compañera. La estoy mirando a los ojos y escuchándola bien. Estoy entendiendo sus sentimientos, y ella también hace lo mismo por mí. Ella se preocupa por mí bien. Hay una especie de conexión entre nosotros, una conexión más profunda que nunca, y me siento pacífico y relajado.

Hiro: Excelente. ¿Qué más notas?

Henry: Siento que estoy orgulloso de mí mismo por estar en esta relación, y estoy seguro que podemos superar cualquier reto y crecer juntos. Somos felices y alegres. Veo muchas visiones emocionantes para el futuro.

Hiro: Excelente. Ahora, en silencio di a ti mismo, "Esto ahora está en mi vida ahora"

Henry: Sí.

Hiro: ¿Cómo te sientes ahora?

Henry: ¡Me siento bien! Siento que algo que estaba atrapado en mi corazón se ha ido. Siento que mi corazón ha rejuvenecido.

Hiro: ¿Cómo te sientes acerca del matrimonio?

Henry: Oh, Siento que puedo volverme a casar nuevamente. Esto es bueno.

Dos meses después, Henry se interesó románticamente en una de sus colegas. Cuando la invitó a salir, dijo: "Saldré contigo, pero sólo si hablas en serio sobre una relación comprometida. Quiero decir, matrimonio". Fue capaz de decir sí desde su corazón por primera vez en mucho tiempo. Empezaron a salir y se casaron un año después.

Ejercicio: Repitiendo el desafío

1. Piensa en un reto de tu vida que se ha repetido una y otra vez.

2. Pregúntate a ti mismo: ¿Qué es lo que esto está tratando de decirme?

Miedo a fallar

¿Qué es lo único que impide que la gente haga realidad sus sueños? Es el miedo al fracaso. Nadie está exento de esto. Muchas personas exitosas han luchado con y superado el miedo: Oprah Winfrey, Bill Gates, Steven Spielberg, Michael Jordan, J.K. Rowling, y el coronel Sanders, por nombrar a algunos. Sería bueno que todos llegaran al destino que buscan, pero en realidad, tanta gente renuncia a sus sueños o ni siquiera toman medidas por temores. Veamos un ejemplo.

Akira parecía tan débil cuando lo conocí. Era dueño de un restaurante en una ciudad cercana a uno de los santuarios más antiguos e importantes de Japón. Él estaba haciendo todo por sí mismo en el restaurante: cocinar alimentos, servir a los clientes, operar la caja registradora, comprar inventario, limpiar el espacio, hacer la contabilidad y la comercialización, y administrar el sitio web. Vino a mí porque el restaurante estaba perdiendo dinero. No estaba recibiendo suficientes clientes para obtener beneficios. Intentó varias maneras de atraer clientes, pero no funcionaron como él esperaba. Creyó que podía hacer que funcionara de alguna manera y prometió nunca rendirse, pero después de tres años de intentos y fracasos continuos, se sintió indefenso e impotente. Se quedó sin dinero y tenía deudas de tres bancos. Lo peor de todo, estaba exhausto y no podía seguir adelante y fue cuando me llamó.

Mi gran pregunta para él fue, "¿Por qué estás haciendo esto solo?" Me dijo que no podía contratar personal porque se estaba quedando sin dinero, y que no podía pedir ayuda a los miembros de su familia porque tenía que ser lo suficientemente fuerte para que nunca se preocuparan por su negocio. Ni siquiera le había dicho a su esposa acerca de la situación. Su esposa era de una familia rica, y estarían felices de apoyar su negocio, pero necesitaba probarse a sí mismo como un hombre y nunca fue capaz de pedir dinero a sus suegros. No era un experto en el negocio de restaurantes, pero tenía claro que algunas de estas creencias estaban empeorando su situación, y sentí lástima por él por cargar tanta carga sobre sus hombros.

Le pregunté si le encantaba el trabajo en el negocio del restaurante, y dijo que no. Le encantaba cocinar para su familia y amigos cuando era más joven, pero se convirtió en un trabajo, algo que tenía que hacer después de ser entrenado para ser chef para un restaurante japonés. Ya perdió su pasión por la difícil situación, pero no sabía qué más podía hacer. Además, necesitaba pagar la deuda. Esto me hizo sentir compasión por él, lo triste que debió ser perder su pasión por lo que amaba en el pasado. ¿Alguna vez has experimentado algo así antes?

Entonces, le pregunté qué quería hacer en cambio si el dinero no era un problema. Se detuvo un momento y empezó a hablar de su sueño. Quería ser un comediante. Le encantaba hablar delante de la gente y hacerles reír. A veces tuvo la oportunidad de hacerlo, y experimentó pura alegría y felicidad. Era hermoso verlo hablar de sus sueños, sonriendo, brillando y enérgico. Estaba convencido de que podía hacer reír tanto a la gente en ese estado de ánimo, así que dije: "¿Por qué no sigues ese sueño?"

Al principio, le complacía oír mi sugerencia, pero inmediatamente frunció y dijo: "No, no puedo. La comedia es un negocio competitivo. No creo que pueda hacerlo. Y tengo que continuar este restaurante para mi familia".

"¿Quieres pasar el resto de tu vida así y renunciar a tu sueño de convertirte en comediante?" Le pregunté.

Ya se había empujado al límite debido a la situación con su restaurante, y esta pregunta era demasiado difícil para él. Empezó a llorar intensamente. "Es imposible para mí. No puedo seguir haciendo esto. Me voy a quebrar. No quiero renunciar a mi sueño, y tengo tanto miedo, no quiero fallar nuevamente, ni con el restaurante ni como comediante".

Había tocado fondo. Había perdido toda su confianza y control. Lo bueno era que sabía lo que le daba alegría, y eso era algo fuera de su negocio existente. Trabajé con él en varias ocasiones para disminuir su necesidad de ser fuerte, la necesidad de demostrarle a sus suegros, y la necesidad de hacerlo todo por sí mismo. También le ayudé a sanar sus dolores emocionales de numerosos fracasos, aumentar su confianza y crear una visión futura para actuar regularmente como comediante y experimentar alegría en la vida.

Después de liberar las creencias de dolor y de miedo, se volvió más esperanzador, flexible y abierto. Luego, finalmente, habló con su esposa sobre la situación, pidió apoyo financiero, y empezó a tomar medidas para resolver la situación con el restaurante y avanzar en su sueño de convertirse en comediante. El sueño le dio esperanza, y la esperanza le dio la energía para transformar su vida. Fue hermoso verlo florecer.

¿Alguna vez has tocado fondo? La situación de Akira podría ser un caso extremo, pero tantas personas pasan por desafíos que los empujan al borde, lo que les provoca que se abrumen y renuncien a sus sueños. Cuando vienen a mí por ayuda, siempre hablan de los problemas con la situación actual, luego hablan de sus sueños como si estuvieran en algún lugar más allá del cielo. A menudo me parece que se estaban poniendo en una lucha equivocada. La situación actual era una distracción para que no tuviera que enfrentar su miedo al fracaso.

En mi vida muchas veces me he puesto en peleas equivocadas, y sé lo difícil que es darse cuenta que, para mí, un problema a menudo parece más importante que mi visión futura. Hace años, decidí cambiar mi carrera a la sanación espiritual y entrenamiento de vida, pero me abrumé con los problemas diarios en mi trabajo corporativo, y evité actuar en mi visión durante muchos meses. En otro momento, quería mudarme a otro país para aventurarme a nuevas oportunidades, pero seguí añadiendo proyectos locales en mi calendario diciendo "Bueno, espero mudarme a otro país algún día, pero aún no, no ahora". Estaba en una ilusión que no tenía tiempo y recursos para seguir con mi visión, pero en realidad, me estaba saboteando, poniéndome en esa ilusión. Lo que me ayudó a despertarme y salir de la ilusión fue esta pregunta: "¿Estoy haciendo esto para evitar mi visión?

¿Y tú estás en una pelea equivocada ahora? ¿Qué podrías estar evitando?

Ejercicio: ¿Qué es lo que podrías estar evitando?

1. Piensa en las actividades que pasas mucho tiempo haciendo cada día.

2. Pregúntate: ¿qué podría estar evitando que sea más importante que esto?

No hay falla

Durante la infancia, aprendemos a juzgarnos. ¿Lo hice bien o mal? ¿Soy una buena o mala persona? ¿Gané o perdí? Nuestra autoestima fluctúa dependiendo de nuestro juicio y del juicio de otros, y con el tiempo, todos queremos tener éxito en la vida, convertirnos en una persona importante, adquirir fama, ganar una gran competencia, hacer una fortuna, etc. Estas oraciones se basan en los resultados de nuestros objetivos, y no importa lo bien que hagamos en el proceso de alcanzar dichos objetivos, si lo consideramos un fracaso, la experiencia se convierte en un recuerdo amargo. Podrías enfadarte, estar triste, o decepcionado.

Sin embargo, desde la perspectiva del Juego de la Vida, el resultado no es tan importante como el proceso de llegar allí. Si considera que el verdadero propósito es crecer mediante experiencias, entonces las definiciones de "éxito" y "fracaso" se vuelven algo distintas. El éxito en el Juego de la Vida es sobre cuánto creces en el proceso y lo que experimentas en la realidad física. No importa si cumples las expectativas de una actividad. Si experimentaste algo y contribuyó a tu crecimiento, fue un éxito. En ese sentido, no hay fracaso en tu vida porque cada experiencia presenta una oportunidad para crecer de alguna manera. Si experimentas un momento aburrido, aprendes cómo se siente vivir en un momento aburrido, y puedes evitarlo en el futuro. Si te enojas contigo mismo, aprendes cómo se siente estar enfadado, y entiendes lo que quieres. Puede ser contra intuitivo, pero estas son experiencias valiosas y lecciones desde la perspectiva del Juego de la Vida.

Uno de los inconvenientes de las ideas tradicionales de "éxito" y "fracaso" es que al final buscamos alegría y realización, y nos presionamos a trabajar duro durante el proceso para llegar a él. Sin embargo, si el propósito es crecimiento, puedes experimentar alegría y satisfacción cada paso del camino en lugar de esperar hasta el final. Cuando se centra en disfrutar del momento actual, su actividad ya no funciona, más bien, se convierte en el acto de alegría y realización.

Ejercicio: Sin falla

1. Piensa en una experiencia en tu vida que considerarías un "fracaso".

2. Pregúntate: ¿Cómo crecí de esa experiencia?

Tomar acción

Incluso cuando supe lo que quería mi corazón, hubo momentos en que no tomé medidas, y pospuse mis sueños. A veces parecía el momento adecuado para correr riesgos, pero tenía miedo al fracaso y se me ocurrió todo tipo de excusas. "No es el momento adecuado. Estoy muy ocupado ahora. No estoy bien preparado. Habrá un mejor momento en el futuro". ¿Alguna vez has tenido excusas así en tu mente? Seguro, seguirá habiendo oportunidades en el futuro, pero serán diferentes. La misma oportunidad nunca volverá a ocurrir, y yo estaba perdiendo oportunidades importantes cada vez que decidí no arriesgarme. Como dijo Wayne Gretzky: "Se pierden el 100% de los disparos que no tomas".

Puedes decir que no puedes arriesgar la seguridad y el bienestar de tu familia, pero diría que también es una excusa. Sólo tienes que encontrar una forma de no poner a tu familia en riesgo. Además, ¿quieres que tus hijos te recuerden como alguien que renunció a sus sueños por ellos? Los niños aprenden de cómo vivimos nuestras vidas. Podrían terminar cometiendo los mismos errores que tú.

Es fácil evitar actuar y permanecer en su zona de confort fingiendo que todo está bien, pero ¿ese medio ambiente te ayuda a crecer? No te empuja, y ciertamente no te da emoción. Desafortunadamente, mucha gente pasa toda su vida así. Según una encuesta realizada con personas en sus 80, cuando se les preguntó por arrepentimientos en la vida, muchos respondieron diciendo: "Ojalá hubiera tenido más aventuras". Habían quedado atrapados en sus miedos y no podían salir de su zona de confort.

Sí, podría darte una vida pacífica, pero dime, sin libertad de miedo, ¿cómo puedes experimentar verdadera alegría y satisfacción?

La oportunidad que tienes delante de ti es la preciosa oportunidad de conquistar tus miedos y entrar en una aventura emocionante. Si hubiera una posibilidad de que pudieras liberarte de los miedos y experimentar la libertad, ¿lo tomarías? El camino aventurero no es un camino pavimentado. Te empuja más allá de tu zona de comodidad y prueba tu fuerza, paciencia, perseverancia, valor y fe. Pero te sentirás más vivo y auténtico que el resto de tu vida encerrado en una jaula pequeña. Descubrirás lo único que eres, por qué has venido a este juego de la vida, y lo que realmente puede darte alegría y satisfacción en la vida.

Si hay algo que quieres en tu corazón, arriésgate y salta. No habrá garantías, y habrá muchas incertidumbres. Pero cuando caminas hacia tu sueño, cada paso que des te dará alegría o te dará una valiosa lección. Ya no trabajarás por dinero o supervivencia; trabajarás por alegría. Eres el creador de tu vida, y puedes sentirte totalmente vivo. Siguiendo a tu corazón, serás guiado para activar tus mejores cualidades y talentos y cumplir tus misiones de vida.

Ejercicio: Tomar acción

1. Piensa en algo que quieres hacer, pero te la pasas posponiendo.

2. Pregúntate: ¿Cuál es peor, fallar o nunca intentarlo?

Reflujo y flujo de la vida

En 2003, me uní a una empresa como director de proyectos. El negocio de la empresa crecía rápidamente, y también la organización. Recuerdo que sentí un gran impulso dentro de la empresa, aunque ligeramente caótico, porque estaba creciendo tan rápido. Los tres primeros años fueron emocionantes y expansivos, llenos de oportunidades de aprendizaje y alegría. Pero las cosas comenzaron a cambiar durante el cuarto año, cuando la empresa decidió establecer un mayor control en el proceso de toma de decisiones. Y, al mismo tiempo, el mercado estaba entrando en una crisis. Fue el momento en que empezamos a ver los primeros signos de tendencias anormales en el mercado que luego provocó la gran crisis financiera en 2008, que afectó gravemente a la empresa. A medida que el negocio se desaceleraba, la dirección decidió reducir la organización, y mi equipo se había desmoronado. Eso para mí fue impactante y decepcionante.

Fui transferido a otro departamento, y tuve la suerte de tener compañeros muy buenos, pero aún sentí que mi tiempo estaba llegando a su fin en la compañía.

Al mismo tiempo, estaba viendo un gran cambio de impulso en otra cosa. Estaba aprendiendo una técnica de sanación meditativa como pasatiempo, y me sorprendió experimentar tanta alegría y felicidad cuando la practiqué. Fue la experiencia de hacer una diferencia positiva en la vida de otra persona lo que me dio un sentimiento fantástico. Me sorprendió ver cómo la técnica de sanación se estaba extendiendo tan rápido a mucha gente de boca en boca. Sentí el impulso y confiando en mi intuición, dejé la compañía, y empecé mi propia compañía de meditación y sanación emocional. Mi negocio creció constantemente, y finalmente, mi papel empezó a expandirse; la fundadora del método de sanación me pidió que supervisara todas las operaciones japonesas de la técnica meditativa de sanación. Al principio, el negocio de la sanación era muy pequeño, pero estaba a punto de agarrar un impulso creciente.

En cuatro años, aumentamos el equipo de instructores de sanación de cuatro a más de mil. Sin embargo, todo tiene su propio ciclo natural de creciente de impulso y disminución, como el ascenso y la caída de las olas en el océano.

Unos años después de que llegamos a mil instructores, hubo una crisis. El número medio de estudiantes para las clases de sanación comenzó a disminuir. Se hizo más difícil para los instructores seguir siendo rentable, y algunos decidieron abandonar el negocio. Hicimos varios esfuerzos de comercialización para recuperar el impulso, mucho más esfuerzo de lo que habíamos hecho antes, pero los resultados eran más pequeños de lo que queríamos. Un día, sentí que caminaba por un río, yendo contra la corriente, como si todos mis esfuerzos se vieran compensados por él. Me di cuenta que no era sabio resistir al impulso. Decidí ir con el flujo y centrarme en lo que podía hacer, que era estar prestando el mejor servicio de sanación que podía para las personas que venían, sin importar lo pequeño que fueran.

Después de un par de años, esta "época de invierno" se había completado. No hicimos nada diferente en nuestros esfuerzos de comercialización, pero empezamos a ver a más gente venir a nuestras clases de sanación. Interesante, esa gente era un nuevo tipo de audiencia. Eran aprendices más rápidos que buenos para aplicar las técnicas en sus vidas de maneras prácticas, y fácilmente se convirtieron en buenos amigos el uno del otro.

Según la Ley de atracción, atraes energías que coinciden con la tuya. Pero tu atracción también se ve afectada por las corrientes energéticas más amplias del universo, como el impulso de las estrellas, la naturaleza, la sociedad y las empresas. Cuando este impulso está en el aumento del movimiento, es más fácil hacer que las cosas sucedan y crear el resultado que deseas. Es como hacer diez cosas y recibir 20 recompensas. Cuando el impulso se desanima, sin embargo, puede hacer diez cosas y obtener sólo unas pocas recompensas. Por lo tanto, para manifestar tu sueño, es importante mantener el ritmo en el que estás.

Tanto en mi trabajo corporativo como en el negocio de sanación, experimenté un aumento y caída de impulso. He aprendido que el impulso influye en gran medida en nuestras actividades y resultados, además de nuestros esfuerzos, cualidades e intenciones individuales. La gran pregunta es cómo podemos encontrar la actividad, el momento y el impulso correcto. Sería bueno que pudieras leer o sentir el impulso con precisión, pero ¿y si no pudieras?

La respuesta es simple. Busca tu misión de vida. Tú, como alma, planeaste grandes eventos de vida y reuniones en tu vida para guiarte al mejor momento para entrar en tu misión de vida. Prepárate a través de lecciones que vengan hacia ti y estés despierto a tu misión de vida en tu momento divino. De esta manera, puedes experimentar la mayor alegría y satisfacción en la vida.

Ejercicio: Reflujo y Flujo de vida

1. Piensa en un momento en el que sientes un impulso creciente en tu trabajo o en tu vida privada. Siente cómo se expande en tu corazón.

2. Pregúntate: ¿Dónde encuentro este sentimiento en mi vida hoy?

Vergüenza, arrepentimiento y culpa

Cuando David tenía unos veinte años, conoció a Sasha, una dama de Europa oriental, en un sitio web para conocer amigos por correspondencia. Después de intercambiar correos electrónicos durante meses, los dos decidieron reunirse en su ciudad. Pasaron todo el primer día y la noche juntos hablando. Luego, lo llevó a algunas atracciones turísticas, le presentó a sus amigos y familia, y lo pasó muy bien con él. Cuando conoció a sus hermanos y primos, le pidieron que tratara bien a Sasha, y prometió hacerlo. Volviendo a casa, David empezó a preocuparse. Sentía que sus familiares ya lo estaban aceptando como posible pareja matrimonial para Sasha, lo cual era muy agradable y conmovedor, sin embargo, sentía el impacto de sus grandes diferencias culturales y no creía que pudiera cumplir sus expectativas. No podía imaginarse viviendo en su ciudad, y tampoco podía imaginarla viviendo en su ciudad. Así que decidió que la dejaría.

Sasha no sabía lo que le pasaba y le seguía enviando correos electrónicos como siempre. Abrió su correo electrónico, pero no sabía qué decirle. Antes de ser lo suficientemente valiente para compartir sus sentimientos, recibió más correos electrónicos de Sasha, que estaba empezando a preocuparse. No sabía cómo explicar lo que le pasaba, y con el tiempo, se volvió aún más difícil responder. La situación continuó durante semanas y meses, y finalmente, Sasha renunció y dejó de escribirle. David sintió lástima por todo lo que pasó y se culpó a sí mismo. Se avergonzaba por no tener el valor de compartir sus sentimientos, y lamentaba no contestarle, en última instancia, sintiéndose culpable por herir sus sentimientos.

David era uno de mis colegas sanadores, y me pidió ayuda porque seguía evitando el problema. Su subconsciente no quería sentir el dolor nuevamente.

Hiro: Dime, David, ¿Cómo te sientes sobre lo que sucedió?

David: Me siento culpable yo quiero disculparme con ella, pero ya fue hace mucho tiempo y hemos perdido el contacto. No puedo resolverlo.

Hiro: Imagina mirando dentro de ese sentimiento de culpa. ¿Qué es lo que ves?

David: A ella, Sasha. Ella está enojada y triste. Desamparada.

Hiro: ¿También te ves a ti cerca?

David: Sí. Él es pequeño dándole la espalda y viendo hacia abajo. Triste y culpable.

Hiro: ¿Qué es lo que quiere decirte?

David: Dice que es cobarde y que no es un hombre. Debería desaparecer. Debe ser castigado.

Hiro: Bien. David, necesito que hagas algo. Imagina sentado junto a él y abrazarlo. Di: "Estás bien. Estás a salvo. Estoy aquí para ti. Te amo. Puedes aprender de esto y seguir adelante. Se te puede perdonar".

David: Me está mirando y diciendo: "¿En serio?" No está seguro de eso.

Hiro: Bien. Ahora, imagina que estás parado con Sasha cara a cara. Deja que te diga todo lo que quiera decirte. Avísame cuando termine.

David: OK… Sí, terminó. Expresó ira por un tiempo, pero ahora está llorando.

Hiro: Que él le diga todo lo que quiera decirle. Avísame cuando

David: Me disculpo. Estaba equivocado. No sabía qué hacer

Hiro: Permite que él diga, "Por favor perdóname".

David: Ella dijo, "Te perdono". Y desapareció.

Hiro: ¿Qué aprendiste de esta experiencia con ella?

David: Aprendí la importancia de enfrentar un desafío de frente. Aprendí a reconocer mi debilidad y trabajar para mejorarla.

Hiro: Bien. Ahora, di: Me perdono y me libero de la culpa".

David: Sí.

Hiro: Ahora, ¿Cómo está tu ser más joven?

David: Está respirando profundo. Se siente aliviado. Más ligero y puede seguir adelante.

Hiro: Muy bien. ¿Cómo te sientes?

David: Me siento mucho mejor, gracias. Pero en la vida real, perdí su contacto y no puedo decirle nada. ¿Qué debo hacer?

Hiro: Al recordar lo que pasó, haz la misma visualización otra vez. Cuando tu energía cambie, tu realidad comenzará a cambiar, también. Veamos qué sucede.

David: OK.

Tiempo después recibió un correo electrónico de Sasha. Ella expresó cómo se sentía cuando su comunicación se detuvo y le dijo que nunca debía hacerle eso a nadie más. David le contestó y se disculpó por lo que pasó. Sabía que estaba equivocado, y cuando le pidió que lo perdonara, respondió que ella ya lo había perdonado. Había encontrado a otro hombre y era tan feliz. Ella quería que él también fuera feliz.

Muchos de nosotros tenemos experiencias de las que no estamos orgullosos. Tal vez traicionaste a alguien, rompiste una promesa, engañaste a tu compañero, intimidaste a un compañero, lastimaste a alguien física o emocionalmente, provocaste que alguien sufriera por tus decisiones, ignoraste a alguien que necesitaba ayuda, trataste a alguien injustamente, dejaste a tu familia por tu ambición, o irrespetado, insultado u ofendido a alguien. Tal vez te permitiste convertirte en un alcohólico o drogadicto, o quizá cometiste un crimen y victimizaste a alguien.

Estas experiencias causan dolor en tu corazón que aparece en tu vida como vergüenza, arrepentimiento y culpabilidad. Tal vez pensaste que era lo correcto en ese momento, pero más tarde, te diste cuenta que estaba mal, y esos sentimientos de vergüenza, arrepentimiento, y la culpa crecieron más dentro de ti. No sabes qué hacer con ellos porque no puedes volver al momento y cambiar lo que pasó. No te atreves a ver a la otra persona y disculparte. En cambio, decides cambiar y convertirte en una mejor persona, fingiendo que no pasó nada. Sin embargo, esos sentimientos no desaparecen.

Lo que haya pasado ocurrió por una razón. Todos estamos aprendiendo de las experiencias en este juego de la vida, y a veces hacemos cosas estúpidas o cosas de las que no estamos orgullosos. Es parte de ser humano. Experimentamos las consecuencias, aprendemos de ellas, convertirnos en una mejor persona, y seguir adelante. Si supieras todo lo que debías de la experiencia, no tendrías esos sentimientos de vergüenza, arrepentimiento y culpabilidad. El hecho que mantengas esos sentimientos dentro de ti significa que aún tienes algo que aprender.

Esos sentimientos de vergüenza, arrepentimiento y culpabilidad obstaculizan tu crecimiento. Si no los resuelves, seguirán aumentando y afectarán negativamente a tu salud. También puede ser insoportable si tus acciones y comportamientos pasados se enfrentan directamente a tus valores básicos y en quién te esfuerzas por convertirte.

Esos sentimientos tienen muchas energías oscuras, y atraen la misma energía en tu vida una y otra vez. Cuando se presenta una situación similar, puede que no hagas lo mismo, pero te recordará esos sentimientos difíciles. No puedes olvidarlos. Tienes que darte una oportunidad para completar las lecciones, perdonarte y dejarlo ir.

Además de aceptar las consecuencias de tus acciones pasadas y hacer todo lo que puedas para remediar la situación, lo más importante es perdonarte. Sería genial si la otra persona te perdonara, pero no tienes control sobre eso. Debes perdónate, sin importar nada más. Debes liberarte de la prisión de vergüenza, arrepentimiento y culpabilidad.

Desde la perspectiva del alma, el acontecimiento pasado ocurrió para que todas las partes crezcan, lo que significa que las otras partes también tienen algo que aprender del evento. Te garantizo que cuando todas las partes terminen sus lecciones, todos los resentimientos desaparecerán y sólo el amor permanecerá. Pero no se puede obligar a que suceda; no se puede aprender algo en nombre de otra persona, y tampoco uno puede ser responsable de ello. Sólo eres responsable de aceptar tus consecuencias, aprender de lo que pasó, y seguir adelante. Si lo deseas, puedes compartir las lecciones con otros para que no ocurra lo mismo en sus vidas.

Ejercicio: Vergüenza, arrepentimiento y culpa

1. Recuerda un momento en el que sentiste vergüenza, arrepentimiento o culpabilidad.

2. Imagina estar frente a la persona que estuvo involucrada en el incidente y diciendo: "Perdóname".

3. Después que la persona desaparece, di: "Me perdono y me libero de esta vergüenza (o arrepentimiento/culpabilidad)".

4. Pregúntate: ¿Qué podría ser posible ahora que estoy libre de vergüenza (o arrepentimiento/culpabilidad)?

Casos extremos

Tal vez estuviste involucrado en casos graves o extremos, como explosiones emocionales que provocaron daños a otros, accidentes de coche que terminaron matando a alguien, o comportamientos egocéntricos que victimizaron a muchos otros. Puede que te estés diciendo que nunca serás perdonado, que se te debe castigar para siempre, y que deberías ir al infierno. No creas esas cosas. Por supuesto, debes aceptar las consecuencias y cumplir la responsabilidad que los acompaña. Pero considera la posibilidad de que aún fuera parte de una lección de vida para que crezcas. Cuando ocurrió el incidente, estabas atrapado por tus emociones y miedo, o quizá había sido controlado por falsas creencias. Pero esa no era la verdadera naturaleza de tu alma. Detrás de todas esas emociones, miedos y creencias, tienes mejores cualidades dentro de ti.

A veces un alma elige aprender una cualidad virtuosa de la forma difícil, pasando por la falta de calidad en particular para reconocer su importancia. Por ejemplo, si pasas por la ilusión de "satisfacer su ego a expensas de otros" y te dieras cuenta que no te hace feliz, podría ayudarte a reconocer la importancia de las cualidades virtuosas, como el respeto, la comprensión, la gratitud, la amabilidad y la armonía.

Podrías haber tomado el camino más extremo y oscuro para aprender algo del extremo opuesto. ¿Qué podría ser? Como alma, querías correr un riesgo y experimentar esa cualidad particular; por lo tanto, debe ser algo muy valioso que no es fácil de aprender de otras formas. Es tu responsabilidad identificar estas valiosas lecciones, y si compartes la lección con otros e impides que las mismas cosas desafortunadas les sucedan, tu experiencia servirá y le hará un bien a otros.

Permítanme decirles lo siguiente: no importa lo que sucedió en el pasado, no significa que tengas que sufrir en el infierno, no significa que no merezcas el amor de Dios, no te conviertes en un alma mala, no hace que tu alma sea inferior a las almas de los demás, y no quita tus dones inherentes y cualidades virtuosas. Nunca es demasiado tarde para aprender de los errores pasados. Acepta las consecuencias y perdónate. Haz lo mejor que puedas para remediar la situación y date una oportunidad de redimirla. No importa si recibes perdón de otros o no; lo que importa es cómo creces y en quién te conviertes. Ten una visión clara de quién te quieres convertir y cómo quieres contribuir al mundo. Nunca te rindas, nunca te rindas ante tu vida, y continúa apuntando hacia lo más alto.

Después de todo, este es un juego de vida para que nuestras almas crezcan.

Ejercicio: Casos extremos

1. Recuerda el momento cuando estuviste involucrado en un caso extremo.

2. Imagina quién eras en ese entonces.

3. Di a ti mismo: "Sé que he cometido errores. Acepto las consecuencias y estoy comprometido a cumplir la responsabilidad que viene con ellos. Aún me amo incondicionalmente y me

perdono. Me permito seguir creciendo y apuntando a la versión más alta de mí mismo.

4.   Pregúntate: ¿Qué aprendí de esto?

La pérdida de un ser querido

Hace varios años, mi amiga Sarah conoció a un hombre llamado Martin. Hace mucho que esperaba conocer a su alma gemela, el amor de su vida, y ambos creían que eran esa persona el uno para el otro. Tuve el privilegio de trabajar con la pareja durante una conferencia, y sentí que eran en realidad almas gemelas. Me sentí tan feliz viendo cómo sonreían, se reían, y se miraban entre sí con esos ojos cálidos, confiados y pacíficos. Era como si todo el espacio alrededor de ellos brillara y brillara, haciendo que otros se sintieran más felices también. Compartieron los mismos valores y visiones, y pude ver que tenían un profundo entendimiento y respeto mutuo.

En ese momento, el trabajo de Martin era flexible, así que pudo apoyar a Sarah con sus actividades de entrenamiento y enseñanza como administradora. Martin ayudó a todo mi equipo también como vendedor, hablando con la gente en la conferencia y llevándolos a nuestra cabina para que pudieran experimentar sanación y entrenamiento. Era una persona amable, comprensiva y alegre; nadie podía resistirse a escucharlo.

Unos años después, escuché que Martin estaba sufriendo una grave enfermedad, y Sarah lo acompañaba al hospital todos los días. Muchos de nosotros rezamos por él durante semanas, pero desafortunadamente, no se recuperó y pasó a otra vida. Me costó aceptar por qué un buen hombre como él tuvo que morir tan joven. No podía imaginar lo difícil que era para Sarah aceptar que su alma gemela abandonara su vida. Cuando me contacté con ella, ella me dijo lo siguiente:

"Hiro, estoy triste, pero estoy bien. Estoy arreglándomelas de alguna manera. No tengo la energía ni la motivación para hacer nada ahora". Detuvo todas sus actividades profesionales y desapareció de cualquier conexión social por un tiempo. Le tomó más de un año sanar su corazón y volver a vernos nuevamente.

No tuve la oportunidad de darle una sesión de sanación, pero la volví a ver en otra conferencia. Estaba tan energizada y feliz como solía ser, tenía esperanza y tenía una visión futura. Me alegraba tanto ver que ella había seguido adelante, y apuesto a que Martin la estaba cuidando desde el otro lado, como él solía hacerlo cuando estaba vivo.

¿Has perdido alguna vez a alguien amado en tu vida, a quien más amas, a la única persona con la que conectaste profundamente en tu corazón, a la persona que nadie más puede reemplazar? La gente muere todos los días en algún lugar del mundo, y es una transición natural de vuelta al lugar de donde su alma venía, pero aún así, la pérdida de un ser querido tiene un profundo impacto emocional en nosotros. Nos destroza el corazón, dejando un espacio vacío. Puede que hayas perdido a alguien por causas naturales, enfermedad, accidente, suicidio o homicidio. Podrías haber perdido una nueva vida por aborto o pérdida de embarazo. Perder a tu amado causa dolor de largo tiempo, una profunda corriente de tristeza que parece durar para siempre. Muchos de nosotros no sabemos cómo lidiar con ello y terminamos perdiéndonos.

Puedes forzarte a trabajar, continuar rutinas como "los asuntos de siempre", y ayuda a distraer tu mente, evitando que afrontes las emociones difíciles. Sin embargo, como con otros casos que hemos hablado anteriormente, esta profunda tristeza está atrapada en tu cuerpo y no se va automáticamente, sin importar cuánto intentes ignorarlo. La sensación dolorosa te la sigue recordando, atrayendo esa misma energía a tu vida, a veces afectando tu salud. Esa triste energía en tu cuerpo necesita expresarse de alguna manera para que pueda salir de tu cuerpo.

Desde la perspectiva del Juego de la Vida, la muerte es una graduación. Es una liberación de una experiencia física y una oportunidad para celebrar. La gente no muere accidentalmente. Incluso si ocurriera accidentalmente desde nuestra perspectiva, hay muchas cosas que pasan detrás de las escenas en diferentes niveles de conciencia. Cuando la gente muere, es la decisión de su alma el dejar esta vida en ese momento, fecha, lugar y bajo esa circunstancia. Significa que la vida sirvió bien el propósito de su alma y/o no necesita seguir cumpliendo su propósito.

A veces la muerte de una persona tiene un significado más profundo que desencadena lecciones preciosas para que la gente a su alrededor pueda aprender. La decisión de muerte es tomada por el alma de la persona con consulta previa de todas las demás almas involucradas. Si un padre murió de enfermedad frente a toda la familia, significa que así es como todas las almas involucradas aceptaron que sucediera. Lo mismo se aplica a cualquier otra muerte, sea natural, accidental, suicidio, homicidio, o aborto.

Una vez que la gente pasa al otro lado, se sienten felices y liberados. No quieren que nadie se sienta triste o culpable por su muerte; quieren que seamos felices y continuemos con nuestros viajes de vida. Esperan que todos puedan aprender algo de su muerte y recordar los buenos recuerdos con ellos. Si perdiste a tu persona importante, por favor, quiero que sepas que no esperará que pases el resto de tu vida solo. Quieren que sigas adelante y encuentres a alguien que te haga feliz. No les enfada ni les dan celos. Una vez que pasan al otro lado, están menos influenciados por su ego, y sólo desean tu felicidad.

Por cierto, sólo porque se mudaron al otro lado no significa que te dejen. Siguen contigo, pero no tienen cuerpo. Como metáfora, imagina un partido de béisbol. Hay dieciocho jugadores en el campo a la vez durante un partido de béisbol. Cuando uno de los jugadores reemplaza a otro, el jugador vuelve al banco y ya no participa en el juego, pero siguen viendo con entusiasmo, animando, dando consejos y disfrutando del juego junto a los jugadores activos. Esas personas que terminaron su juego de la vida siguen viendo tu juego, animándote, vacilándote, dándote consejos, etc. ¡Están contigo más de lo que imaginas! Y cuando acabes tu vida, ellos son los primeros en saludarte del otro lado, y tendrás mucho tiempo para ponerte al día y compartir muchas experiencias hermosas juntos.

Para sanar el dolor de la pérdida de seres queridos, necesitas dejar ir la pena en tu cuerpo, que normalmente se mantiene en tus pulmones. La energía del dolor debe expresarse de alguna manera. La forma más fácil de hacer esto es llorar. Llorar es sanar, y ayuda a liberar la energía. Encuentra algunas películas que resuenan con tus sentimientos, y deja que la energía se vaya, llorando. Otra forma de expresar la energía es a través del tono de voz. Encuentra algunas canciones que resuenan con tus sentimientos, y deja que tu dolor pase por el tono de tu voz. De otra forma, la visualización también ayuda a sanar el dolor. Imagínate como una entidad separada que está llorando dentro de la energía del dolor. En tu imaginación, abrázate y di: "Estás bien. Estás a salvo. Estoy aquí para ti. Te amo. No estás solo. Juntos podemos encontrar la felicidad".

Ejercicio: Pérdida de un ser querido

1. Imagínate llorando dentro de esa energía de tristeza por la pérdida de tu ser amado.

2. Imagina a tu ser amado sentado junto a ti, abrazándote y diciendo "Estás bien. Estás a salvo. Estoy aquí para ti. Te amo. No estás solo".

3. Pregúntate: ¿cómo quiero vivir mi vida?

Bebé nonato

Laura sufría de culpa y dolor, y me pidió una sesión de sanación.

Hiro: ¿Qué sucedió?

Laura: Sufrí la pérdida de unos bebés, en dos ocasiones. Estoy tan triste porque los bebés no pudieron nacer. Debe haber algo mal durante mis embarazos y me siento culpable.

Hiro: Eso debe ser difícil.

Laura: Sí.

Hiro: OK. Hagamos algunas sanaciones. ¿En qué parte de tu cuerpo sientes el sentimiento de culpa?

Laura: En mi corazón.

Hiro: Me gustaría que te imagines entrando dentro de la energía de ese sentimiento.

Laura: Sí.

Hiro: ¿A quién ves dentro?

Hiro: ¿Cómo están los bebés?

Laura: Ellos están sonriendo y riéndose. ¡Están lindos!

Hiro: ¿Cómo está Laura dentro de esa energía?

Laura: Está sentada sobre sus rodillas llorando.

Hiro: ¿Qué es lo que ella dice?

Laura: Ella dice…Yo hice mal. Soy un error. Soy un fracaso. Soy responsable por perder a mis bebés. Debo vivir en la obscuridad.

Hiro: Ya veo. Ahora, actúa como que eres un ángel que viene a salvarla hoy. Imagínate sentada junto a ella y dándole un cálido abrazo.

Laura: Si… ella está llorando en mi pecho.

Hiro: Di: "Estás bien. Estás a salvo. Estoy aquí para ti. Te amo. No eres un error. Mereces ser amado. Mereces ser feliz".

Laura: Ella esta como, "De verdad" Ella quiere creerlo, pero no está segura.

Hiro: Bien. Ahora, hablemos con los bebés. ¿Con cuál quieres hablar, o te gustaría hablar con ambos al mismo tiempo?

Laura: Siento que puedo hablar con ellos al mismo tiempo.

Hiro: Bien. Entonces di: "¿Cómo estás?"

Laura: ¡Están felices!

Hiro: ¿Ahora di, "Qué pasó con tu proceso de nacimiento?"

Laura: Si… Dicen que había algo inesperado que no les permitía vivir más tiempo.

Hiro: ¿Causado por Laura?

Laura: No. Dicen que se debe a algunos asuntos técnicos que ella no tenía control.

Hiro: ¿Cómo se sienten sobre ella?

Laura: La aman tanto y están muy agradecidos por el hecho que les haya dado una vida física, aunque fuera por un corto período de tiempo.

Hiro: Pero no nacieron vivos, ¿verdad?

Laura: Bien. Pero tuvieron una vida física dentro de su cuerpo por un tiempo. Eso les dio la preciosa experiencia de estar en un cuerpo físico. Disfrutaron su energía y la experiencia con ella en el mundo físico.

Hiro: Muy bien. Ahora, ¿Cómo está reaccionando a esto?

Laura: Se siente aliviada y en paz, ella ya no se encuentra llorando.

Hiro: Bien. Ahora deja que los bebés vengan y la abracen.

Laura: Oh Dios mío, esto es hermoso. Estoy llorando.

Hiro: Ahora, por favor, pregúntale a los bebés: "¿Intentarás volver a vivir una vida humana?"

Laura: ¡Dicen que sí! Dicen: "Por supuesto. Haremos lo que podamos para estar en su vida, ya sea como sus hijos, hijos adoptados, sobrino/sobrina, nietos o cualquier relación que pueda presentarse".

Hiro: Laura, ¿Qué es lo que aprendiste de esta experiencia de la pérdida de tus bebés?

Laura: Aprendí a cuidar de mi cuerpo. Y aprendí a ser más fuerte, a tener esperanza y paciencia.

Hiro: ¿Puedo honrarte por cuidar de tu cuerpo, tu fuerza, esperanza y paciencia, para que siempre puedas demostrar estas cualidades sin necesidad de sufrir?

Laura: ¡Sí!

Hiro: ¿Cómo te sientes ahora?

Laura: Me siento tan relajada y a salvo. Me siento positiva. Siento que ya puedo avanzar.

Volví a ver a Laura nuevamente el año siguiente. Quedó embarazada de nuevo, y se veía ¡tan feliz! Estoy seguro que estará feliz teniendo un bebé y pasará su vida como madre.

He conocido a muchas personas que han tenido abortos, y he aprendido que la mayoría de ellos sufren de culpa y dolor. Siempre les digo que su bebé volverá a sus vidas de alguna manera. El nacimiento es un proceso delicado, y a veces no va como se prevé, incluso desde la perspectiva de tu alma. Aunque un bebé no pueda completar el proceso de nacimiento hasta el final, todavía están agradecidos por la experiencia de tener una presencia física. Aunque fuera sólo por un corto tiempo, el tiempo que pasaban con la madre es precioso, especial y una experiencia importante para el espíritu del bebé.

Si el aborto no era el plan del alma y el bebé se suponía que viviría una vida humana más larga, seguirán volviendo a ti en la próxima oportunidad posible, sin importar cuántos intentos tome. Si la situación se vuelve difícil, el espíritu buscará alternativas para venir a ti como un niño adoptado, sobrino, nieto, etc.

Para superar esto, debes sanar el dolor y la culpa, y dejarlos ir. Confía en que tu bebé llegará a tu vida algún día, de una manera u otra.

Ejercicio: Bebé nonato

1. Imagina abrazar a tu bebé nonato que está sonriendo y riendo.

2. Pregúntate: si el bebé estuviera conmigo ahora, ¿cómo querría que me sintiera?

Gloria perdida

Cuando Ken vino a mí para una sesión privada, parecía tan cansado, y recuerdo que me preguntaba qué era lo que le hacía verse así. No me miraba a los ojos, y parecía nervioso e inseguro. Me dijo que quería ser "iluminado", y que tenía cientos de preguntas sobre lo que era la iluminación y cómo llegar allí. Para ser honesto, no era experto en ese tema, pero me senté con él, y le pregunté qué estaba pasando en su vida.

Dijo que estaba dedicado al negocio del transporte y se ganaba la vida bien, pero no tenía pasión por el negocio y quería avanzar en la vida. Su negocio anterior, un servicio de citas basado en Internet, fue la causa de su actual falta de pasión. El negocio fue muy exitoso, y le había hecho ganar una gran cantidad de dinero a lo largo de los años. Disfrutó de la fama, el respeto social y la alta calidad de vida que le dio el negocio. Se hizo amigo de famosos líderes de negocios, famosos, atletas, etc.

Cuando habló de sus experiencias durante ese tiempo, pude ver lo orgulloso que estaba de su pasado. Su cara se iluminó, y habló con más energía y calor. Continuó explicando cómo la situación cambió drásticamente, cómo el mercado había cambiado y su público había empezado a buscar algo diferente, algo más avanzado tecnológicamente y conveniente, que su negocio no podía ofrecer. Sus ventas disminuyeron fuerte, y terminó necesitando cerrar el negocio. Estaba devastado y pasó algunos años sin hacer nada, viviendo de sus ahorros. Finalmente, se quedó sin ahorros y empezó a trabajar para una compañía de transporte para apoyar su vida. El nuevo trabajo era bueno, le proporcionaba ingresos decentes y un buen entorno laboral, pero no estaba contento. Aún estaba vinculado al negocio anterior, y no pudo evitar comparar sus dos circunstancias drásticamente diferentes.

Ken estaba experimentando la gloria de la pérdida y vivía en el pasado, incapaz de concentrarse en el momento actual. Cuando le pregunté si quería empezar un nuevo negocio y hacerlo tan exitoso como el último, dijo: "Sí, pero quiero ser iluminado antes de hacer un nuevo negocio. Quiero poder prever todo lo que ocurra en el mercado para poder ganar todas las competiciones". ¿Cuál sería tu reacción si oyes a alguien decir esto? Recuerdo que tenía muchas reservas cuando me contó todo esto. Ahora sé por qué. Aquí hay algunas razones de por qué su plan de "iluminación" saldría mal.

En primer lugar, estaba en una búsqueda de significado con la que nunca estaría satisfecho. Es una búsqueda de ser mayor en la medida de lo posible en comparación con los demás. Cuando te impulsa el deseo de encontrar un significado, quieres ser más valioso, más importante, tener más dinero, volverte más famoso y adquirir un nivel social más elevado. El deseo te hace creer que no significas lo suficiente, incluso cuando ya eres más que suficiente. Para aumentar tu dignidad y experimentar un sentido de importancia, Ken estaba buscando cosas externas, como el éxito, la fama, el respeto social y el dinero. Pero esta es una búsqueda sin fin. No importa cuánto lo haya logrado, siempre habría alguien más que estuviera mejor, que tuviera más. Su sed de significado nunca se cumpliría, y nunca experimentaría la paz mental. Por el contrario, Ken debía haber identificado su dignidad a través de sus cualidades internas para que pudiera encontrar la paz.

En segundo lugar, su motivación para la "iluminación" proviene de un lugar de miedo, que detendría su crecimiento espiritual y garantizaría que nunca se volvería verdaderamente iluminado. Quería ganar la capacidad de prever el futuro para que nunca perdiera competiciones porque temía fallar nuevamente. En realidad, no sabía qué quería decir exactamente cuando dijo "iluminación". Sin embargo, suponiendo que se trataba de un estado altamente evolucionado en el desarrollo espiritual, es seguro decir que nunca llegaría a ella con motivación basada en el miedo porque el desarrollo espiritual se trata de conquistar los miedos y centrarse en el amor. Y francamente, si llegara a un estado iluminado, garantizo que ya no estaría interesado en ganar competiciones o en adquirir fama. Para una persona altamente evolucionada, un negocio es un vehículo para difundir el amor y la paz en el mundo, no para construir riqueza para uno mismo.

En tercer lugar, su visión estaba limitada por su doloroso pasado, una gloria perdida asociada a su negocio anterior. Su condición para el éxito se basaba en su comparación con una experiencia pasada; tenía que ser más "exitoso" que antes para ser feliz. Pero el mercado ha cambiado; lo que sea que lo haga avanzar, sería algo nuevo, algo incomparable con el pasado. Este apego a la gloria perdida puede pasarle a cualquiera. Los días gloriosos o recuerdos felices del pasado pueden mantener tu mente atrapada allí, sin permitirte vivir en el momento actual. Conozco a algunos propietarios de empresas que están demasiado unidos a sus sistemas empresariales exitosos anteriormente e intentan que funcione una y otra vez. Incluso cuando el mercado cambia drásticamente y el viejo sistema ya no funciona, no lo aceptan. El pasado glorioso los ha hecho ciegos y limitados.

Hay estrellas de cine, atletas profesionales y músicos que han logrado un éxito de alto nivel y después han pasado por un decline fuerte, pero estaban tan unidos a los días gloriosos del pasado que lucharon para adaptarse a una nueva identidad en el momento actual. El apego a la gloria perdida también causa problemas en las relaciones. Algunas personas se permiten quedar atrapadas en una relación miserable, esperando que los dulces y hermosos días regresen. Esto no les permite ver la necesidad de hacer frente a la situación hoy.

Yo también he tenido este desafío. Después de dejar mi trabajo corporativo y comenzar mi negocio meditativo de sanación, siempre comparé mi nuevo negocio con lo que estaba acostumbrado en la carrera anterior, en particular la cantidad de dinero involucrado en mis proyectos. Pero me di cuenta que el valor de mi negocio actual no podía medirse únicamente por mi cuenta bancaria, y necesitaba dejar ir el sistema de valores de mi carrera anterior. Tuve que redefinir cómo evaluaba mi negocio y lo que significaba tener éxito.

Desde la perspectiva del Juego de la Vida, la pérdida de gloria es un aspecto del ritmo universal, un impulso que prevalece en todo en nuestras vidas. Todo en el universo está vibrando a un ritmo único. Es parte de los flujos y reflujos de la vida, que se pueden ver en las actividades de los átomos, el movimiento de planetas, las cuatro estaciones, el ciclo lunar, los ciclos de día y noche, etc. De igual manera, cada una de nuestras vidas también tiene ritmo. Hay momentos en que la energía sube y todo va bien, y hay veces la energía se está calmando y todo se vuelve inactivo. Si algo en tu vida está disminuyendo, es probable que el ciclo natural esté llegando a una conclusión. Es un momento para apreciar todas las experiencias y lecciones, recargarse y prepararse para el próximo ciclo.

Muchos de nosotros, incluido yo, estamos tentados a iniciar rápidamente un nuevo ciclo; sin embargo, no podemos obligar al nuevo ciclo a comenzar de inmediato, como no podemos obligar a una semilla a surgir durante el invierno. No podemos esperar que el nuevo ciclo, el viaje o la aventura sea el mismo que el anterior, porque el ciclo de la vida no es un círculo sino una espiral ascendente. Incluso si te dedicas a las mismas actividades, subirás a una mayor escala de alguna manera. Los nuevos ciclos en el Juego de Vida suelen ser mayores en escala, de un alcance más amplio, más virtuosos en intención y propósito, y una mayor recompensa por su crecimiento espiritual, dándoles así más alegría y satisfacción. Y, por supuesto, puedes mejorar la calidad de tu vida y tus relaciones a lo largo del camino, si lo deseas.

Si mantienes tu apego a la gloria pasada, que es el ciclo anterior de tu ritmo de vida, estás saboteando tu propia evolución. Tienes que dejar el pasado para poder seguir adelante al siguiente capítulo de tu vida. ¡Al dejar ir el pasado, puedes liberarte y experimentar una nueva aventura!

Para dejar ir el pasado y vivir completamente en el momento actual, primero necesitas sanar ese dolor. Es similar al dolor de la pérdida de seres queridos porque todos amamos los buenos recuerdos y éxitos del pasado; para muchos de nosotros, es como perder a un niño. Tal vez este dolor es menos intenso que el dolor de la pérdida de seres queridos, pero aún es lo suficientemente poderoso para hacer tu vida miserable si lo permites.

¿Qué le pasó a Ken después? Pasó por un desafío emocional muy difícil, su Noche Oscura del Alma. Luchó, pero de alguna manera llegó a darse cuenta que Dios existe en todos y todo lo que le llevó a aceptarse por quien era sin necesitar conseguir nada. No empezó un nuevo negocio, pero encontró paz y felicidad en su vida. ¿Es esto lo que significa ser "iluminado"? No lo sé. Pero sé que hizo un progreso espiritual significativo del que su alma estaría orgulloso.

Ejercicio: *Gloria perdida*

1. ¿A qué momentos gloriosos de tu pasado te estás aferrando ahora mismo?

2. Mírate en el espejo y di: "Estás bien. Estás a salvo. Estoy aquí para ti, y te amo. Has superado tu pasado y te estás abriendo a lo nuevo".

3. Pregúntate: ¿qué podría ser posible si hago el movimiento más aventurero hoy?

ETAPA 3. ACEPTACIÓN SOCIAL

¿Alguna vez has querido hacer algo que va en contra del sentido común? Ese impulso puede provocar un miedo al rechazo social y obligarte a renunciar a tus sueños.

En 2006, me di cuenta que no sentía felicidad en mi corazón, aunque logré todas las condiciones necesarias para la felicidad. Como resultado, empecé a buscar lo que quería en mi vida. Entre las muchas cosas nuevas que intenté, resultó ser una sanación emocional que me dio sentimientos muy especiales. Cuando la gente me pidió ayuda con sus retos de vida, sentí mi corazón abierto inmediatamente, y tenía un deseo genuino de aliviar el sufrimiento de esas personas. Cuando de alguna manera pude ayudar a las personas a sanar sus heridas emocionales y sentirse mejor, sentí tanta calidez, paz, amor y magnificencia en mi corazón, era como si pudiera experimentar la mejor versión de mí. ¡Era una sensación de estar completamente vivo! Pronto, se extendió la palabra de boca en boca y la gente empezó a pedirme sesiones de sanación. Me encantaba hacer ese trabajo, y estaba convencido que era la forma en que podía ser verdaderamente feliz. Quería experimentar esos sentimientos todos los días durante el resto de mi vida, y no me tomó mucho tiempo decidir facilitar las sanaciones emocionales de tiempo completo.

Sin embargo, me llevó varios meses poder hacer el cambio. Mi corazón ya había tomado la decisión, pero había muchas voces en mi mente que me contaban todas las ideas negativas sobre la sanación, y esto provocaba un conflicto interno.

"¡La sanación es sólo un pasatiempo! Deberías seguir con tu trabajo actual".

"La sanación no puede ayudarte a ganar dinero y mantener tu estilo de vida".

"Eres demasiado viejo para empezar algo completamente nuevo".

"Las mujeres son más capaces de sanar que los hombres. No estás calificado para hacer sanaciones".

"¡La sanación es sospechosa! No está apoyada por la ciencia".

"La gente no paga por el servicio de sanación".

"La gente no entiende la sanación y te ignorará".

"La gente te dejará y estarás solo".

Estas voces eran las creencias de la sociedad a la que pertenecía, y eran lo suficientemente tóxicas para disuadir mi pasión por sanar. Empecé a sentir que la sanación no sería aceptada por la gente y que no debería seguir adelante con ella como una carrera. Aunque encontré algo que realmente amaba, estaba listo para renunciar los diálogos internos del miedo al rechazo.

Tanto la presión social como el miedo al rechazo social están arraigados en nuestras necesidades de supervivencia y pueden ser muy poderosos para influir en nuestras decisiones. En tiempos antiguos, los humanos tenían que pertenecer a un grupo para protegerse de los depredadores y tener un compañero para difundir sus genes a las generaciones futuras. En esos días, cuando era muy peligroso vivir solo, el rechazo social casi equivale a una pena de muerte. Sin embargo, los tiempos han cambiado, y ahora hay menos peligros físicos, pero experimentar rechazo social puede desencadenar varios sentimientos negativos, como la ansiedad, la inseguridad, la ira, la tristeza, la depresión y la baja autoestima. La investigación sugiere que el miedo al rechazo social puede causar escasos resultados en el trabajo, la sobre sensibilidad a las posibles amenazas y una disminución de la inteligencia emocional. Este es un miedo que te impide expresar tu autenticidad y te obliga a renunciar a tus sueños.

Los diálogos internos y las voces que escuché sobre sanar venían de lo que había aprendido de los demás durante toda mi vida. En cierto sentido, esas eran las voces de mis padres, maestros, vecinos, amigos, colegas y ancestros. Nos referimos a estas ideas como sentido común, normas, reglas no habladas, prejuicios, supuestos ocultos, etc. Son "creencias colectivas" en la sociedad o en cualquier grupo a los que pertenezcas, ya sea una nación, empresa, religión, ocupación, escuela, comunidad local, equipo de proyecto, o incluso un pequeño grupo de amigos y familias.

Ejemplos de creencias que te quitan poder:

"Tengo que casarme y empezar mi familia mientras sigo siendo joven".

"Soy demasiado viejo para perseguir mis sueños".

"La educación superior es sólo para los ricos".

"Debemos vivir a nivel de la subsistencia".

"Debo tener la aprobación de mis padres o hermanos para tomar decisiones importantes en mi vida".

Cada grupo tiene un conjunto único de creencias que conforman las normas y las reglas no habladas del grupo. Cuando estás de acuerdo con esas creencias, eres aceptado, y si no, estás exiliado. ¿Alguna vez ha experimentado esto, quizá durante tu adolescencia en la escuela? Si todavía llevas el dolor de esos tiempos, la presión social puede provocar diálogos internos que te hacen defensivo y pasivo. Para ser aceptado por el grupo, comprender y adherirse a las creencias colectivas es importante dar una sensación de pertenencia y seguridad en su vida social.

Sin embargo, esta "seguridad" es falsa. Se te da a expensas de tu libertad para expresarte desde tu corazón. Una amenaza se construye en esta seguridad percibida; una vez que decidas ir en contra de las creencias socialmente aceptadas la pierdes. Esto no es seguridad real. ¿Cómo puedes sentirte seguro cuando te sientes amenazado por debajo de todo? ¿Cómo puedes vivir tu vida sin expresarte de verdad?

Si crees en una idea o una visión desde tu corazón, debes expresarte. Y si va en contra de las creencias socialmente aceptadas, está bien. Tal vez sea una oportunidad para que la sociedad o el grupo cambien. En lugar de renunciar a tu idea o visión y ponerte en una mentalidad de víctima, puedes defender tu corazón y difundir tus nuevas ideas a otros, para que otros puedan aprender de ti y evolucionar. De esta manera, puedes convertirte en líder y agente de cambio en lugar de una víctima.

Martin Luther King, Jr. no se conformó con las normas sociales. Defendió lo que creía. Levantó su voz, difundió la palabra, y movió a toda una sociedad para considerar sus creencias. En la historia existieron muchos grandes líderes que desafiaron el sistema de creencias colectivas y ayudaron a la evolución de la sociedad. Se enfrentaron al desafío de cambiar la mentalidad de víctimas de todo su grupo a una mentalidad de líder. Muchas ideas o visiones se enfrentan a respuestas desfavorables cuando se les presentan por primera vez a otros. En el pasado, hubo un momento en que el entrenamiento físico no era común. Si estuvieras corriendo afuera, la gente diría: "¿Quién te persigue? A mediados de los años noventa, nadie quería comprar cosas en línea porque la gente creía que debían ver los productos en persona. Antes de 2000, la meditación era sólo para sacerdotes y personas religiosas. Ahora, millones de personas practican la meditación todos los días, y las empresas proporcionan espacios de meditación para el bienestar de sus empleados. Nuestras sociedades deben evolucionar continuamente y tener la capacidad de incorporar nuevas ideas. Necesitas confiar en tu corazón y defender tu visión.

Ejercicio: Presión social

1. Piensa en un momento en el que renunciaste a algo debido a la opinión de otra persona o a las normas.

2. Pregúntate:

¿Por qué es tan importante que cumpla las normas sociales?

¿Qué necesito para ir en contra de esas normas?

Convertirte en agente de cambio

Como hemos discutido hasta ahora, empezar algo diferente de la norma es difícil porque provoca el miedo al rechazo de la sociedad. Este miedo viene de nuestros instintos de supervivencia, pero también se aplica por experiencias traumáticas que soportamos durante la adolescencia cuando intentamos encajar con un grupo de compañeros. Estas experiencias suelen provocar que la gente se vuelva más susceptible a la presión social, y desalentar a la gente a expresar los deseos más profundos en su corazón, poniéndolos en una mentalidad de víctimas. En general, una mentalidad de víctima activa la peor versión de ti y hace tu vida miserable. Este no es el significado de la visión sobre tu vida.

En cambio, mereces activar la mejor versión de ti mismo, manifestar tus verdaderas visiones, ¡y hacer brillar tu vida! A través de las siguientes conversaciones y ejercicios, puedes sanar esos dolorosos sentimientos del pasado y potenciarte a conquistar tus miedos, para que puedas convertirte en un agente de cambio en la sociedad.

Abraza tu singularidad

John conoció a Diane en una fiesta. Se sentaron en la misma mesa, pero no tenían nada de qué hablar. John llevaba puesto un traje, lo que lo hacía parecer un hombre de negocios diligente, mientras Diane tenía un estilo de roquera pesada. Ambos asumieron que no tendrían intereses comunes de los cuales hablar. Unos años después, cuando se encontraron de nuevo en otra fiesta, Diane parecía muy diferente; había cambiado a un estilo más femenino y habló de la misma manera. John y Diane se la pasaron bien hablando de varias cosas, y naturalmente empezaron a salir. Al final, se casaron. Durante sus años de matrimonio, tuvieron algunos tiempos difíciles, pero siempre lograron aprender el uno de el otro, y crecer, estableciendo entendimiento, respeto y apoyo mutuo. Fueron capaces de respetar sus propias opiniones y desearse lo mejor.

Entonces, un día, Diane le hizo una confesión a John. Ella había adoptado un estilo más femenino cuando comenzaron a salir, para encajar con las expectativas sociales de cómo debería ser o no ser una "buena mujer" o "buena esposa". En el pasado, cuando ella se había comportado como ella quería, muchas personas la habían tratado con dureza o incluso la habían rechazado, y era doloroso. Pero en su corazón, sabía que la persona de "buena esposa" que había asumido nunca había sido su verdadera naturaleza. De hecho, tenía un espíritu rebelde y sentía la necesidad de cambiar esas expectativas sociales de las mujeres. Ella había estado reprimiendo sus deseos auténticos, y eso estaba matando su alma. Decidió abrazar su verdadera naturaleza y expresar su singularidad total y completamente.

John sabía que este día llegaría; lo sintió en sus comportamientos, y también recordó el estilo de roquera pesada que tenía cuando se conocieron. Se preguntaba lo estresante que debía haber sido para ella suprimir su verdadera naturaleza. Y él le dijo: "Por supuesto, te apoyo. Lo que sea que te haga feliz". Después de esa conversación, Diane se transformó una vez más; se afeitó el pelo por los lados, se cambió la ropa a su estilo de rock pesado, y alteró sus comportamientos y la forma en que hablaba. Ella estuvo más feliz y energizada, y John estaba feliz de verla más feliz. La pareja se amó y se confió más que nunca.

Unos años más tarde, Diane le hizo otra confesión a John. Se había enamorado de una mujer que trabajaba con ella, y sabía que quería pasar su vida con esa persona. John sabía que, desde la infancia, ella se había sentido atraída por la energía de las personas, independientemente de si eran un hombre o mujer; por lo tanto, él había temido que esto pudiera suceder. ¿Se enojó? No. ¿Estaba triste? Tal vez. Pero cuando miró a Diane que estaba expresando sus disculpas y pidiendo perdón, lo único que quería era que ella fuera feliz. Pensó para sí mismo: "No puedo obligarla a quedarse conmigo. Eso no la hace feliz, ni hace un buen matrimonio. La pregunta es, ¿apoyaría su decisión, aunque tengamos que estar separados?" La respuesta fue clara. Le dijo a Diane: "No te preocupes; no hay necesidad de pedir disculpas. Te amo, y apoyo tu decisión porque quiero que seas feliz". Se divorciaron poco después.

Lo que le pasó a Diane después de eso fue fenomenal. El cambio de relación sirvió como el último paso que necesitaba dar para liberar su autenticidad. Ella fue capaz de aprovechar los verdaderos sentimientos de su corazón, lo que le permitió activar su creatividad. Expresó su mayor creatividad en forma de productos de joyería artística y la convirtió en su propia marca de joyería. Sus productos de joyería utilizan solo piedras preciosas naturales que no están pulidas ni en curvas, por lo que las piedras representan al propietario como un símbolo de su autenticidad. Por lo tanto, sus piezas de joyería se convirtieron en una inspiración para que muchas personas abrazaran su singularidad y vieran su vida plenamente.

¿Qué le pasó a John? También cambió mucho. La forma de vida de Diane inspiró a John a vivir más fuera de lo normal. Hizo un avance en su negocio y amplió sus actividades en muchos países, que superaba la zona de confort de las expectativas sociales. Diane y John siguen en contacto, y sorprendentemente, se convirtieron en mejores amigos y siguen siendo los mayores partidarios de cada uno hasta hoy.

¿Estás expresando tu verdadera naturaleza, o estás reprimiendo algunos de los deseos de tu corazón? Debido a las presiones sociales, la gente tiende a ocultar sus deseos o a renunciar completamente, pero causa dolor y aumenta mucha frustración por dentro. Te aventuraste en este juego de la vida para expresar lo que tienes en tu corazón. Sin expresar tu verdadera naturaleza, ¿en quién te estás convirtiendo?

¿Estás expresando tu verdadera naturaleza, o estás reprimiendo algunos de los deseos de tu corazón? Debido a las presiones sociales, la gente tiende a ocultar sus deseos o renunciar a ellos.

Si tu verdadera naturaleza va en contra de las expectativas sociales, está bien. Deja de intentar ser normal. Tu verdadera naturaleza te hace única de los demás, y puedes brillar por ello. Abraza tu singularidad, exprésala completamente y siéntete orgullosa de ello. ¡Libera tu autenticidad! Si alguien te deja porque expresas tu singularidad, ¡déjalos! No los necesitas. Básicamente, dicen: "Sólo me gustarás si ocultas tu verdadero yo". Esta no es una relación basada en el amor verdadero, ¿verdad? Te mereces mejores relaciones, y atraerás el amor verdadero expresando quién eres realmente. El amor verdadero se queda contigo siempre, ya sea con un socio, familia, amigos o colegas. Te aman y te apoyan sin importar lo que pase, aunque tengas una diferencia en opiniones.

Tal vez tuviste experiencias dolorosas donde la gente te trató duramente cuando te opusiste a las expectativas sociales. J.K. Rowling fue rechazado por doce editores para su serie Harry Potter porque temían que un libro escrito por una autora no atraería a los niños. Oprah Winfrey fue despedida de su primer trabajo en una estación de televisión porque el productor decidió que no estaba apta para noticias de televisión. Bueno, estas mujeres demostraron que estaban muy equivocadas, como todos sabemos. Cuando te enfrentas a las normas sociales, no debes parar. ¡Ahí es donde se supone debes saltar! Es tan importante sanar cualquier dolor emocional que puedas tener para poder hacer realidad tus sueños.

Ejercicio: Juicios sanadores

1. Piensa en un momento en el que fuiste juzgado, criticado o rechazado por otros. Imagina escuchar los sentimientos, pensamientos y emociones de tu yo en el pasado.

2. Al terminar, envuélvelo con un abrazo.

3. Di:

> No importa lo que otros piensen de mí.

> Yo estoy a salvo, protegido y amado.

> Nada puede detenerme de convertirme en quién estoy destinado a ser.

> Yo tengo todo lo que necesito para crear la vida que quiero.

4. Pregúntate: ¿Qué aprendí de esto?

Ejercicio: Abraza tu singularidad

1. Piensa en los personajes de tu película favorita, y cómo cada uno de ellos fue representado como parte única, valiosa e importante de la historia.

2. Imagina ver tu vida como una película, con muchos individuos únicos jugando roles.

3. Pregúntate: ¿Cómo puedo hacer mi vida más colorida expresando mi única singularidad?

Dejar ir el apego

En 2009, manejé el funcionamiento en Japón de una técnica de sanación meditativa. La técnica crecía, pero nuestra audiencia era todavía pequeña; por lo tanto, mi atención se centraba en aumentar la conciencia de la gente sobre la técnica. Para lograr este objetivo, hicimos una serie de campañas de comercialización, publicaciones de libros, anuncios en sitios de redes sociales, y entrevistamos artículos con famosos en revistas, periódicos y en la radio. Fue mucho trabajo, pero creí que era esencial dar una impresión positiva de la técnica de sanación para un público más amplio en Japón.

Sin embargo, a algunos practicantes de la comunidad sanadora meditativa no les gustó. Desde su perspectiva, la campaña de comercialización estaba comercializando el carácter sagrado de la técnica de sanación y deteriorando la pureza de la enseñanza. Creían que no debíamos hacerlo un negocio. Entendí cómo se sentían, pero no estaba de acuerdo con su perspectiva. Aunque la técnica fuera muy buena, teníamos que llevar la información a un público para que pudieran estar motivados para venir con los practicantes de sanación. Además, para llevar a cabo actividades de sanación continuamente, también tuvimos que hacerlo funcionar financieramente, y el negocio era un vehículo a través del cual podíamos entregar continuamente el acto de amor a un público amplio para que la sociedad en su conjunto pudiera beneficiarse. Además, la idea de comercialización no era mi única decisión, fue un esfuerzo conjunto con la fundadora de la técnica de sanación.

Quería hablar con los practicantes que se opusieron a la campaña de comercialización y pedir su apoyo, pero nunca me hablaron directamente. En cambio, difundieron información hiriente sobre mí en sus clases, y en sus blogs y perfiles de redes sociales. Esto me hizo enojar, y me sentí tentado a defenderme, pero no lo hice. Sabía que pelear de regreso agravaría la situación, y no quise expresarme con una versión de baja vibración. Además, no podía cambiar su opinión a menos que estuvieran abiertos a discutir. Decidí dejar ir mi apego a "arreglarlos" para que pudiera centrarme mejor en hacer un buen trabajo con la campaña de comercialización.

En un par de años, los efectos de la campaña de comercialización fueron obvios para todos. Teníamos mucha más gente recibiendo sanaciones por parte de nosotros, más gente viniendo a aprender la técnica y una comunidad próspera. Sin embargo, manteníamos la pureza de la enseñanza; las preocupaciones de algunos profesionales no se hicieron realidad. Logramos crear un gran impulso.

Me preguntaba cómo la gente que me atacó estaba viendo esto. Miré sus fotos en las redes sociales, y me alegró ver que parecían tan felices de tener más estudiantes en sus clases. Cuando los vi en una fiesta, se me acercaron y me hablaron como si nada hubiera pasado, elogiando el éxito de la campaña de comercialización. Para mi sorpresa, cambiaron su perspectiva, y se volvieron más agradables que nunca.

Es natural que la gente tenga opiniones diferentes. Podemos respetar las opiniones del otro y mantener buenas relaciones. Pero es lamentable que alguien responda negativamente a tu expresión auténtica, y eso podría herir tus sentimientos. Sin embargo, no puedes obligarlos a cambiar. Tal vez tengan un recuerdo traumático que desencadena comportamientos negativos, pero eso no tiene nada que ver contigo. Necesitan curar su trauma y cambiar sus creencias y perspectivas. Esa es su responsabilidad, no la tuya. No eres responsable de arreglar a otros. Todos están equipados con la capacidad de cambiar, si es necesario. Si los persigues y tratas de probarlos o arreglarlos, desperdiciarás una enorme energía y distraerte del importante trabajo que tienes delante. Así que, te aconsejo que dejes el apego y la necesidad de probarte a ti mismo o arreglar a otros y en lugar de eso, céntrate en lo que haces mejor.

Ejercicio: Dejar ir el apego

1. Piense en un momento en que la gente te rechazó por tu singularidad, ideas o visión.

2. Pregúntate: ¿Realmente importa probarles que están equivocados?

Gratitud

Masha fue una capacitadora ejecutiva en una empresa de capacitación de liderazgo que ofreció entrenamiento privado, así como capacitación basada en cursos prácticos, prestando apoyo a los participantes para una mejor gestión de sus empresas. Desde que se unió a la compañía, soñaba con iniciar su propio negocio de entrenamiento para potenciar a la gente en diferentes países, y compartir su visión con sus colegas. A lo largo de los años, se ganó una buena reputación como entrenadora, sus clases crecieron más y sus actividades se expandieron fuera de la empresa para pronunciar discursos de apertura en grandes conferencias. Con una mayor confianza, decidió dejar la compañía y comenzar su propio negocio de capacitación para cumplir sus sueños.

Cuando Masha dejó la empresa y empezó su propio negocio de capacitación todos sus colegas estaban contentos con su decisión y ofrecieron apoyo. Su jefe, Carlos, sin embargo, no estaba feliz. Las clases de Masha atraían a muchos participantes, y fue una pérdida importante para la empresa sin ella. Además, Carlos estaba preocupado porque Masha pudiera se llevar clientes de la empresa a su nuevo negocio. Para abordar los posibles problemas, Carlos tuvo reuniones con todos los colegas. Masha había trabajado en la empresa y buscó cualquier actividad o comportamiento sospechoso de ella, notificando las posibles consecuencias de la conducta indebida de Masha o de cualquier colega implicado. Esto desanimó a sus colegas de apoyar proactivamente a Masha; todos dejaron de responder a sus comunicaciones, ya sea por correo electrónico, texto, medios sociales o llamadas telefónicas. La compañía planeó publicar un anuncio sobre su partida debido su nuevo negocio, pero fue cancelado. La empresa designó a uno de los colegas más cercanos de Masha para hacerse cargo de su carga de trabajo. En as grandes conferencias se cancelaron sus discursos de apertura sin razón. En un corto período de tiempo, desaparecieron todos los rastros de Masha en la compañía; era como si nunca hubiera existido. No anticipó nada de esto, pero comprende por qué la compañía tenía que hacerlo. Sin embargo, se sintió triste.

Por otro lado, su negocio no iba bien. Sus programas de entrenamiento sólo estaban atrayendo a unos pocos participantes para cada clase, y ella estaba perdiendo dinero. Este fue el momento en que necesitaba apoyo de sus ex colegas, pero todos dejaron de comunicarse con ella. Se dio cuenta de lo esencial que había sido recibir apoyo en la empresa anterior. Más que nada, perdió la conexión con sus colegas y participantes, la gente que la apoyó durante años. Había sido impulsada por su deseo de hacer que su propio negocio tuviera éxito, pero se dio cuenta que no significaba nada sin tener con quién compartir el éxito. Perdió todo. No sabía qué hacer. Estaba decepcionada, sola e indefensa.

Después de un tiempo, decidió aceptar la situación y rendirse. Dejó de intentar controlar la situación, pero comenzó a fluir, disfrutando de cada experiencia y haciendo lo mejor que pudo, esperando que poco a poco, encontraría gente que la apoyara, y construir así su propia base de clientes desde cero. Para su sorpresa, algunos colegas empezaron a contactarse con ella, estaban preocupados por ella y estaban dispuestos a ofrecer apoyo. Algunos participantes del pasado la encontraron en Internet y se unieron a sus nuevas clases.

Entonces, algo interesante sucedió. Después de pasar por un período de tristeza por la falta de conexión con otros, cada conexión se convirtió en valiosa para ella, y empezó a sentir mucha gratitud por cada persona que entró en su vida. Esta sensación de gratitud hacia todos era algo que nunca había sentido antes. Todavía no había mucha gente entrando en su vida, pero Masha se sentía muy agradecida y feliz de tenerlos porque venían a ella por su corazón, no por sus beneficios, necesidad o por obligación. Agradecía a la compañía anterior las lecciones y conexiones que le había dado en el pasado. Sus clases eran todavía pequeñas, pero estaba agradecida por cada participante que compartía su valioso tiempo con ella. Al conectarse con la gratitud en su corazón, ella experimentó la máxima alegría y el placer. Cada día, ella experimentó el cumplimiento de su deseo sincero, que era algo diferente de la definición real de éxito en los negocios.

Mientras Masha comunicaba públicamente su alegría y gratitud, muchas personas consideraban que sus clases eran "enseñanzas de gratitud". Las palabras se difundieron y sus clases atraían a gente de mente parecida, y finalmente, su enseñanza creció como un negocio. Después de varios años, su enseñanza se extendió a otros países, y se dio cuenta que su visión de potenciar a las personas en distintos países se había manifestado en realidad, pero había algo al respecto que no esperaba. Su negocio no enseñó a los ejecutivos a gestionar mejor sus compañías; en cambio, les enseñó a todos a vivir con alegría y gratitud. Ahora, está llena de gratitud por la compañía, gente, e incluso los momentos difíciles que pasó cuando empezó su negocio. Ciertamente, fue guiada a su destino, que estaba más allá de su imaginación.

Cuando realices un cambio en tu vida, probablemente afectará a otros de alguna manera. A veces la gente reacciona por miedo y deja tu vida. A veces las cosas no salen como esperabas, y podrías pasar por tiempos difíciles. En tiempos turbulentos, es importante dejar tu deseo de controlar todo y responder con gratitud. Agradece a la gente que pasa tiempo contigo, las cosas que te apoyan, y los desafíos que te están enseñando algo. Y cuando sigas expresando gratitud a otros y al universo, inevitablemente regresará gratitud a ti, y entonces todo lo que ocurra en tu vida te guiará al destino que buscas.

Ejercicio: Gratitud

1. Piensa en las personas a las que ves todos los días.

2. Para cada persona, piensa en alguna cualidad en ellos por la que estés agradecido.

3. En tu imaginación, dile a esta persona: "Gracias por estar en mi vida".

¡Nace un líder!

Como hemos discutido, cuando tienes una idea, visión o deseo que va en contra de las expectativas sociales, podrías experimentar algunos desafíos que te tientan a renunciar a tus ideas y a ti mismo. Sin embargo, la experiencia de la presión social te ayuda a conquistar tus miedos y activar la confianza, el valor y el compromiso de transformarte en un líder que trae cambios positivos a la sociedad a la que perteneces. La clave para superar estos desafíos incluye abrazar tu singularidad, centrándote en tu visión, disminuyendo el apego para demostrarte a ti mismo, y experimentar alegría apreciando todo en tu vida. Con la pura intención de servir a otros, la trayectoria de tu energía ajusta su curso para cruzar caminos con tu destino, lo que te permite brillar de la forma más resplandeciente para los demás.

Ejercicio: ¡Nace un líder!

1. Imagina que estás tomando un nuevo proyecto con tus ideas y visiones únicas, y otros te apoyan. ¿Qué sientes en tu corazón?

2. Pregúntate:

   ¿Qué valores se estarían creando en la sociedad?

   ¿Cómo podrían ser inspiradores para otros?

ETAPA 4. COLABORACIÓN

¿Por qué competimos?

Hace muchos años yo trabajaba para un banco de inversiones en Nueva York, ofreciendo soluciones informáticas a las empresas japonesas. En aquellos días estaba cerca del entorno de trabajo competitivo de Wall Street. Recuerdo que me sorprendió la forma en que los corredores de bolsa recibieron compensaciones según su actuación. Había mucha gente que recibía millones de dólares en bonos, algunas de ellas más de diez millones de dólares. En un momento, había un hombre que recibió treinta millones de dólares en bonos. Me sorprendió mucho oír las noticias porque sabía que el hombre no hacía ningún trabajo físicamente duro. Cada día, parecía no tener nada que hacer; sólo miraba una pantalla de computadoras y pensaba en sí mismo, absteniéndose de interactuar con otros.

Más tarde, supe que era responsable de hacer programas informáticos, o algoritmos, para utilizar para la venta de acciones que generaban beneficios máximos en cada comercio. La empresa lo contrató y accedió a pagarle una parte de los beneficios de cada transacción, que ascendía a treinta millones de dólares a finales de año. Si yo fuera él, estaría feliz con treinta millones de dólares, dejaría el trabajo para siempre, y me iría de vacaciones, pero no renunció. Continuó lo que hizo y ganó cincuenta millones de dólares al año siguiente. Alguien le preguntó cuánto tenía en su cuenta bancaria y dijo: "No me queda mucho en mi cuenta bancaria. Estoy gastando mucho dinero. Cuando haces mucho dinero, haces amistad con gente que gasta mucho dinero, y terminas necesitando más dinero para salir con ellos. Necesito seguir ganando más dinero cada año".

Mientras la empresa pagó mucho dinero a algunos empleados, había muchos que necesitaban abandonar la empresa debido a su escasa actuación. Recuerdo a un hombre que estaba a cargo de las redes de computadora de la compañía. Un día, cometió un error en configurar uno de los dispositivos de red, que hizo que la empresa perdiera medio millón de dólares. Un par de horas después del incidente fue llamado a la oficina de su jefe y fue despedido. "No te molestes en volver a tu escritorio. No hables con nadie. Enviaremos tus pertenencias más tarde," dijo su jefe. Parecía estar molesto, pero no dijo nada, simplemente se fue. El episodio completo, desde el apagado de la red hasta el despido, tuvo lugar en unas pocas horas. Me aterrorizaba ver a la gente echada de la compañía. Sentí que fue tratado sin honor ni respeto por todo el buen trabajo que había hecho, y pensé: "Hay algo terriblemente malo en esto".

La empresa clasificaba a los empleados basados en su rendimiento y determinó su compensación en consecuencia. Por supuesto, los que estaban al final de la clasificación fueron despedidos cada tres meses. Naturalmente, los empleados estaban nerviosos por su posición en la clasificación, lo que les hizo actuar por miedo. Era ridículo, pero esos comportamientos eran algo infantiles y duros, intimidantes, traicioneros, interferentes, robando, escondiendo, etc. Un año, las ventas de la empresa disminuyeron significativamente, y los ejecutivos necesitaban hacer importantes recortes presupuestarios. La dirección contrató a un ejecutivo superior y lo puso a cargo de los costos de recorte, y, por supuesto, la principal manera de reducir los costos era despedir al mayor número posible de empleados. Este período de "despido agresivo" fue una pesadilla. El nuevo ejecutivo anunció que todos los equipos de la empresa necesitaban reducir su mano de obra al mínimo, pero la forma en que lo exigía era más agresiva que "mínimo"—lo llamaba "huesos desnudos". Como resultado, a muchos empleados talentosos los tuvieron que despedir y a finales de año, el ejecutivo redujo con éxito una gran cantidad de costos, pero todavía faltaba un par de millones de dólares para las expectativas de la empresa. ¿Qué le pasó? La empresa lo despidió para alcanzar el objetivo de reducción de costos de la empresa.

Desafortunadamente, el comportamiento competitivo no es único en Wall Street. Se venera en muchas esferas de nuestra sociedad, como la educación, el deporte y las empresas. Cuando empecé mi negocio de sanación en 2008, me decepcioné por experimentar la competencia entre los profesionales de la sanación que se suponía que operaban por amor. En ese entonces, el mercado para sanar empresas era pequeño. Cada empresa promovió activamente sus servicios, que era normal, pero finalmente, las empresas comenzaron a competir entre sí. Cuando vieron otro negocio de sanación atrayendo a más clientes, se pusieron celosos, culparon al otro negocio por quitarles a sus clientes, y difundieron rumores horribles sobre ellos. En ese entonces, yo dirigía mi negocio muy bien y recibía reacciones celosas de otros negocios. Me enviaron correos electrónicos culpándome por su desgracia, dijeron cosas terribles sobre mí a mis espaldas, y publicaron falsos rumores en las redes sociales. Esto dañó mi reputación e hirió mis sentimientos; me entristeció porque solían ser mis amigos íntimos. Solíamos reunirnos y soñar con nuestras visiones; habíamos prometido apoyarnos mutuamente. Y sin embargo, cuando mi negocio creció, reaccionaron de forma diferente. Me pregunté, ¿necesito renunciar a mis amistades para tener éxito?

Según recuerdo, hubo algunas creencias que influyeron en nuestros comportamientos en un entorno tan competitivo:

- Los resultados determinan el valor de la persona.

- No hay suficiente para todos.

- Más es mejor.

- Tenemos que ganarles a otros para sobrevivir.

- El ganador prospera a expensas de los perdedores.

Estas creencias son generalizadas en nuestra sociedad. Desde el nacimiento, nos criamos en entornos que perpetuaron estas creencias. Todos actuaron de acuerdo con estas creencias, incluidos nuestros padres, miembros familiares, amigos y profesores. Estas son hipótesis no habladas en las escuelas, en los programas de cine y televisión, y en eventos deportivos. Nuestra definición de dinero, éxito y felicidad se basan en estas creencias. Sin embargo, ¿son estas verdades absolutas? ¿Esto ayuda a crear felicidad en nuestra sociedad?

La raíz de todas estas creencias viene de nuestros instintos de supervivencia, justificados por decir "supervivencia del más fuerte". Cuando los humanos vivían en cuevas, estábamos expuestos a amenazas físicas de los depredadores y necesitaban luchar para sobrevivir. También necesitábamos luchar contra otras comunidades que intentaban conquistar las nuestras. Nos volvimos sensibles a las amenazas potenciales y aumentar nuestra fuerza física para responder a ellas, lo que nos ayudó a sobrevivir y prosperar. El principio de la operación era que o ganamos todo o lo perdemos todo. Fuimos impulsados por temores, nuestro miedo a perder todo, el miedo a la hambruna, el miedo a la muerte, y el miedo a la incertidumbre. Hoy, muchos de nosotros ya no tenemos amenazas físicas de que preocuparnos, pero seguimos llevando estas creencias y temores, que influyen en nuestro deseo de significación mediante superioridad, poder, dinero, posesiones materiales, respeto, condición social y una calidad de vida más alta. La amenaza a nuestra significancia provoca agitación y causa ira, resentimiento y celos. Hay una enorme cantidad de energía dentro de estos sentimientos, y nos empoderan para tener comportamientos hostiles contra otros, empujando de lado a otros para poder subir más alto.

La búsqueda de significado y superioridad es una batalla sin fin porque no importa cuánto adquieran, siempre hay alguien más que tendrá más, y nunca tendrás la satisfacción que deseas. Porque luchas sólo por tu propio beneficio y dejas de lado a otros, construyes barreras emocionales contra otros y no logras establecer conexiones profundas. Por lo tanto, aunque consigas significación y superioridad, será a expensas de la felicidad. ¿Cómo puedes ser realmente feliz sin conexiones profundas con otros?

Cuando algunas personas son severamente derrotadas en la competencia, se rinden a sí mismas y permiten que el miedo domine su vida. Se sienten impotentes y desesperados, y se vuelven depresivos. Se pusieron en una mentalidad de víctima, pasando su vida quejándose, lloriqueando y sintiendo autocompasión. Esto hace que se produzca una experiencia muy difícil, pero también es una gran oportunidad para superar los temores, salir de la ilusión de "supervivencia del más fuerte", y reorientar sus vidas a un propósito más alto. Para ello, necesitan sanar el dolor de su pasado, conquistar sus miedos, y reconectar con sus recursos internos para crear cualquier realidad que deseen.

A medida que conquistas tus miedos y liberas el deseo de significación, podrás participar en cualquier competencia con una energía totalmente distinta. Ya no competirás con otros; competirás contigo mismo. Tu intención será aumentar tu nivel de excelencia para sacar lo mejor en las competencias, y tomarás a otros para aumentar tu motivación, abrazar sus diferencias y apuntar a una excelencia superior. Con esta mentalidad, una competencia se convierte en un esfuerzo de colaboración para sacar la mayor expresión posible de nuestro ser. Esto es lo que yo llamo una "competencia sana". Podemos encontrar muchos ejemplos de este tipo en algunos atletas de arriba. Por ejemplo, la rivalidad entre Cristiano Ronaldo y Lionel en el fútbol profesional de España empujó a los dos atletas a un nivel de maestría que uno no podría haber alcanzado sin el otro. Después de dejar España, Cristiano dijo que su rivalidad de larga duración con Lionel lo convirtió en un "mejor jugador". Si tienes a alguien con quien puedes competir de una manera sana, es un regalo del universo para ayudarte a alcanzar la excelencia. Aunque se presente como una competencia, es una colaboración en su esencia, y la experiencia puede ser profundamente satisfactoria para ambas almas.

Te aventuraste en este juego de la vida para crecer espiritualmente, ayudar a otros a crecer, y disfrutar de experiencias físicas. Puedes trabajar en tu misión solo y hacer muchas cosas grandes en la vida, pero puedes hacer cosas aún mayores a través de la colaboración. Esta es la clave importante que se basa en grandes éxitos, ya sea en negocios, deportes o cualquier otra actividad. Cuando uno une fuerzas con otros que comparten la misma visión, su energía amplifica y su visión se expande aún más, y juntos, pueden crear un impulso imparable que manifieste la visión compartida en realidad. De esta manera, puedes experimentar la máxima alegría y satisfacción con otras almas y hacer una gran diferencia en la sociedad.

Ejercicio: Competencia

1. Intenta imaginar el momento en que tu alma vuelve al reino espiritual, y todas tus posesiones materiales, logros y fama quedan atrás. Ahora existes como alma, una conciencia pura en un mundo de tiempo y espacio infinitos.

2. Pregúntate: como alma, ¿qué es más importante para mí que competir con otros?

Miedo del ataque

Annette estaba tan feliz y orgullosa cuando fue nombrada representante de una técnica de capacitación ejecutiva para supervisor a los capacitadores certificados en su región. Se había ganado esta posición; había construido una buena reputación como entrenadora altamente considerada en su región y asumiendo la responsabilidad de promover la técnica de los mejores ejecutivos de la región. El "Representante regional" fue un papel recién creado, y había mucha incertidumbre, pero estaba comprometida a dirigir la comunidad de entrenadores y de hacer un impacto positivo en la sociedad. Sus compañeros entrenadores la felicitaron por su nuevo papel y expresaron su emoción; muchos le ofrecieron apoyo, así como solicitudes para manejar la comunidad: establecer normas, protocolos, funciones y responsabilidades, comercialización proactiva, atender las necesidades de formación, etc. Le complacía recibir estas solicitudes, ya que demostró que todos querían hacer que la organización tuviera éxito. Su primer gran proyecto en el nuevo papel era invitar al fundador del método de capacitación de la región y organizar una serie de talleres para los entrenadores locales.

Cuando abrió la inscripción para los talleres, se desconcertó. La inscripción era muy lenta, sólo unas pocas inscripciones cada día. Todos los talleres previstos son populares, y muchas personas han estado pidiendo los talleres durante años, pero sólo un pequeño número de personas se está inscribiendo. "¿Qué está pasando?" se preguntó. Anette y su equipo hablaron con otros capacitadores, preguntándoles por qué no se habían inscrito y descubrieron la razón. Alejandro, un capacitador muy popular y respetado de la región, y su gran número de seguidores no estaban interesados en los talleres de ese año.

No estaban contentos con que Annette asumiera el papel representativo y difundieron rumores sobre ella, diciendo que no estaba calificada para el puesto por su falta de experiencia y habilidad, y su atención en la comercialización. Creían que Annette estaba restando los valores originales de la técnica comercializando demasiado. Creían que Annette debía renunciar inmediatamente, y Alejandro debía tomar la posición, y no participarían en los talleres hasta que eso sucediera.

Esto fue sorprendente para Annette. Creía que a todos les daba gusto que ella tomara el papel, pero no era así. En el pasado había aprendido de Alejandro, y respetaba su enseñanza y su contribución a la comunidad. Ella sabía que tenía más experiencia y habilidad que ella, pero quería contribuir, entregando enseñanzas puras a un público más amplio a través de la comercialización. Además, el papel representativo fue la decisión del fundador, no la suya. Su papel fue una sorpresa para ella también. También estaba sorprendida que sus capacitadores estuvieran en su contra. Estudiaron con ella, y habían sido buenos amigos, pero ahora estaban en su contra. Ella pensó que eran felices y que serían de apoyo, pero no lo eran. Annette se dio cuenta que había perdido contacto con sus amigos más cercanos, y estaba triste cuando descubrió que todos la estaban dejando. Con estos pensamientos, sentía profundo dolor en su corazón; se sintió atacada, triste, sola y algo culpable. ¿Por qué culpable? Porque ella le quitó el papel a su profesor, Alejandro, aunque no era su intención.

Fue entonces cuando vino a mí en busca de consejos. En el pasado había tratado muchas situaciones similares y había experimentado ambas partes. Cuando estaba en los zapatos de Annette en otras situaciones, me sentí decepcionado, atacado y solo, así que entendí muy bien su dolor. Trabajé con ella para cambiar la situación hacia algo mejor.

En primer lugar, tuve que ayudar a Annette a darse cuenta que no había hecho nada malo. Ella había estado trabajando en beneficio de la comunidad de capacitadores y de la sociedad, y la fundadora quería que siguiera haciendo esas mismas contribuciones en un puesto de dirección, lo que exigía más un enfoque de gestión que de un entrenador. Esto no era para desacreditar a otros entrenadores, ni se suponía que la hiciera superior a otros. Fue una pena que a algunas personas no les gustara la decisión, pero fue la decisión del fundador, no la suya. Podría pararse erguida y estar orgullosa de su papel sin sentir culpa.

Lo que le causaba más dolor fue este sentimiento de culpa. Normalmente, era lo suficientemente inteligente para poder alejar todas las reacciones ofensivas de otros con razonamiento y compasión efectivos. Sin embargo, el sentimiento de culpa le mostraba la ilusión que todos la dejaban, causando que se sintiera triste y sola.

La sensación de culpa venía de una experiencia dolorosa que había tenido durante sus días de escuela, cuando sus compañeras de clase estaban celosas de su popularidad entre los chicos por su apariencia. La dejaron sola en aquel entonces y no tenía chicas con las que pudiera hablar, y había experimentado tristeza y soledad. Se sentía culpable porque no creía que merecía popularidad. Sin nadie más con quién hablar y confiar en la escuela, ella hizo todo por sí misma y estudió mucho. A lo largo de los años, se desenvolvió muy bien académicamente, y se convirtió en una persona independiente y capaz a una edad temprana. Mientras recordaba todas estas cosas, se dio cuenta que los sentimientos de culpa y soledad la motivaban a trabajar y estudiar más. Decidió que ya no los necesitaba, y dejó de sentir esos sentimientos negativos.

En segundo lugar, no había necesidad de hacer nada. Annette no necesitaba hacer nada por las personas que estaban reaccionando negativamente ante su nuevo papel. Si intentaba enfrentarse a ellos y responderles negativamente, agravaría la situación. Todos merecían tener sus opiniones. Si no pudieron apoyar la decisión del fundador, era su problema, no el suyo. Esos comportamientos negativos fueron desencadenados por su miedo, y había lecciones que debían aprender. La situación le daba la oportunidad de aprender y crecer, y no había nada que Annette pudiera hacer al respecto. También necesitaba entender que sus comportamientos negativos no eran su verdadera naturaleza. Una vez que aprendieran sus lecciones, regresarían a quienes eran verdaderamente, y serían sus amigos nuevamente. Algunas personas podrían aprender rápidamente, otras podrían tomar más tiempo, y otras podrían tomarse una vida para aprender. Está bien. Todos tienen su propia curva de aprendizaje. Lo que podía hacer era confiar en que todos tenían la capacidad de aprender sus lecciones por sí mismos y volverían a ser gente más amable algún día.

Tercero, lo mejor que podía hacer era ser guiado por una visión. En lugar de enfrentarse a Alejandro y sus seguidores, podría dirigir la comunidad mostrando una visión futura y promoviendo la necesidad de colaboración, para que pudieran tener un propósito compartido y trabajar juntos. Si ella quisiera, podría invitar a Alejandro a colaborar con ella como ejemplo que otros podrían seguir. De esa manera, podría ayudar a la comunidad a crecer más allá de la competencia y establecer la colaboración para que pudieran crecer juntos como un equipo. Esto guiaría a la comunidad en la dirección correcta.

Ejercicio: Sanando el miedo al ataque

1. Piensa en un momento en que fuiste atacado por alguien física, verbalmente o de cualquier otra forma. Abrázate como eras entonces y di: "Estás bien. Estás a salvo. Estoy aquí para ti. Te amo".

2. Imagina un hermoso sol más allá de las nubes de pensamientos negativos y emociones en tu mente.

3. Di a ti mismo: soy fuerte, magnífico, poderoso e invencible.

4. Pregúntate: En lugar de eso, ¿Qué tipo de relaciones quiero en mi vida?

Celos

Alejandro tenía sentimientos encontrados cuando Annette fue nombrada representante de la técnica de entrenamiento ejecutivo. Sí, a Annette le iba muy bien en su negocio, pero para Alejandro ella todavía era una junior, y él no vio las cualidades de un líder en ella. Además, le preocupaba que Annette se centrara demasiado en ganar dinero y perdiera de vista el mantenimiento de la pureza del método de capacitación, dando así una impresión errónea al público en general.

Por otra parte, Alejandro llevaba años trabajando duro para comenzar a difundir la técnica desde cero, y había capacitado a casi todos los entrenadores experimentados de la región, incluida Annette. No entendía por qué el fundador eligió a Annette sobre él. Considerando sus contribuciones anteriores, él debería ser el que asuma el papel, no Annette. Se enfadó y se resintió porque era como si Annette le quitara la posición. También estaba celoso de que el fundador eligiera a Annette sobre él, era como si al fundador le gustara más. Se dijo: "Annette debe haber hecho algo para engañar al fundador para que asumiera este papel". Sentía que la decisión era injusta y errónea, y se sentía decepcionado, no respetado, ignorado e incluso abandonado.

Los seguidores de Alejandro también estaban decepcionados. Estaban enojados con Annette por tomar su posición, y sentían que la decisión afectaba al profesor. No podían aceptar a Annette como líder porque pensaban que no tenía suficiente experiencia ni habilidad. Estos sentimientos nublaron el juicio de Alejandro y sus seguidores, y ahora, sólo buscaban información para apoyar sus sentimientos, filtrando toda otra información que demostrara lo contrario. Alejandro y sus seguidores nunca querían participar en lo que fuera que Annette hiciera. Empezaron a hablar con el fundador directamente para cambiar la decisión y poner a Alejandro en la posición de Annette.

Entonces, el fundador vino a mí por consejo. Cuando estaba en los zapatos de Alejandro en otras situaciones, me decepcioné y me sentí insultado, abandonado, faltado al respeto, así que entendí muy bien su dolor. Trabajé con él a través del fundador para cambiar la situación y así mejor.

En primer lugar, Alejandro no había hecho nada malo. Su contribución a la comunidad fue bien vista por el fundador y por todos. Por otro lado, Annette tampoco había hecho nada malo. Su contribución a la ampliación del público mediante la comercialización también fue considerada como algo positivo. Fue la decisión del fundador de nombrar a Annette para el papel representativo debido a su dedicación en impulsar el crecimiento de la comunidad. No era para desacreditar a Alejandro de ninguna manera; el nivel de respeto y gratitud que tenía el fundador no cambió.

En segundo lugar, Alejandro necesitaba sanar su dolor. Le pregunté cuándo sintió esos mismos sentimientos, y después de la contemplación, se dio cuenta que esos sentimientos venían de su experiencia cuando era niño, cuando tenía unos cinco a diez años. En ese entonces, su padre siempre favorecía a su hermano Carlos, y no le prestaba mucha atención. Incluso cuando Alejandro trabajó duro tenía buenos resultados en la escuela, su padre aún no pasó mucho tiempo con él, y en cambio favorecía a Carlos. Esto hizo que Alejandro se sintiera decepcionado, no respetado, ignorado y abandonado. En esos días, siempre tuvo que competir contra su hermano para obtener la atención de su padre, y la perdió una y otra vez. Se dijo: "No importa lo bien que lo haga, no es suficiente para que otros me amen". Esto lo motivó a trabajar aún más duro en sus estudios en la escuela, y más tarde, le ayudó a lograr mucho en su vida profesional, aunque su miedo a no ser respetado por otros persistía.

Mientras me hablaba, empezó a recordar los buenos recuerdos de cómo fue respetado, reconocido y apreciado por otros. Recibió premios honorables, y tenía muchos seguidores. Luego, se dio cuenta que no tenía que preocuparse más por ser respetado. Ya era amado por quién era, independientemente de sus logros, fama o posición. No tenía sentido estar celoso de Annette por asumir el papel de liderazgo porque no había nada que fallar o perder. Con esa conciencia, los sentimientos de decepción, falta de respeto y abandono se derritieron en su corazón, y pudo perdonar a Annette, a su padre y a su hermano, y a sí mismo, por permanecer atrapado en esa ilusión de miedo durante tanto tiempo. Esta vez, se dijo a sí mismo: "Soy amado por todos. No necesito competir más. Estoy libre del miedo a perder el amor".

En tercer lugar, Alejandro tuvo que dejar de lado el hábito de la competencia. La idea que las personas que luchan por una posición no tenían sentido a la luz del propósito más alto de la comunidad de hacer buenas obras en la sociedad. Alejandro había estado trabajando para la comunidad, y Annette también. Eran aliados trabajando juntos para alcanzar el mismo objetivo. Le pregunté: "¿Es constructivo seguir compitiendo? ¿O es mejor colaborar y hacer algo grande juntos?" Por supuesto, su respuesta fue la última. Decidió dejar el deseo del ego de significar, ser una persona más grande, apoyar la decisión del fundador y centrarse en colaborar con todos los de la comunidad. Entonces, entendió que Annette sería el mejor talento para crecer la comunidad, y se alegró por ella y estuvo más dispuesto a cooperar y colaborar con ella. Al liberar su pasado, pudo comprometerse a convertirse en un gran ejemplo de colaboración y ser el cambio que deseaba ver en el mundo.

Ejercicio: Sanando los celos

1. Piensa en un momento en el que te sentiste celoso de alguien.

2. Imagina abrazarte y decir: "Estás bien. Estás a salvo. Estoy aquí para ti. Te amo. Eres especial, apreciada y valiosa. Eres libre".

3. Imagina un hermoso sol más allá de las nubes de los pensamientos negativos y las emociones en tu mente

4. Di a ti mismo: "Puedo crear lo que quiera en mi vida. Todo lo que necesito está dentro de mí ahora".

5. Pregúntate: ¿Cuál sería la mejor versión de mí que brilla de verdad?

Colaboración y prosperidad

Muchos de nosotros hemos participado en competencias e invertido enormes cantidades de energía en forma de estrés, nerviosismo, preocupación, ira, celos o desesperación. Supongamos que puedes cambiar todo esto, ¿cómo te gustaría experimentar tu energía en lugar de eso? La forma más significativa de experimentar tu energía es alineando tu energía con una visión que resuena con tu corazón, y que te da felicidad, alegría y satisfacción. Además, ¿y si tuvieras gente en tu vida que compartiera tu visión y trabajara contigo? Al unir fuerzas con ellos, la energía aumentará exponencialmente, y la visión se ampliará en beneficio de muchos otros. Así es como podemos crear prosperidad en nuestras vidas. Tómate un momento para visualizar lo que quieres en tu corazón y manifestar tu prosperidad.

Ejercicio: Colaboración y prosperidad

1. Imagina que todos tus competidores se conviertan en tus aliados. Actúan en un principio de "uno para todos, todos para uno", colaborando para una visión y un objetivo compartidos.

2. Pregúntate: ¿Qué puede ser posible con este tipo de equipo?

ETAPA 5. ABUNDANCIA

¿Qué es la abundancia?

La abundancia significa tener más que suficiente de algo, pero esta definición invita a varias interpretaciones. ¿Qué significa abundancia para ti?

Antes de comenzar a meditar y las actividades de sanación, la abundancia significaba tener más que suficiente dinero y posesiones materiales, y creí que esas cosas me harían feliz. Por lo tanto, estaba motivado por adquirir ropa bonita, un coche, una residencia y dinero. Cuando cumplí treinta años y había adquirido todas esas condiciones materiales para la felicidad, me di cuenta que no me hacían feliz, al menos no en mi corazón. Claro, tenía muchas cosas y dinero en mi vida, que representaban una calidad de vida más alta en el exterior, pero no sentí que mi yo interior tuviera una calidad de vida superior. Si la abundancia monetaria no me hace feliz, ¿qué implica? Había algo fundamentalmente mal en mi definición de abundancia.

En mi búsqueda de "abundancia real", me di cuenta por primera vez que los deseos de posesiones materiales provenían de temores. Por ejemplo, tenía miedo de ser inferior a otros; por lo tanto, quería tener ropa bonita, un coche y una residencia para que me viera mejor. Quería viajar al extranjero para tener experiencias más agradables que otras. Temía lo que podría suceder en el futuro porque no tenía confianza en mí mismo, así que quería tener mucho dinero para mantener mi calidad de vida. Sin embargo, como hemos debatido en capítulos anteriores, estos deseos basados en el miedo eran ilusiones. No necesitaba compararme con otros, y no tenía que preocuparme por mi futuro. Todo lo que necesitaba estaba dentro de mí, y esas cualidades están infinita y eternamente disponibles.

Ahora, aquí hay una gran pregunta. Cuando dejé pasar todos esos miedos e ilusiones, ¿qué querría yo en cambio? Aprendí la respuesta de una manera extraña. Hace varios años, recibí un mensaje de un hombre muy rico, diciendo que me daría una donación de diez millones de dólares. Dijo que estaba muriendo y que quería usar su dinero para buenos propósitos. Me sorprendió, pero acepté la oferta. Mientras estaba organizando los detalles administrativos con él, empecé a fantasear sobre cómo usaría el dinero, trasladarme a una oficina mejor, contratar empleados talentosos, invertir en un proyecto más grande, o dar dinero a mi familia y amigos como señal de gratitud. Me di cuenta en ese momento que todos mis miedos se habían ido, y estaba visualizando todas estas ideas por pura alegría y felicidad, activando buenas intenciones en mí mismo, logrando una mayor excelencia en mi negocio, creando oportunidades para otros, ofreciendo mejor servicio a otros, expresando gratitud, etc. Me di cuenta que mis hombros estaban relajados, mis pulmones respiraban más fácilmente, y mi corazón estaba abierto. Pero después que completé un examen de antecedentes del hombre rico, supe que la persona no existía; ¡era una estafa! Me sorprendió y me decepcionó, pero no me enojé porque todavía estaba en ese estado de alegría y satisfacción, fantaseando con todo lo que quería sin temor; fue un sentimiento increíble. Decidí entonces que debía mantener ese increíble sentimiento sin necesidad de esperar a que llegara una gran cantidad de dinero, y debería confiar en mí mismo y trabajar en todas esas grandes ideas. Así que, la respuesta a la pregunta era, cuando dejé ir esos temores e ilusiones, experimentaría mayores cualidades virtuosas en mi vida ganando mayor excelencia, siendo de mejor servicio a otros, y expresando mucha gratitud. La ausencia de miedo activó esas cualidades virtuosas en mí mismo, y experimenté un sentimiento tan alegre.

¿Qué es la abundancia? Esta es mi definición a la luz de la Teoría del Juego de Vida. La abundancia es un estado de ánimo para creer que hay más que suficientes recursos para activar las mejores cualidades en ti mismo, en otros, y todo a tu alrededor. Por ejemplo, experimento abundancia cuando veo a mis clientes de sanación transformarse en un estado ingenioso y cuando sus caras se iluminan con hermosas sonrisas durante una sesión privada. Experimento abundancia cuando me toca la historia de alguien. Tengo muchos amigos que son tan amables y me apoyan, y activan mi confianza y valor, que es la abundancia. Experimento abundancia en mi acogedora residencia porque me da paz, consuelo y relajación. Visitar el Gran Cañón es siempre una experiencia abundante para mí debido a su magnificencia y maravilla.

Estas cualidades superiores son algunos de los muchos aspectos de la mayor presencia posible en el universo, Dios, Creador de Todo lo que es, o como lo llames. Como ya hemos hablado antes, todos estamos en un viaje de alma para volver a nuestro origen, la presencia de Dios. Como parte del viaje, te aventuraste a este juego de la vida para crecer y experimentar un mundo físico. La abundancia es una forma de vida para abrazar y apreciar todo lo que existe en el mundo y ver las cualidades de Dios en ti mismo, cada ser viviente y cada objeto inanimado, sabiendo que hay más que suficiente para todos y todo lo que puede expresar tu mayor potencial.

Cuando experimentas abundancia, atraes más abundancia. Esa es la Ley de Atracción. Si sientes elegancia mirando flores hermosas, atraes más de esa elegancia a tu vida. Cuando disfrutas de un entorno de alta calidad en tu vida, cosas como un sofá cómodo, luces relajantes de la chimenea, y una manta caliente, atraes más de esas cualidades de comodidad, relajación y calidez. Cuando haces algo amable por alguien, recibes amabilidad de otro. Si experimentas alegría y gratitud dándole, atraerás esa misma energía al recibir.

Estos son los momentos y las oportunidades que activan tus mayores cualidades virtuosas, sacando la mejor versión de ti. Lo que atraigas depende de qué acontecimientos, objetos o que personas sientas que tienen altas cualidades. Si la abundancia significa tener más cualidades de paz y calor en tu vida, atraerás lo que te haga sentir paz y calor; quizá sea un vecindario tranquilo, vecinos amistosos y un sofá cómodo. Pero si determinas que tu abundancia es tener elegancia y perfección, quizá atraigas cosas como lujosas residencias, ropa de alta calidad, y personas con comportamientos elegantes e integridad. Por supuesto, puedes determinar lo que significa abundancia para ti incluir todos estos y mucho más. Puedes experimentar abundancia a tu propia manera.

Ejercicio: Abundancia

1. Piensa en un momento en el que experimentaste la versión más elevada y mejor de ti mismo.

2. Pregúntate:

   ¿Qué cualidades estaban presentes?

   ¿Qué me permitió encarnar esas cualidades?

Sabiendo

Es esencial saber que la abundancia es la verdadera naturaleza de la vida. Incluso si las cosas que posees hoy parecen limitadas, no determinan tu futuro. Lo que realmente importa es tu cualidad interior porque tu vida externa es un reflejo de tu vida interior. Puedes manifestar lo que quieres en tu vida con el poder de tus cualidades internas, y están infinitamente disponibles. Cuando te encuentras en una situación difícil, tus posesiones materiales no son lo que te dan una solución, sino tus cualidades, como la creatividad y el ingenio, son las que resuelven el problema. Cuando estás apuntando a un objetivo desafiante, no son tus habilidades o habilidades físicas las que determinan el resultado, sino tu fuerza interna, confianza y perseverancia es lo que te lleva a superar el reto y así desafiar las probabilidades para que las cosas sucedan.

Si alguna vez has sentido que tu vida fue controlada por otras personas o tu medio ambiente, no es verdad. Las cosas materiales no conducen tu vida, tus cualidades internas lo hacen. Si aceptas que eres víctima de tu entorno, funcionará de esa manera. Pero si determinas que siempre tienes la opción y el poder de cambiar la situación actual para mejor, puedes ser el creador de algo grande en tu vida. Simplemente necesitas activar tus cualidades creativas dentro y tener una visión de lo que quieres crear para ti mismo.

Para activar una cualidad interior, simplemente debes recordar el momento en que experimentaste la cualidad antes. Por ejemplo, puedes recordar un momento en el que te sentiste el más fuerte y el más confiado, para sacar esos sentimientos en este momento y utilizarlos para tratar la situación que tienes delante. Nuevamente, estas cualidades son infinitas. ¿Se acaba tu amabilidad si eres amable con los demás muchas veces? No. ¿Tu imaginación está limitada por el espacio físico de tu mente? No. No hay limitación en el espacio ni en el tiempo de tu mente. No hay limitación a tu imaginación ni a otras cualidades internas.

A veces necesitas activar cualidades que nunca has experimentado antes. Aún puedes sacar la cualidad aprendiendo de la historia de otra persona a través de un libro, una película o escuchando a alguien hablar. ¿Alguna vez te has sentido fuerte y vibrante después de ver una película de acción? ¿Alguna vez has sentido amor y compasión después de ver una película romántica? Cuando aprendes las cualidades virtuosas más altas de la experiencia de otra persona, puedes sentirlas y activa las mismas cualidades en ti. Mientras practicas demostrando estas cualidades en tu vida, puedes encarnarlas como tuyas, y se convertirán en parte de ti.

Tienes todas las cualidades virtuosas disponibles dentro de ti, y están infinita y eternamente disponibles. Son los recursos reales que usas para crear lo que quieres en tu vida. Tienes todos los recursos que necesitas, y son más que suficientes. Esa es la verdadera naturaleza de la vida.

Co-creación

Así como se descubrió la física cuántica, todo tiene potenciales de diversas cualidades esperando ser expresadas. En el momento en que un observador elige la calidad de observar, se expresa en consecuencia. En otras palabras, las cualidades que se expresan por un objeto frente a ustedes dependen de lo que elijan observar en ese objeto. En ese sentido, estás co creando la realidad con el objeto.

Digamos que tienes un coche que has tenido durante los últimos diez años. Te dices a ti mismo, oh, este auto se está haciendo viejo. Es ruidoso y casi se desmorona. Mientras enciendes el motor, tu pensamiento está confirmando por el ruido inestable del motor y el movimiento tembloroso del coche. Pero al día siguiente, alguien en quien confías te dice que tu coche es increíble, estable y fuerte, incluso después de diez años, y seguirá siendo útil durante otros diez años. Entonces, tu atención cambia, y empiezas a notar la estabilidad y la fuerza del coche.

Tus experiencias están influenciadas por lo que eliges observar o prestar atención. En cada momento, estás co-creando tu realidad con todo lo que te rodea, y esto también se aplica a los humanos. Digamos que tienes un empleado que recientemente cometió un error y actuó mal. Cuando te reúnes con esta persona como su representante, podrías haber tenido la tentación de culparlo por su error, pero sabías que no ayudaría en absoluto a la situación. En cambio, decides comenzar la conversación diciendo: "Sé que tienes una gran integridad y precisión y eres capaz de trabajar. Te agradezco que estés en mi equipo, pero el reciente incidente no ha demostrado estas cualidades. ¿Qué forma habría para seguir actuando en su mejor momento?" Al indicar las buenas cualidades de esa persona, le estás ayudando a sacar esas buenas cualidades para ayudar a resolver la situación, en lugar de mencionar sus cualidades basadas en el miedo que les hacen defenderse.

Todo tiene potencial de expresarse de diferentes formas en cada momento, y tienes una opción y el poder de sacar lo que quieres de tu entorno. Tu elección como observador determina la expresión de un objeto/persona y filtra todas las demás posibilidades.

Desafortunadamente, la gente toma esta decisión subconscientemente, en piloto automático. Las decisiones subconscientes se toman basadas en las creencias y perspectivas que has aprendido de tu medio ambiente, y no necesariamente te sirven. Si crees que alguien es malo por un rumor, automáticamente eliges observar el aspecto medio de la persona, y eso dibuja su naturaleza "media". En este caso, tus experiencias han ido en piloto automático. A menos que dejes conscientemente esto, seguirás dejando que tus creencias y perspectivas impulsen tu realidad, basado en lo que aprendiste de tus padres, familia, maestros, amigos, etc.

Con piloto automático, todavía puedes experimentar abundancia rodeando a la gente y cosas que crees que están expresando cualidades superiores, de modo que activen cualidades superiores en ti. Por ejemplo, se puede llevar ropa bonita para experimentar elegancia, integridad y consuelo; se puede viajar al extranjero para experimentar la maravilla y magnificencia de la naturaleza; y se puede hacer inversiones o donaciones y experimentar la alegría, utilizando los recursos financieros en beneficio de otros. De esta manera, las posesiones materiales y el dinero pueden ser buenas herramientas para activar y expresar tus mejores cualidades; sin embargo, esta abundancia es limitada. No puedes salir del confinamiento de tus creencias y perspectivas cuando co-creas en piloto automático. Cuando te encuentras con cosas y personas de las que no te gusta su sistema de creencias, extraerán tus vibraciones más bajas y activarán así tus cualidades bajas, como el estrés, la ira, el odio o el rechazo. Esto te sacará inmediatamente de la experiencia de abundancia.

Para seguir experimentando abundancia en tu vida, tienes que dejar de correr en piloto automático, y conscientemente co-crear tu realidad. Esto no tiene que ser difícil; simplemente significa elegir ver el bien en todo y todos los que se te acercan. Al ver buenas cualidades en otros, permites que esas cualidades salgan en ti. Puedes practicar esto viendo buenas cualidades en prácticamente todo lo que encuentras. Por ejemplo, digamos que estás corriendo afuera, y empieza a llover. Podrías decir: "¡Dios mío, esta lluvia arruina mi día!" Pero en cambio, puedes elegir el lado positivo de la lluvia y decir: "Gracias a la lluvia, mi cuerpo se refrescará bien, habrá menos gente en la carretera, y puedo correr más rápido y tener más alegría que nunca". Los cielos azules te dan una sensación refrescante, las flores hermosas te animan, las ardillas en el parque muestran ejemplos de rapidez, y el sol que atraviesa las hojas de los árboles te anima a hacer lo que amas en tu vida.

Incluso cuando no puedes cambiar los aspectos físicos de tu entorno, puedes cambiar los valores que ves en ellos. El valor, el significado y las cualidades de las situaciones son un reflejo de tu elección como observador, e influyen en la calidad de tu vida interna. Si puedes ver cualidades más altas en las cosas y las personas a tu alrededor, le das un sentimiento de abundancia, y podrás atraer más de la misma energía en tu vida. Mientras creces espiritualmente, puedes elegir ver lo "bueno" en más cosas y personas a tu alrededor, lo que te ayuda a experimentar más abundancia en tu vida.

El acto de dar

El acto de dar amplifica la abundancia en tu vida. Activa muchas cualidades virtuosas y te da la alegría de experimentar la mejor versión de ti.

Por ejemplo, a veces experimentamos desafíos difíciles en nuestras vidas. No es fácil mantenerse positivo cuando uno se encuentra en situaciones, como los desafíos sanitarios, perder un trabajo o negocio, estar en una relación miserable o perder seres queridos. Cuando ves a alguien pasando por situaciones tan difíciles, puedes ofrecer apoyo. Puedes sentarte con la persona y escucharlos, llorar con ellos, o darles un abrazo. Puedes compartir algunos alimentos o bebidas, dar regalos, o incluso ofrecer apoyo financiero, si los consideras apropiado. El dinero no puede comprar la felicidad, pero puede ayudar a resolver los problemas a su manera.

Ofrecerse a sí mismo o tus recursos activa tus mayores cualidades cuando hay una intención de beneficiar a otros, ayudar a otros a crear felicidad o aliviar su sufrimiento. Activa cualidades virtuosas, como la bondad, la compasión y el altruismo, que le permiten experimentar la alegría de expresar la versión más alta de sí mismo. El acto de dar claramente demuestra que tienes más que suficiente de algo para compartir con otros. Además, recibes la mayor alegría al poder utilizar tus recursos en algo que se alinea con tus valores importantes.

Por esto, recibes más que suficiente alegría por el acto de dar, y no necesitas nada a cambio.

Cuanto más practiques el acto de dar, tanto pequeño como grande, más experimentarás alegría, lo que ampliará la abundancia en tu vida.

Gratitud

Hace años, cuando experimenté mi Noche Oscura del Alma, uno de los mensajes que recibí de mi corazón fue: "No estás solo" así que pensé, ¿qué significa eso? Me hacía esta pregunta todos los días. La respuesta me llegó de una manera sorprendente. Sucedió cuando salía y noté una hermosa flor en la acera. En ese momento, noté que estaba recogiendo una energía positiva de la flor; era una energía refrescante, energizante y esperanzadora. Después, al siguiente momento, me di cuenta que quizá no era que yo estuviera recogiendo la energía, pero la flor me estaba enviando la energía positiva para alentarme y potencializarme, para ayudarme a superar mi situación. Me sentí tan agradecido por recibir tan agradables sentimientos de la flor. Sentí que importaba.

Este pensamiento lo cambió todo. Busqué otras cosas que podrían estar enviándome energía. Miré hacia arriba y encontré un cielo azul hermoso con suave sol. Sentí que el cielo estaba entregando sentimientos pacíficos y empoderando mi corazón, y me volví tan agradecido por lo que el cielo me estaba dando. Del mismo modo, empecé a estar agradecido por cada interacción que tuve con otras personas. Sentí calor en mi corazón cuando un empleado de una cafetería me saludó con una voz alegre y me sonrió. Me sentí amado cuando recibí una llamada de mi familia y amigos cercanos. Me sentía más conectado a otros cuando interactué con ellos en redes sociales. Busqué más y encontré muchas otras cosas que me estaban ayudando, árboles, insectos, perros, gatos, una brisa suave, etc.

Pasando un día sintiéndome agradecido por las pequeñas cosas en la vida, pensé, vaya, son muchas las cosas que me están ayudando a experimentar la felicidad. No lo pedí y no reciben nada a cambio de mí, pero lo hacen de todos modos. Me siento cuidado y abrazado. No estoy solo. Me siento amado.

El mensaje era correcto, nunca estoy solo. De hecho, no puedo estar solo. En ese momento, había un aumento de gratitud en mi interior, como una luz extremadamente brillante que estaba en mi corazón. El sentimiento de gratitud era tan poderoso que alejó todas las emociones oscuras de mi mente. Me dije a mí mismo: "No estoy solo. Soy uno con todos y todo. Me siento amado. Agradezco esta oportunidad de vivir esta vida". Esta realización me permitió experimentar abundancia en la vida y saber que había mucho amor alrededor de mí.

Para crear abundancia en tu mundo exterior, primero necesitas sufrir abundancia en tu mundo interno. El primer paso es experimentar gratitud por lo que ya tienes en este momento. Debido a nuestros instintos de supervivencia, estamos conectados a buscar peligros potenciales, y por lo tanto, tendemos a centrarnos en lo que no es suficiente, lo que provoca pensamientos y acciones basadas en las creencias de escasez. Para experimentar abundancia, debes volver a conectarte para buscar lo que es suficiente en tu vida diaria. Una forma fácil y eficaz de hacerlo es hacer que sea una práctica diaria buscar gratitud en tu vida. Cada noche, antes de dormir, recuerda lo que pasó durante el día y cuenta diez cosas por las que estás agradecido. Esto te ayuda a crear un hábito de buscar cosas buenas en tu vida en vez de intentar encontrar algo que está mal, y te ayuda a construir una fe y confianza más fuertes en tu vida.

Cuando practicas la gratitud diaria lo suficiente, resulta más fácil encontrar cosas que agradecer durante todo el día y permanecer de buen humor durante un período de tiempo más largo. Con el tiempo, tu comportamiento comenzará a reflejar tus sentimientos de gratitud, y la gente lo notará. Mientras sigas viviendo tu vida así, algo mágico empezará a suceder; la gente empezará a mostrarte gratitud, y naturalmente, experimentarás más buenos humores, buenas relaciones y oportunidades. ¡Sí, los buenos humores y las buenas relaciones te dan buenas oportunidades!

Ejercicio: Gratitud diaria

Para convertir esto en un hábito, haz este ejercicio cada noche durante veintiún noches antes de dormir

1. Piensa en todo lo que pasó durante el día.

2. Identifica a diez personas o cosas que les agradezcas e imagina mandarles gratitud.

Desafíos contra la abundancia

El miedo te impide vivir la abundancia. El miedo quita tus cualidades virtuosas y activa la peor versión de ti, provocando emociones negativas y sacando cualidades bajas, como el egoísmo, la autocrítica y la impotencia. Incluso cuando tienes muchas posesiones materiales, si estás experimentando sentimientos con vibraciones inferiores, como la ira o la tristeza, el no eres abundante. Puede que seas capaz de experimentar satisfacción física, pero no podrás experimentar verdadera felicidad o alegría.

¿Cómo puedes superar los desafíos de la abundancia? Al ver las altas cualidades de todos y todo, incluyéndote a ti mismo. Esto te permite experimentar alegría en cada momento y atraer a la gente y cosas con la misma energía de alta calidad. Si estás pasando por alguno de los desafíos que hemos descrito en capítulos anteriores, te sugiero que des prioridad a trabajar en ellos porque sus influencias negativas sobre la abundancia son sustanciales. Por ejemplo, la dependencia emocional te hace susceptible a las emociones de otros, limitando así tu capacidad de co-crear. La vergüenza y la culpa te hacen dudar de la presencia de tus buenas cualidades. Una mentalidad competitiva aleja a otros en lugar de permitirte ver las buenas cualidades en ellas.

Pero hay otros retos, aparte de los que ya hemos hablado, que pueden limitar tu abundancia, como una falta de mentalidad, la obsesión con la riqueza, sentirte superior o inferior, sentimientos de tristeza y arrepentimiento o confusión monetaria.

No ser suficiente para todos

El mayor miedo que detiene a la abundancia es el miedo de quedarse sin algo, de que no hay suficiente para todos. Este miedo hace que la gente se comporte de forma defensiva, egoísta y competitiva.

Si crees que hay suficiente de todo para todos, tu cerebro busca información que coincide con esa creencia, y piensa y actúa en consecuencia. Activas cualidades internas, como la paz, la confianza y la amabilidad, y presentas expresiones faciales relajadas y un tono de voz suave que atrae a gente de mente parecida. Juntos, se apoyarán mutuamente y colaborarán, lo que conduce a la prosperidad como grupo. Allí, una experiencia interna de abundancia se manifiesta en abundancia externa.

Sin embargo, las creencias, las perspectivas y los sufrimientos del pasado nos atrapan en una ilusión que es lo contrario a la abundancia: la escasez. La escasez significa que no hay suficiente, ya sea alimento, agua, tierra o energía. Si crees en la escasez, tu cerebro busca información que coincide con esa creencia, provoca miedo y te hace pensar y actuar en consecuencia. Con una mentalidad escasa, activarás la defensa, el egoísmo y la competitividad. Tus expresiones faciales mostrarán nerviosismo, el tono de tu voz se pondrá tenso, y tu comportamiento demostrará la energía de la escasez, que atraerá a la gente con ideas similares. En lugar de trabajar juntos, estas personas competirán entre sí por supervivencia, utilizando la norma "supervivencia del más fuerte".

Esta situación impulsada por el miedo sucedió en mi vecindario. A mediados de marzo de 2020, volví a Los Ángeles de un viaje de trabajo y fui a comprar comida al día siguiente. Ahí, me encontré con una situación que nunca había visto antes; no había papel higiénico, agua embotellada o leche. Muchos productos alimenticios se vendieron. Debido al nuevo brote de coronavirus, los pensamientos basados en el miedo se activaron en muchas personas, lo que dio lugar a comportamientos de compra de pánico en los supermercados. En Internet, vi fotos de personas que fueron impulsadas por estos temores con carros de compras llenos de huevos y papel higiénico. ¿Cómo consumirían todas esas cosas? Otros competían sobre cubre bocas, y de alguna manera, hubo un aumento en las ventas de armas en los Estados Unidos. Afortunadamente, los supermercados fueron suministrados poco después, lo que significaba que no era necesario comprar grandes cantidades de alimentos, y nadie necesitaba competir entre sí. Esos comportamientos impulsados por miedo causaron una situación en la que se vaciaron temporalmente las tiendas, creando así una ilusión de que no había suficiente para todos.

Para prevenir esto, tienes que creer que hay suficiente para todos. ¿Pero cómo? Para creer en la abundancia, necesitas saber que al menos una cosa es abundante en tu vida: tus recursos internos. Nuestros recursos virtuosos internos, como la bondad, la paz, la confianza, la diversión y la valentía, están abundantemente disponibles. No hay límite a la bondad, la felicidad, la paz o la valentía. Ahora, hay una cosa que corre detrás de cada uno de estos recursos internos, una cosa que está adquiriendo todos los recursos internos, ¿qué podría ser? Detrás de la bondad, la compasión, la fuerza y el altruismo está el amor. El amor es la fuente, el origen, el bloque de todo lo que se manifiesta en todo fuera de nosotros. El amor es lo único que nos da la abundancia.

Observa que el amor en este contexto no es sobre el amor romántico, pero es más amplio, una capacidad para abrazar todo y a todos, independientemente de la situación o las condiciones. Algunas personas lo llaman amor universal. Es todo inclusivo, todo generalizado, incondicional e ilimitado. Se trata de abrazar la diversidad y aceptar que cada vida y objeto inanimado vive su propia vida a su manera. Debes aceptar que todo es un organismo y darle la misma importancia a todo. Otros tipos de amor, como el amor romántico, el amor de una madre, y el amor platónico son también preciosos, pero son diferentes expresiones de este amor generalizado; sólo pueden dirigirse hacia individuos, objetos o propósitos. ¿Recuerdas la sensación de enamorarte? ¿Sientes que el amor era tan importante para ti como todo el universo? ¿Y tu amor por tu hijo? ¿O tu amor por aquellos a quienes llamas "mejores amigos"? Son preciosos y hermosos, pero son diferentes al universal, que es al que me refiero el cual es inclusivo, todo, generalizado, incondicional e ilimitado.

El amor existe en nuestros corazones. El amor es la fuente de todo recurso interno, y es infinito y abundantemente disponible. Al abrazar y activar tus recursos internos, te puede potenciar para tomar medidas y hacer que las cosas sucedan en el mundo externo. Por esta razón muchos profesores espirituales dicen: "Todo lo que necesitas está dentro de ti ahora". Tienes todo lo que necesitarás en cada momento. Al elegir creer en el amor sobre el miedo, puedes crear una vida abundante.

Ejercicio: Recursos internos

1. Piensa en el mejor momento de tu vida. Un ejemplo sería cuando te abrazaba alguien a quien amabas, lograste algo significativo, o tenías un bebé.

2. Pregúntate: ¿Qué cualidades virtuosas estaban presentes? (Ejemplos: paz, alegría, gratitud, confianza, creatividad, ingenio, sagrado, compasión, seguridad, etc.)

Obsesión con la riqueza

La riqueza, la prosperidad, el dinero y las posesiones materiales son manifestaciones físicas de cualidades internas, y se puede experimentar abundancia a través de ellas, pero pueden causar desafíos si vienen de intenciones y cualidades de menor vibración, como el estar a la defensiva, el egoísmo y la competitividad. Muchas personas ricas son infelices debido a esto. La situación típica que he observado es una obsesión con la riqueza, la prosperidad, el dinero y las posesiones materiales. Cuando estás obsesionado con adquirir más de estas cosas, "adquirir más" se convierte en el propósito en sí mismo. Cuando uno se queda atrapado en esta obsesión, puede desencadenar motivaciones basadas en el miedo, tales como: "Si no consigo más, será tomado por alguien más, y seré más pequeño e inferior a ellos". Te empuja a compararte con los demás y te impulsa en la búsqueda de «adquirir más», poniéndote en un modo competitivo.

Esta obsesión también te invita a perder lo que ya tienes. Te asusta que alguien te quite tu dinero, te causa ira, frustración, dudas y desconfianza en otros. Finalmente, no encuentras a nadie en tu alrededor en quien puedas confiar, y experimentas soledad y falta de conexiones reales en tu vida. Incluso si tienes riqueza, prosperidad, dinero y posesiones materiales, tu vida interior se vuelve turbulenta, dejándote sin oportunidad de experimentar una abundancia real.

Cuando esto te ocurre, tienes que recordar que adquirir dinero y posesiones no es el verdadero propósito en la vida.

Cuando esto ocurre, tienes que recordar que adquirir dinero y posesiones no es el verdadero propósito de la vida. El dinero y las posesiones son simplemente herramientas que pueden darte sentimientos y experiencias que te recuerdan las cualidades virtuosas que hay dentro de ti, como la fuerza, la compasión y la gratitud.

Digamos que tienes un coche lujoso. Una obsesión con la riqueza podría haberte mostrado una ilusión de que este coche puede hacerte ver fabuloso, superior a tus amigos, y demostrar tu estatus y significado. Pero dejemos ese pensamiento por un momento y busquemos los aspectos de alta calidad de ese coche. Tal vez te da un sentimiento de seguridad de sus funciones de seguridad, elegancia en su color y forma, o gentileza en la forma en que cruza por las autopistas. Te encantan todas estas cualidades virtuosas, y el coche te permite experimentarlas.

Como otro ejemplo, digamos que tienes un negocio exitoso que genera buenos ingresos. En lugar de preocuparte por la reducción de las ventas o alguien que te quite dinero, es mejor observar qué cualidades activan tus ingresos dentro de ti. Tal vez los ingresos te dan un sentimiento de seguridad y libertad, y también podría representar la confianza que tienen tus clientes y clientes en ti. Incluso se puede pensar en formas de utilizar este dinero para dar la misma experiencia a otros. Tal vez puedas usar el dinero para recompensar el rendimiento de tus empleados y dejar que experimenten la seguridad, la libertad y la confianza que has experimentado. Al hacerlo, puedes usar tu riqueza para difundir cualidades virtuosas a muchos otros. ¿No es un mejor uso de tu vida compartir tu riqueza y activar el bien en la sociedad en lugar de preocuparse por perderla?

Ejercicio: Cualidades virtuosas

1. Considera todas las cosas que amas en tu vida. Tal vez es el tiempo familiar, una residencia cómoda, un negocio emocionante, o un tiempo alegre jugando al golf.

2. Pregúntate: ¿qué cualidades virtuosas hacen activar estas cosas en mí?

Superior/inferior

¿Alguna vez te preguntó alguien sobre tu ocupación, residencia, posesiones materiales o activos financieros poco después de conocerte? Hay personas que evalúan a otros por sus valores financieros y cambian su comportamiento en consecuencia. Necesitan decidir si eres superior o inferior a ellos basado en tus finanzas. Si deciden que son superiores a ti, te contarán lo valiosos que son. Si deciden que son inferiores, intentarán devaluarte o mantendrán su distancia. Estas son las personas que quieren ganar más dinero para ser superiores a otras. Quieren tener más dinero y experimentar más lujos que otros, para sentirse superiores. Cuando se encuentran con alguien que tiene más, la ira y celos se levantan, y hacen lo mejor que pueden para competir con ellos. La ira viene de su miedo a ser inferior a otros y hacerse pequeño, menos valioso y digno. Los celos provienen de la idea que hay recursos limitados, y alguien está quitándoles los recursos a ellos.

La búsqueda de la superioridad nunca nos dará el verdadero sentimiento de abundancia porque es una búsqueda sin fin. La búsqueda está motivada por el deseo de significación, y la causa principal es la forma en que identifican su auto valor, su autoestima o su dignidad. Cómo identifican sus valores con cosas externas, hacen lo mejor que pueden para aumentar su importancia adquiriendo dinero y posesiones materiales, pero nunca experimentarán sentimientos de abundancia porque siempre habrá alguien que tenga más.

Para experimentar abundancia, deben dejar de identificarse basándose en factores externos y empezar a identificarse internamente. Tienen que entender que no importa cuál sea su valor financiero, su valor sigue siendo el mismo, y cada ser viviente tiene el mismo valor.

Ejercicio: Identificando la dignidad interior

1. Piensa en un momento en el que un extraño era amable contigo. Tal vez alguien te dio instrucciones en un país extranjero, recogió tus pertenencias en la calle, o te recibió cuando entraste en una tienda.

2. Considera por qué esta gente fue amable contigo. No fue por tus valores financieros o posesiones materiales, ¿por qué?

Tristeza y arrepentimiento

A los 18 años, María quería estudiar en una universidad, pero no estaba segura de si podía compartir su deseo con su familia. Su padre trabajaba para la empresa manufacturera local, haciendo lo suficiente para pagar las facturas y apoyar a la familia; no podía permitirse nada más allá de las necesidades. Hubo algunas ocasiones en que sus padres discutían por dinero, y la hizo insegura y preocupada. Cuando María expresaba su deseo de ir a la universidad, su padre lo aceptaba, pero su madre se estresaba por el dinero. Tenía miedo de que pudiera causar otra discusión entre ellos. Como no había nadie más a quien pedirle consejos, decidió no seguir la educación universitaria y comenzó a trabajar. Consiguió un trabajo en una fábrica local.

Disfrutó del trabajo. Pudo establecer buenas amistades con muchos colegas, y trabajó diligentemente. En unos años, recibió una buena cantidad de reconocimientos, y sus ingresos aumentaron lo suficiente para que se volviera independiente de sus padres y se mantuviera a sí misma. Cuando fue ascendida como gerente, empezó a interactuar con mucha gente dentro y fuera de su empresa. Finalmente, conoció a Sam. Era gentil, amable, lindo, y tenía una personalidad que la hacía sentir tranquila y libre. Empezaron a salir y decidieron casarse poco después. Decidió dejar su trabajo para apoyar el negocio de su marido, soñando con una familia feliz y pacífica.

Sin embargo, el matrimonio no salió tan bien como esperaba. Sam no cumplió las promesas que habían aceptado como condiciones para su matrimonio, y ella aprendió que le estaba mintiendo sobre varias cosas en su vida. Ella se enfrentó a él, se metieron en una discusión, y le recordó las discusiones que sus padres solían tener durante su infancia. Le quedó claro que el matrimonio era un error, y empezó a considerar dejar a Sam. Sin embargo, algo inesperado sucedió; quedó embarazada. Quería dar a luz a esta nueva vida, y quería que este bebé tuviera ambos padres, así que eligió continuar el matrimonio para el nuevo bebé.

Afortunadamente, el bebé nació sano, y la hizo feliz y a todos los demás. María tuvo que pasar mucho tiempo criando al bebé, pero estaba bien porque ella amaba tanto al bebé. Sentía que el bebé le estaba dando un significado importante a su vida. Sam también estaba feliz de tener el bebé; sin embargo, no cuidó del bebé en absoluto, utilizando la excusa de que estaba demasiado ocupado en el trabajo para ayudar. Su comportamiento y falta de interés en el bebé la decepcionaron, pero María decidió centrarse en cuidar a su hijo.

Una noche, cuando el bebé cumplió un año, Sam llegó borracho a casa, comportándose ofensivamente con María. Cuando el bebé empezó a llorar, Sam le gritó y le golpeó la cabeza al bebé. María gritó: "¡Alto! ¡No le hagas eso al bebé!" lo que lo hizo enfadar más. Sam le pegó en la cara. En ese momento, María sintió algo roto en su corazón, y sabía que tenía que salir del matrimonio. Ella sostuvo al bebé cerca, salió corriendo, y subió a un tren, sin saber a dónde se dirigía. Después de un tiempo, terminó en la casa de sus padres. No quería molestarlos, pero no tenía elección. Decidió terminar la relación y comenzó a vivir sola otra vez.

El divorcio colocó su vida al revés y la hizo miserable. Necesitaba ganar dinero para criar a su hijo, así que trató de volver a su trabajo anterior, pero no la aceptaron por su edad. Había trabajos de alto sueldo en el mercado, pero no la aceptaron por su falta de educación universitaria. Terminó trabajando tres trabajos de medio tiempo todos los días y sólo pudo ganar lo suficiente para apoyar su vida y pagar la educación de su hijo, pero no tenía elección. Tuvo que criar al niño que le dio un significado valioso a su vida.

Para ella, la vida nunca había sido fácil. Sentía que había tomado la decisión equivocada, y era demasiado tarde para cambiar las cosas. Cuando alguien le dijo: "Puedes crear tu vida como quieras", ella no lo creyó. Ella decía: "No funciona de esa manera. No para mí. Ya he desperdiciado mi vida. "Entendí por qué se sentía así, pero aún creía que había aprendido más que suficiente, y podía crear lo que quisiera en su vida. Desde la perspectiva de su alma, su vida era rica en oportunidades de crecimiento. Cuando dejó de ir a la universidad y empezó a trabajar, cultivaba la paciencia y la perseverancia. Cuando se divorció, cultivaba la capacidad de defenderse sola, y cuando empezó a trabajar tres trabajos de medio tiempo, cultivaba fuerza, perseverancia y altruismo.

Para ella, la vida nunca había sido fácil. Sentía que había tomado la decisión equivocada, y era demasiado tarde para cambiar las cosas. Cuando alguien le dijo: "Puedes crear tu vida como quieras", ella no lo creyó. Ya que ella se decía: "No funciona de esa manera. No para mí. Ya mi vida ha estado desesperada. "Entendí por qué se sentía así, pero aún creía que había más que suficiente, y podía crear lo que quisiese en su vida. Desde la perspectiva de su alma, su vida era rica en oportunidad de crecimiento. Cuando dejó de ir a la universidad y empezó a trabajar, cultivaba la paciencia y la perseverancia. Cuando se divorció, cultivaba la capacidad de defenderse sola, y cuando empezó a trabajar tres trabajos de medio tiempo cultivaba fuerza, perseverancia y altruismo. A lo largo de los años de criar a su hijo, ella también cultivó la capacidad de encontrar la felicidad en el momento presente. Todas estas son virtudes valiosas que no puedes aprender de una educación universitaria. Desde la perspectiva de su alma, su vida es apreciada, especial, valiosa y gloriosa en cualquier nivel, y apuesto a que su alma está muy orgullosa de ella. Hoy en día, su hijo pronto será independiente, y es hora de que finalmente florezca en un sentido mundano. Con todas las cualidades virtuosas y las habilidades que ha desarrollado, puede crear cualquier experiencia emocional y espiritual que desee en su vida. Sí, nuestros cuerpos cambian con los años, y nuestras manifestaciones físicas/materiales pueden estar influenciadas por el envejecimiento, pero nuestras experiencias emocionales y espirituales son ilimitadas. María puede crear realidades que le den cualquier experiencia emocional y espiritual que quiera, ya sea felicidad, alegría, creatividad, contribución, maravilla, honor, respeto, conexión, dicha o amor.

Cuando somos jóvenes, creemos en nuestros sueños. Creemos que la vida está llena de oportunidades, y todo es posible. Sin embargo, a medida que avanzan los años, muchos de nosotros atravesamos desafíos y renunciamos a nuestros sueños. Aún así encontramos la felicidad y la alegría de diferentes maneras, pero algunos pueden encontrar dificultades para aceptar su vida tal como es. Comparando el estado actual con sus sueños de infancia, se decepcionan de sus vidas y se culpan por no poder hacer lo que querían, proporcionar una buena vida a su familia, o una buena educación a sus hijos. Lamentan sus decisiones anteriores y sienten que es demasiado tarde para hacer algo para aumentar su felicidad. Durante muchos años, construyen una profunda tristeza en sus corazones.

La tristeza y el arrepentimiento bajan tu energía, dejando muchas cosas en tu vida inactivas. No atraen más que más experiencias de tristeza y arrepentimiento, y estas emociones disminuyen las corrientes de energía en tu vida y afectan en gran medida al flujo de abundancia y dinero.

Para sanar tu corazón, realmente necesitas creer en tu vida. Hay que reconocer que todo lo que pasó en tu vida importa, que has aprendido suficientes lecciones para cambiar tu vida ahora, y que tienes todo lo que necesitas para crear la vida que quieres ahora.

Ejercicio: Sanando tristeza y arrepentimiento

1. Piensa en el momento en que sentiste tristeza o arrepentimiento. Abrázate como estabas en ese entonces y di: "Estás bien. Estás a salvo. Estoy aquí para ti. Te amo".

2. Imagina un hermoso sol más allá de las nubes de los pensamientos negativos y las emociones en tu mente.

3. Di a ti mismo, soy un superviviente. Soy fuerte, magnífico, poderoso e invencible. Estoy orgulloso de quién soy hoy.

4. Pregúntate: si puedes crear algo profundo dedicando el resto de tu vida, ¿qué crearías?

Confusión sobre el dinero

Muchas personas asocian abundancia con dinero, pero el dinero no te da abundancia por sí misma, ya que es sólo un recurso para crear un entorno para recibir abundancia. Sin embargo, el dinero es esencial para muchos aspectos de nuestras vidas y afecta nuestra experiencia de abundancia. En mis sesiones con los clientes en los últimos años, he aprendido que los retos monetarios se deben a la confusión sobre lo que realmente es el dinero. Por lo tanto, me gustaría explicar la naturaleza del dinero, cómo puede contribuir en abundancia y cómo atraerlo.

En su propósito original, el dinero es un signo de gratitud. Cuando le das algo a otro, recibes gratitud a cambio. El dinero es una manifestación física de gratitud, y puedes ahorrarlo y utilizarlo para futuros intercambios. Cuando el dinero se utiliza para beneficio de otros por amor, se convierte en una manifestación física del amor, y a veces puede ayudar a la gente más de lo que las palabras pueden. Cuando alguien se está quedando sin dinero y no tiene comida para comer, necesitan dinero más que palabras de aliento. Cuando un niño está a punto de abandonar el colegio debido a la falta de finanzas, su dinero puede abrir la oportunidad para que aprendan y crezcan.

El dinero no puede comprar la felicidad, pero el dinero puede resolver problemas en la vida de la gente a su manera. Y cuando el dinero se utiliza en alineación con sus valores básicos, como apoyar la educación de los niños desfavorecidos, se convierte en su agente de buenas obras, la fuerza para el bien. Imagina que tu dinero está ayudando a otros a aliviar su dolor, apoyar su vida, potenciarlos para el éxito y aumentar la felicidad en sus vidas. ¿No le da a tu vida un significado más valioso? De esta manera, el dinero puede ser tu agente de amor y gratitud. Claro, puedes apoyar tu vida con el dinero suficiente para cubrir tus gastos y centrarte en tu vida, pero también puedes experimentar la alegría de hacer una diferencia en la vida de los demás, si tienes abundancia financiera. Cuando usas tu dinero con amor y gratitud, transfieres la hermosa energía a otra persona, y esa energía se extenderá a través de muchas más personas, como una gota de agua que ondula a través de un lago entero. Finalmente, esa misma energía volverá a ti, dándote más de esa abundancia en tu vida.

Como hoy el dinero es esencial para apoyar nuestras vidas, también puede provocar energías basadas en el miedo que provienen de nuestros instintos de supervivencia. Cuando se utiliza el dinero con estas energías basadas en el miedo, se extiende esa energía a muchos otros y vuelve a traer la misma energía a tu vida. Por eso muchas personas pasan por problemas monetarios, independientemente de la cantidad de dinero que tengan.

Desafortunadamente, muchas personas tienen miedos relacionados al dinero. Esto se debe a que hay muchas personas a lo largo de la historia que han utilizado dinero con malas intenciones y han causado consecuencias temibles hacia otros. Por ejemplo, las autoridades han quitado dinero de las personas y lo han utilizado para satisfacer sus deseos personales o ganar poder en una organización o un país. O quizá hayas visto o escuchado de gente peleando por dinero. Estos incidentes y recuerdos han contaminado la energía del dinero y han creado creencias de que el dinero es malo y hace que la gente haga cosas malas. Algunas personas toman un voto de pobreza debido a las creencias que prevalecen en su línea familiar o en la comunidad a la que pertenecen. Sin embargo, esos desafortunados incidentes ocurrieron porque el dinero estaba en manos equivocadas. El dinero mismo era, y aún es inocente. Como ya se ha dicho, utilizando dinero con buenas intenciones, tiene la capacidad de traer amor y gratitud a ti y a todos los demás.

Otro temor común relacionado con el dinero es el miedo a perderlo. Este miedo puede hacer que la gente mantenga su dinero en un lugar seguro y no lo utilice para ningún propósito. Pero el dinero es energía que causa un efecto que circula a través de muchas personas. Si lo mantienes inactivo sin utilizarlo para cualquier propósito, su energía se congela y se estanca. Es como ser un padre sobreprotector que mantiene a sus hijos en su interior todo el tiempo. Puede ser seguro, pero el niño nunca podrá expresar su verdadero potencial. Para liberar la energía del dinero, deberás invertirlo en cosas que crees que son valiosas y significativas. Eso activará su energía y te traerá más.

Otro comportamiento que impide la abundancia financiera es la indiferencia al dinero. Las personas que son indiferentes al dinero simplemente no ven la importancia del dinero, y prefieren gastar su tiempo y energía en otra cosa. Esto impide que el dinero fluya en sus vidas porque el dinero se atrae a las personas que lo aman y reconoce su valor. Si amas usar tu dinero para experimentar abundancia en tu vida y compartir tu amor y gratitud con otros, el dinero te atraerá. Claro, puedes experimentar abundancia sin dinero, pero el dinero puede darte las oportunidades de experimentar más abundancia.

La gente a menudo se vuelve indiferente al dinero porque creen que el dinero los distrae del crecimiento espiritual y activa su ego, lo que les conduce a comportamientos de baja vibración. Pero yo digo que hay otro tipo de relación que puedes establecer con el dinero; el dinero puede ser tu medio para hacer buenas obras para otros, y difundir tus valores básicos en la sociedad, lo que en última instancia te ayuda a cumplir tu misión para ayudar a los demás y crecer espiritualmente. Si eres indiferente al dinero, imagina qué valores puede crear para la sociedad y qué cosas buenas puedes hacer por otros con tu abundancia financiera.

Ejercicio: Sanando el dinero

El dolor emocional y los temores relacionados con el dinero afectan negativamente a tu vida monetaria. Por ejemplo, podrías haber invertido dinero en comercio de acciones y perder gran parte de él. Puede que tengas negociaciones fuertes con los clientes para reducir tus beneficios mientras aún necesitas pagar un gran impuesto, o tu arduo trabajo puede llegar a su fin y terminar con un pago insuficiente. Ya sea pequeño o grande, ese dolor relacionado con el dinero sigue reduciendo tu energía y a tu vida. Sana tu energía de dinero y convierte en energía del amor y la gratitud. El dolor emocional y los temores relacionados con el dinero afectan negativamente a tu vida monetaria.

1. Imagina la energía del dinero como si fuera un niño pequeño que pasa por un dolor emocional.

2. Imagina abrazar al niño y decir: "Estás bien. Estás a salvo. Estoy aquí para ti. Te amo. Te honro como medio de gratitud. Difundamos el amor en la sociedad".

3. Pregúntate: ¿Cómo puedo expresar amor y gratitud con mi dinero todos los días?

¡Felicidades!

Has pasado por las cinco primeras fases de desafío desde la independencia emocional a la abundancia, y has resuelto muchos asuntos sin terminar de la adolescencia. Has progresado en tu crecimiento espiritual, te has permitido recibir abundancia, felicidad y alegría, y estás listo para proceder a tus misiones de vida.

El cumplimiento de tus misiones de vida te dará la máxima alegría y la mayor satisfacción espiritual. Es un viaje para descubrir tu Phoenix, tu propia divinidad a través de tu autenticidad. En cierto sentido, tu vida te ha estado preparando para esto desde que naciste. Ese es el verdadero tesoro que buscas en esta vida.

En los siguientes dos capítulos discutiré lo que podría ocurrir en este viaje y ofreceré algunas orientaciones sobre cómo hacer frente a él.

ETAPA 6. AUTENTICIDAD

Mientras avanzas en superar los retos en la vida y creces como persona, finalmente llegas a un cruce en la vida. Es una oportunidad para que vayas por el camino del desarrollo espiritual, y normalmente empieza con un llamado.

El llamado

El llamado puede venir a cualquier edad, pero he visto que muchas personas lo reciben a finales de los 30 a finales de los 40. Normalmente se te ocurre como un pensamiento que cuestiona las ideas aprendidas de tu propósito de vida, valores e identidad.

¿Estoy realmente feliz?

¿Mi vida es significativa hoy?

¿Quiero pasar el resto de mi vida así?

Normalmente, estos pensamientos vienen a ti cuando has establecido algún tipo de estabilidad y paz a expensas de tus necesidades espirituales. Esto es un llamado para que viajes a tu mundo interior para descubrir quién eres en realidad, lo que realmente quieres, y para qué naciste. A veces, la gente recibe el llamado de una manera difícil. Ellos experimentan desafíos en sus vidas que no les dan más opción que ir dentro de sí mismos. Algunos ejemplos serían exhaustos por el trabajo, un negocio fracasado, una relación miserable o problemas de salud. Debido a la gravedad de la situación, le obliga a enfrentar el problema de frente, convirtiéndolo en un llamado efectivo.

Cuando recibas el llamado, significa que estás dispuesto a hacer el viaje para dar un salto en tu crecimiento espiritual y alinear tu vida a las misiones de vida que contribuyen al crecimiento espiritual de los demás. Esta es una transformación extremadamente importante para tu alma; el momento para esta llamada fue planeado cuidadosamente por ti como alma. Aunque no lo notes la primera vez, recibirás la misma vocación una y otra vez, hasta que finalmente lo tomes en serio.

Si decides caminar por el camino del crecimiento espiritual, pasas por el "viaje de tu héroe", que es una serie de entrenamientos y pruebas que te ayudan a crecer. A lo largo de la forma, conocerás a mentores y aliados, y encontrarás desafíos y oportunidades. El objetivo del viaje de tu héroe es conquistar tus mayores miedos y activar plenamente tu autenticidad. Esto facilita una transformación sumamente importante para tu alma y le preparará para asumir las misiones que prometió completar en esta vida.

¿Estás *realmente* feliz?

Permíteme compartir cómo recibí mi llamado.

En Japón, el 6 de julio de 1986, estábamos experimentando el comienzo del verano. Fue una mañana muy calurosa, con un rayo de sol fuerte en mi piel. El sonido de los grillos llenó el aire en mi ciudad natal, Chiba. Mi padre y mi madre ya estaban de regreso del gran jardín de rosas, y yo estaba estudiando en mi habitación para prepararme para mi examen de entrada para las universidades de Tokio. Era uno de esos domingos típicos que teníamos cada fin de semana. Entonces, de repente, oí gritar a mi padre. Corrí a su habitación y lo encontré batallando para respirar. No sabía qué hacer e inmediatamente llamé a mi madre, que estaba cocinando abajo. Cuando ella entró, ya no respiraba. Mi abuela entró, luego mi hermana. Llamamos a una ambulancia, e hicieron lo mejor que pudieron. Todos lloraban y lo llamaban para que mi padre volviera a la vida, pero no lo hizo. Ese fue el último día de la vida humana de mi padre.

Nadie esperaba que algo así le pasara porque no tenía problemas de salud, y había estado trabajando enérgicamente día y noche. A mí también me afecto este sentimiento extraño que sentí cuando me di cuenta que murió en un día muy especial para mí: mi cumpleaños. *¿Por qué moriría un padre en el cumpleaños 18 de su hijo?* Me pregunté esto innumerables veces. Estaba triste y enojado, y no pude olvidar que de alguna manera era responsable de su muerte, no físicamente, sino espiritualmente. Sentí en mi corazón que debía seguir sus sueños y deseos.

Y eso es exactamente lo que he hecho desde entonces. Ese año entré en la misma universidad que mi padre, y me uní a la compañía para la que trabajaba mi padre. Trabajé duro día y noche, y escalé el mundo corporativo. Cuando llegué a mis treinta años, había cumplido todas las expectativas de mi padre, una buena carrera, una distinguida condición social, un ingreso estable, una gran familia, una propiedad inmobiliaria de lujo, un buen coche, etc. Estaba orgulloso de mí mismo, y estaba motivado para seguir avanzando mi carrera corporativa y aumentar la calidad de mi vida tanto como pude, para ser mejor que mis colegas o cualquier otro. Estaba orgulloso de lo bien que me iba en ese camino.

Pero la vida me dio un giro interesante. Un día, estaba viendo un programa de comedia, y el comediante preguntó al público: "¿Estás contento?" Silenciosamente, me dije a mí mismo, sí, estoy feliz. El comediante continuó, "¿Eres *realmente* feliz?" Esta pregunta hizo trampa y me preocupaba el énfasis en la palabra "realmente". ¿Qué significa ser "realmente" feliz? ¿Cómo lo sabes? Para empeorar las cosas, sentí una brecha entre mi cerebro y mi corazón; mi cerebro me decía que era feliz, pero mi corazón me decía lo contrario. ¿De dónde venía esta brecha? Quería averiguar qué estaba pasando. Busqué una respuesta en Internet, hablé con algunos expertos y me uní a talleres. Me llevó un tiempo, pero finalmente lo descubrí.

Mi cerebro y mi corazón son dos cosas diferentes, y no están de acuerdo. Mi cerebro responde a preguntas basadas en el conocimiento, la información, las creencias y las perspectivas que he aprendido de otros. En mi caso, la definición y las condiciones de felicidad se vieron influidas en gran medida por las creencias y perspectivas de mi padre. Por otro lado, mi corazón me da respuestas sinceras a mis preguntas. Mi corazón no se preocupa por las definiciones o condiciones de felicidad que aprendí de los demás; sólo se preocupa por la verdad de cómo me siento. ¿Qué significa esto?

Mi cerebro siempre estaba escuchando ante cada decisión que tomé y nunca me importaba que sentía en mi corazón. Fue como si hubiera estado viviendo la vida de mi padre, ignorando los deseos en mi corazón durante muchos años. Fue una sorprendente realización, como si mi vida fuera falsa, pero también me di cuenta que tenía experiencias preciosas durante este tiempo. Después de muchos días de contemplación, llegué a una conclusión. Estaba agradecido por todo lo que había experimentado hasta ese día, gracias a las enseñanzas de mi padre, pero me prometí que seguiría mi corazón y crearía una vida que me hiciera realmente feliz.

El sistema educativo de hoy nos enseña a centrarnos en adquirir conocimientos y tomar decisiones lógicas. Aunque tengas algo que quieras en el fondo de tu corazón, fácilmente llega a ser rechazado por las razones lógicas de otros, e inevitablemente, te olvidas de lo que tenías en tu corazón. Con los años, tu pensamiento se convirtió en el dictador principal de tu vida, y perdiste el contacto con tu corazón completamente. Por eso muchas personas saben lo que deberían hacer o quién deberían ser, pero no saben lo que realmente quieren. Tu corazón es la ventana de tu alma que sabe por qué naciste en esta vida, lo que quieres, y adónde vas. Para ser la mejor versión de ti mismo y crear la mayor alegría, felicidad y satisfacción, necesitas seguir tu corazón.

Cambiar de tu cerebro a tu corazón es una transformación importante que ocurre antes de descubrir tu Phoenix. Mucha gente experimenta un llamado para hacer este cambio a finales de los treinta o más de 50 años. Mi llamado llegó a la conclusión de que mis condiciones de la felicidad no eran realmente las mías, pero hay muchas otras formas de experimentar tal llamado. Por ejemplo, puede que experimentes una falta de significado en tu trabajo y te veas obligado a encontrar algo real. Puedes preguntarte: "¿Qué significa mi trabajo? ¿Quién quiero ser como persona? ¿Quiero pasar el resto de mi vida así?» Recuerda, el propósito de tu vida no es sólo sobrevivir. Es crecer espiritualmente y servir a otros. Si te concentras en la supervivencia y pasas tus días evitando riesgos, podrías obtener satisfacción física, pero no tendrás una satisfacción espiritual. Imagínate como un niño de 90 años y mira tu vida. ¿De qué estarías más orgulloso? ¿De qué te arrepentirías?

Quedarse en tu zona de confort y evitar riesgos podría darte una vida fácil y pacífica físicamente, pero tu vida es más que eso. Eres más que tu cuerpo. Eres un ser espiritual capaz de desarrollar grandes cualidades y de servir a otros. Abrir tu corazón y activar tu autenticidad es la puerta que te lleva a la vida más alegre y satisfactoria que planeaste para ti, una vida que arde con el fuego de tu pasión. Esto es lo que te hace el héroe/heroína de este juego de la vida.

Ejercicio: Escucha a tu corazón

Para cambiar de cerebro a tu corazón, primero tienes que empezar a sentir lo que hay en tu corazón y escuchar lo que te dice. Tu corazón es la ventana de tu alma y la forma de acceder a tu autenticidad. Al escuchar a tu corazón, te reconectas con tu alma y activas tu autenticidad.

1. Imagina entrar en tu corazón y sentir el enorme espacio de paz y calor

2. Pregúntate:

¿Soy *realmente* feliz?

¿Tiene significado mi vida?

¿Quiero pasar el resto de mi vida así?

El viaje del héroe

Esta experiencia de seguir a tu corazón y entrar en lo desconocido crea tu propio viaje. Es una manera de llegar a tu autenticidad. No hay ningún mapa a seguir, ni hay claridad sobre cómo hacer que suceda. Sólo ves lo que tienes delante y no puedes ver demasiado lejos. Tu corazón es tu brújula, dándote instrucciones para hacerte saber si estás o no en el camino correcto.

En muchos aspectos, el camino del desarrollo espiritual se parece al Viaje del Héroe, tal como se describe en El Héroe con las mil caras por el profesor de literatura estadounidense Joseph Campbell (1949, Libros Panteón). En el libro, él discute su teoría del viaje del héroe arquetípico compartido por las mitologías mundiales.

Primero, el momento del desarrollo espiritual viene al héroe como un llamado de aventura. Si el héroe decide viajar por el camino, se someterá a una serie de lecciones y desafíos para llegar en un momento en el que tendrán que enfrentar sus más profundos temores. Al conquistar esos temores, el héroe puede decidir volver al mundo original y compartir sus lecciones y realizaciones con otros, lo que marca una diferencia positiva en el mundo.

Todo el viaje en el modelo de Campbell muestra hasta diecisiete pasos, pero aquí está mi versión resumida en tres.

Paso 1: La salida

El héroe identifica un llamado de aventura a lo desconocido. El miedo tienta al héroe a rechazar la llamada, pero con el aliento y la inspiración de un mentor, el héroe da un salto de fe, cruzando en un campo de aventura.

Paso 2: Transformación

El héroe pasa por una serie de entrenamientos y pruebas, y comienza su transformación. A la vez, el héroe se encuentra con mentores, maestros, aliados y enemigos. De vez en cuando, el héroe también se encuentra con varias tentaciones que intentan sacarlos de la búsqueda y volver a donde vinieron. El héroe se enfrenta a una experiencia, el poder final que los pone en contra de su mayor miedo. Tras varios intentos y fracasos, el héroe finalmente conquista la experiencia y gana un elixir como recompensa, que el héroe puede utilizar para beneficio de otros. El héroe se transforma.

Paso 3: El regreso

El héroe decide volver al mundo original y compartir lo que ha aprendido. El héroe supera la resistencia y ayuda a otros a transformarse, marcando una diferencia positiva en el mundo original.

La historia de Leticia

Permítanme darles un ejemplo del viaje de un héroe.

Leticia se casó con Robert cuando tenía 27 años. Era un hombre rico y le prometió una vida próspera, pero no sabía que el matrimonio iba a darle importantes lecciones difíciles que aprender.

Al igual que muchas otras parejas, intentaron tener un bebé, pero no tuvieron éxito por un tiempo. En cambio, algo inesperado sucedió; Leticia se desmayó de repente en la casa de sus padres y sufrió de grandes hemorragias. Terminó entrando en shock por la pérdida de sangre y fue enviada a la sala de emergencia para que tuviera una operación mayor y un par de transfusiones de sangre para mantener su corazón bombeando. Tuvo un embarazo ectópico donde el feto no pudo sobrevivir, y sufrió de hemorragia interna que amenazaba su vida. Esto fue devastador y doloroso para Leticia, pero sobrevivió.

No se rindió al embarazo y decidió hacer una fertilización in vitro para aumentar las posibilidades de éxito. Introdujeron tres embriones en su vientre, pero la prueba salió negativa. No sobrevivieron. Esto le dio mucha tristeza a Leticia. Cuando pasaban los días, su período volvió a la normalidad, y se dijo a sí misma: "Bueno, la próxima vez tendremos un bebé". Al mes siguiente, su situación se volvió más rara. De repente empezó a sentirse mareada y fue a ver al médico. Su prueba de embarazo en la oficina del médico dio positivo, y estaba increíblemente emocionada. Sin embargo, el médico no pudo encontrar nada en el ultrasonido. Extraño. "Esperemos un poco y veamos cómo crece", dijo el médico.

Le dieron hormonas, la pusieron en reposo durante un mes, y completaron una ecografía nuevamente. Otra vez, no había señales de un feto. Algo no estaba bien. Después de amplias investigaciones a través de laparoscopias y otras pruebas, los médicos finalmente descubrieron lo que estaba pasando: había un feto en su vientre, pero desafortunadamente, era defectuoso y se convirtió en un tumor canceroso.

El tumor podría extenderse fácilmente a su hígado y a otros órganos, así que los médicos decidieron poner a Leticia en quimioterapia. Sobrevivió, pero tuvo algunos efectos secundarios. Perdió el cabello y las cejas, unas rayas comenzaron a aparecer en sus uñas, su lengua le ardía tanto que era difícil comer o dormir, y siempre estaba cansada, con náuseas y deprimida.

Su marido empeoró la experiencia porque estaba ausente. Nunca fue a apoyarla durante sus tratamientos de quimioterapia, y nunca estuvo presente en sus citas con el médico, excepto en la primera reunión en la que el médico les informó de un posible embarazo. Su marido la culpó, diciendo que la dejaría por una mujer sana si seguía sufriendo. Su suegra también la criticó. Esto hizo que Leticia estuviera triste y enojada, pero logró distraerse centrándose en todo lo que estaba pasando en su cuerpo. Se dijo a sí misma: "Tengo que enfocarme en mí misma. Tengo que sobrevivir".

En una ocasión, su marido regresó a casa durante un tratamiento con quimioterapia con su camisa al revés. Por lo que concluyó que la estaba engañando, pero no tenía energía para hacer mucho al respecto. Aún así, ella se enfrentó a él y dijo: "¿Estás tratando de encontrar otra persona que me reemplace? No planeo morir. Me estoy centrando en curarme y sobrevivir. Cuando me cure, hablaremos de esto". Por casualidad, el padre de Leticia se enfermó al mismo tiempo, lo que puso a toda su familia bajo aún más estrés.

No podía apoyarse en su marido, sus padres, ni en sus otros familiares. La situación la empujó al límite, y pidió ayuda a Dios.

"Dios, ¿por qué me está pasando esto? ¿Por qué yo? ¿Qué hice mal? Tengo miedo de morir. ¡No quiero morir! ¿Por qué todo tiene que ser tan difícil para mí?"

No hubo respuesta.

Decidió lidiar con todo por sí misma. Estaba triste porque no podía convertirse en madre, y perder el cabello era traumatizante, pero se centró en sobrevivir y siguió rezando a Dios. Los médicos ordenaron dos rondas más de quimio y su tratamiento continuó durante varios meses más.

Una noche, tuvo un sueño. Dios apareció en el sueño y le dijo que todo iba a estar bien. Algunos días después, sus pruebas de cáncer dieron negativo; ¡finalmente estaba en remisión! Aunque luchó sola por la situación, sabía que Dios siempre estaba con ella porque él le envió un mensaje de que ella estaría bien.

Con el tiempo, su pelo empezó a crecer y recuperó su fuerza, pero el proceso fue muy difícil. Tuvo ataques de pánico más de 30 veces al día, se desmayaba por todas partes y su período se alteró. Continuó recibiendo tratamiento médico, pero no sentía que las cosas estaban mejorando, así que dejó de ir a sus tratamientos en el hospital. Decidió buscar sanadores que practicaban medicina alternativa para ayudarla con sus ataques de pánico.

Ese fue el tiempo cuando empezó a conocer gente que la ayudaron a crecer espiritualmente. Conoció a un profesor de sanación que pudo ayudarla a aliviar la situación. Su salud mejoró poco a poco, y mientras recuperaba su energía, comenzó a surgir de dentro de ella. "Tengo que disfrutar de la vida día a día porque nunca sé cuándo voy a morir, y quiero explorar nuevas posibilidades en mí misma".

Leticia se dio cuenta que quería hacer cosas que nunca pensó que podía, y se aprovechó para explorar nuevas oportunidades. Había sido dentista antes de su diagnóstico del cáncer, pero decidió probar la administración de negocios. Empezó a trabajar en una empresa como administradora y fue a la escuela por la noche para aprender a la gestión de negocios. Empezó a aprender meditación y yoga, y la hizo sentirse bien y la ayudó inmensamente con sus ataques de pánico. Intentó algunas técnicas de sanación y también experimentó con hipnosis.

Tres años después de sus tratamientos de quimioterapia, Robert seguía engañando a Leticia. No estaba contenta en la relación, estaba claro que el amor se había ido hace mucho tiempo, y ya no sentía admiración por él. Incluso le dijo que ya no la amaba y se fue de casa durante cuatro meses para estar con su amante, pero ella no podía dejarlo. Tenía tanto miedo de estar sola, así que eligió quedarse. En retrospectiva, dijo: "En aquel entonces, no conseguí la paz porque no me hice responsable de mis decisiones".

El deseo de Leticia de convertirse en madre nunca se desvaneció, por lo que Leticia y Robert decidieron adoptar una niña. Les llevó tres años completar todo el papeleo y pasar por el proceso, pero finalmente tuvo la oportunidad de ser madre, lo que la hizo tan feliz y bendecida. Luego decidieron adoptar otro bebé. Esta bebé involucró aún más papeleo, pero Leticia estaba tan emocionada y se enamoró de esta segunda niña. Pasó unas semanas con la bebé antes de la fecha en que recibiría oficialmente al bebé de la madre biológica. Pero entonces, en el último momento, la madre biológica cambió de opinión y se negó a firmar el acuerdo de adopción. Fue sorprendente para Leticia, y se cayó en un pozo de desesperación, pero tenía un presentimiento intuitivo de que esto podría ocurrir, así que pudo prepararse de antemano.

En ese entonces, ella constantemente preguntaba a Dios si debía quedarse en su matrimonio o irse. Pensó que el rechazo de la madre biológica era una respuesta de Dios, así que finalmente decidió dejar a Robert y criar a su hija sola.

Después del divorcio, seguía increíblemente enojada con Robert. Esta ira se manifestó en una enfermedad física y provocó intensos reflujos y diarrea. Los médicos dijeron que su cuerpo físico estaba limpio y que era más un problema emocional. Buscó a alguien que la ayudara y encontró a un sanador que pudo ayudarla a deshacerse de la diarrea en una sola sesión. Su sanador le dijo: "Leticia, es tu momento de empezar a ayudar a otros. Viniste aquí para servir. Necesitas empezar a trabajar en eso".

Esto la empujó a comenzar su nuevo viaje para ayudar a otros. Empezó a meditar todos los días con un grupo de sanadores, a rezar por el bienestar de todos los días. También empezó a ayudar a otros en sesiones privadas, y trabajaba duro para ser un buen canal para sanar la energía.

Después de varios años, su vida cambió dramáticamente. Su hija creció para ser un ángel alegre en su vida, dándole la energía y la motivación para vivir todos los días. Tuvo buenos resultados en los negocios y se convirtió en directora ejecutiva de una empresa. Sus actividades de sanación se ampliaron, y hubo inversionistas que estaban interesados en su trabajo. ¡Proponía que construyeran un centro de bienestar y ellos estuvieron de acuerdo! Fue una gran sorpresa para ella lo que la hizo muy feliz.

El proyecto del centro de bienestar le permitió ampliar aún más sus actividades de sanación. Era más feliz y sana, pero por dentro, todavía sufría una enorme ira hacia su exesposo y reflujo en su estómago. La ira empeoró aún cuando fue informada que su exesposo esperaba a una hija con su amante. Había aprendido varias técnicas de sanación a lo largo de los años, pero no habían trabajado en su ira.

Trabajaba aún más en su salud, incorporando alimentos más saludables, hábitos sanos, y se ayudaba con sanadores, pero la ira no desapareció. Aun así, se negó a rendirse.

Fue cuando la conocí. No sabía nada de lo que había pasado en su vida, y me sentí desconcertado por su situación. Desde el punto de vista de cualquiera, tuvo éxito, pero sufría de ira y de diversos problemas de salud.

Durante mis sesiones de sanación con ella, estaba asustada y enojada con su exesposo y Dios. Tuvimos dos sesiones de sanación y logramos sanar mucho de su dolor emocional, pero nuestro trabajo no estaba completo. El último día de mi visita a su ciudad, terminé todo el trabajo y estaba listo para regresar a casa cuando un pensamiento se levantó dentro de mí. "No puedo irme hasta completar la sanación de Leticia".

La llamé rápidamente, y conseguimos tiempo para nuestra tercera sesión de sanación ese día. Durante la sesión privada, lloró, temblaba y gritó en voz alta.

Sabía que estábamos en algo. Después de una hora, finalmente terminamos la sanación, y ella había dejado ir su ira y había encontrado la paz y la seguridad. Estaba brillando como una mariposa saliendo de su capullo. Ella renació y estaba completamente viva, y lista para su nueva vida.

Después de un tiempo, compartió sus sentimientos conmigo.

"Me di cuenta que todo era el plan de mi alma. No puedes esperar una naranja de un manzano. No podía esperar que mi exesposo me dé el amor que quería porque su concepto de amor era muy distinto al mío. Es justo quien es. Era el plan de mi alma aprender a lo largo de mi relación con él y crecer. Necesitaba aprender a perdonar. Tuve muchas experiencias difíciles, y me llevó un tiempo perdonar y saber que soy lo suficientemente fuerte para sanarme.

Durante muchos años, sentí que la vida era tan injusta. Estaba enfadada con Dios. Casi muero, sabes. Y tuve que pasar por todos esos desafíos sola. Pero esta idea de que era el plan de mi alma lo cambió todo. Ahora sé que Dios siempre estaba conmigo, abrazándome. Aunque a veces no lo sentía y me sentía sola, siempre estaba ahí para mí. Y Dios me guio a ti, Hiro, para ser el canal para que finalmente sanara mis más profundas heridas emocionales y soltara la ira. Ahora estoy en paz con Dios. Y estoy en paz con la vida.

Hoy, mi atención se centra en mi misión y en mis seres queridos. Pensé que siempre sabía por qué estaba ayudando a la gente, pero se ha vuelto más claro y fuerte. Confío en mi misión y en mi conexión con todo el poder que hay dentro de mí. Dirijo mi energía a mi misión y a mí misma por una vida feliz y agradable, y sé que, al vivir así, inspiraré y potenciaré a otros, y causaré un efecto dominó que cambiará el mundo hacia lo mejor".

Hoy, Leticia no siente ira ni resentimiento hacia su exesposo. Siente compasión por él, y puede reírse de sus chistes. Ahora pueden coexistir y ser buenos padres para su hija. Está más sana que nunca, física, emocional, mental y espiritualmente. Todo lo que pasó en su vida la llevó a renacer, como un Phoenix. Ahora, está lista para su misión. Está motivada para compartir sus lecciones con otros e inspirarlas para transformarse en su Phoenix.

Observa cómo pasó por el viaje de su héroe. Recibió un llamado cuando recuperó su energía después de la quimioterapia. Conoció a sus mentores y aliados, y trabajó para crecer más fuerte y sana. Llegó a un punto en el que finalmente se enfrentó a su ira construida y sus miedos subyacentes. Al conquistar sus miedos, recibió su elixir: una comprensión de que todo era el plan de su alma, y que Dios siempre estaba ahí para ella.

Por último, pasó al último paso de compartir lo que aprendió con otros para hacer una diferencia positiva en el mundo.

Esto no es una fantasía. Todos tienen su propio viaje de héroe, y tú también. Como alma, planeaste tu propio viaje y el momento divino para descubrir tu Phoenix. No tiene que ser tan intenso como el camino de Leticia, pero su viaje también es magnífico y divino. El viaje de tu héroe está preparado para ti y solo para ti.

En las páginas siguientes, compartiré con ustedes algunas ideas que puedan ayudarles a identificar sus misiones de vida y descubrir su Phoenix.

Aceptar la grandeza

Si estás en medio del viaje de tu héroe ahora, es importante entrar en tu corazón y aceptar tu grandeza como alma. Puede que necesites hacer algunas meditaciones centradas para calmar las voces en tu mente y conectarte con el núcleo de los sentimientos más altos y brillantes que encuentres en tu corazón. Es aquí donde me gustaría compartir con ustedes un ejercicio de meditación que me ha ayudado a mí y a muchos otros.

En esta meditación, te pido que recuerdes un momento donde estabas "completamente vivo". Este es un momento en el que estuviste activamente involucrado en lo que estaba sucediendo en este momento, y tenía un sentimiento de alegría puro que venía de dentro. ¿Qué podría ser ese momento para ti?

Permítanme compartir con ustedes mi momento "completamente vivo". Cuando tenía 15 años, estaba en mi último año de preparatoria. Éramos unos 250 estudiantes divididos en seis clases, y yo estaba en la clase 3-F. A esta escuela le gustaba fomentar la competencia entre sus alumnos y clases, y emitieron clases en todas las ocasiones. Mi clase fue perdedora, casi siempre en el rango inferior. Además de eso, hice algo para romper el código de conducta de la escuela y estuve castigado por un par de semanas. Los profesores culparon a toda la clase por mi error, así que la atmósfera de la clase era más oscura que nunca. Recuerdo a mis compañeros estudiantes mirando hacia abajo, sintiéndose menos energizados y confiados en sí mismos. Cuando se acercó otra competencia entre las clases, mis compañeros de clase ya estaban convencidos que perderíamos nuevamente. Era una competencia de correr, y fui seleccionado como el último corredor. Para ser honesto, yo tampoco creía que pudiéramos ganar.

Sin embargo, mientras esperaba a que llegara mi turno de correr en la competencia, empecé a cuestionar la situación. ¿Por qué no podemos ganar? Somos tan fuertes como las otras clases. "Podemos ganar, y ¡debemos ganar!" Cuando recibí el bastón para correr, estábamos en el séptimo lugar de ocho clases. Todos en mi clase ya habían renunciado y aceptado la pérdida, pero estaba tan motivado por ganar la carrera. Corrí tan rápido como pude, y una a una, pasé muchas de las otras clases. Pasé el último corredor justo delante de la línea de meta, ¡y ganamos el primer lugar!

Lo que pasó después fue fenomenal. Mis compañeros saltaron y vinieron a abrazarme. Créeme, esto no sucede mucho en Japón. Todos, incluidos los estudiantes de otras clases, estaban emocionados por lo que sucedió frente a sus ojos. En ese momento, experimenté sentimientos muy especiales; sentía que todos estábamos conectados como un ser, experimentando esta emoción juntos. Todos se inspiraron a creer que todo era posible, y sentí que me había convertido en una inspiración. Me dio una mezcla de alegría y sentimientos extasiados, y todo mi ser estaba presente. Me sentí totalmente vivo en ese momento.

¿Cuál es tu momento «completamente vivo»? Algunos de mis amigos me han dicho que se sentían totalmente vivos cuando tuvieron un bebé. En ese momento experimentaron un sentimiento tan sagrado y especial. Otros han dicho que se sentían totalmente vivos cuando recibieron el reconocimiento de otros. Elije tu propio momento "completamente vivo" y sigue las instrucciones de aceptar la grandeza.

Ejercicio: Completamente vivo

1. Recuerda el momento en que te sentiste completamente vivo como si estuviera sucediendo ahora. Nota cómo se siente en tu corazón.

2. Pregúntate: ¿Cómo puedo experimentar este sentimiento hoy en mi vida?

Autenticidad

¿Qué es la autenticidad? Son las intenciones y cualidades que tienes como alma. El cumplimiento de nuestra autenticidad es recordar nuestras cualidades e intenciones heredadas por Dios. Con ellos, puedes actuar en las misiones que has planeado para ti mismo. Las misiones de vida son obra de Dios, el servicio que ofreces a otras almas que les ayuda a crecer espiritualmente. A través de estas misiones, experimentas alegría y satisfacción, que son placeres espirituales que puedes crear mientras estás en tu cuerpo humano.

Como alma, heredaste todas las cualidades virtuosas de Dios. Cuando imaginas cómo la Madre Teresa sirvió al más pobre de los pobres, ¿sientes su compasión? Si imaginas a Martin Luther King, Jr. haciendo su discurso de "tengo un sueño", ¿sientes su valentía o inspiración? Puedes sentirlos porque ya los tienes dentro de ti. Esto es lo que esos famosos maestros significan cuando dicen: "Todo lo que necesitas está dentro de ti ahora". Todas las cualidades virtuosas ya están dentro de ti. Con ellos, puedes hacer cualquier cosa y todo.

Creo que todos estamos en un largo viaje de regreso a nuestro origen, la presencia de Dios. En toda la vida, activamos nuestras cualidades virtuosas, las encarnamos y experimentamos más aspectos de la magnífica presencia de Dios. A medida que avanzamos con nuestro viaje, recordamos cada vez más que somos parte de Dios, que nos permite aumentar nuestra fe y poder existir más cerca ante la presencia de Dios.

Las creencias y perspectivas que aprendemos a través de la vida pueden nublar nuestra conciencia y obstaculizar el uso de las cualidades virtuosas dentro. Por lo tanto, para utilizar nuestras cualidades virtuosas, debemos desaprovechar esas falsas creencias y perspectivas. La oportunidad de hacerlo surgirá en tu vida en forma de desafíos y dolores emocionales. Todas las conversaciones que hemos tenido en capítulos anteriores deberían ayudarte a dejar ir esas creencias y perspectivas, e incorporar las que te sirvan mejor. Una vez que desarrolles suficientes creencias y perspectivas, necesitas activar las cualidades virtuosas que deseas. Una vez que desarrolles suficientes creencias y perspectivas, necesitas activar las cualidades virtuosas que deseas. Necesitas recordar el sentimiento de la calidad, aceptar que lo tienes en ti, y encarnarlo a través de la experiencia, lo que significa usarlo en tu vida cotidiana. Cuando empieces a usar tus cualidades virtuosas más altas, atraerás más oportunidades que requieran que uses esas cualidades, y naturalmente, te guiará a las misiones de vida que planeaste para ti mismo donde tus cualidades virtuosas pueden ser mejor utilizadas para beneficio de todas las almas.

Incertidumbre, fe, yendo con la corriente

Aunque el viaje de todos es diferente, hay una cosa que es común: la incertidumbre. Cuando empieces a sentir cómo realmente quieres, te llevará a hacer cambios en tu vida. Por ejemplo, tal vez desees comportarse de manera diferente en el trabajo para aumentar la armonía y la confianza. Quizá quieras ir a un viaje de aventura, experimentar cosas nuevas en el extranjero, o terminar una relación para empezar una nueva. Todos estos son intentos de alinear tu vida con lo que quieres en tu corazón. Sabes que estas son todas las cosas que hay que hacer; sin embargo, no es necesariamente fácil para tu cerebro estar de acuerdo con ellos, especialmente cuando no se ven muchos resultados tangibles al principio. Tu cerebro quiere claridad, certeza y seguridad apoyadas por explicaciones lógicas, pero tus decisiones basadas en tu corazón no pueden proporcionar ninguna de ellas. No hay un plan concreto, y no sabes lo que podría pasar después. Incluso si estás comprometido a seguir a tu corazón, la incertidumbre puede provocar miedo. ¿Y si esto no conduce a nada? ¿Y si lo pierdo todo? ¿Cómo puedo sobrevivir? El miedo a la incertidumbre es difícil. Te hace sentir que no tienes control sobre tu destino y que tu vida depende de la suerte accidental o aleatoria, desencadenando la impotencia y la sensación de desamparo. Puede que quieras detener todo y regresar a tu viejo estilo de vida, el vivir por lo que tu mente quiero y no tu corazón. Pero tienes que aguantarlo. El antídoto al miedo a la incertidumbre es la fe. Como se ha dicho anteriormente en este libro, la vida no es accidental o coincidente. Todo está planeado por ti como alma. Si estás pasando por la incertidumbre, significa que te diriges hacia un lugar más allá de la imaginación, algo sin precedentes en tu vida. Tienes tu propio futuro especial y único preparado para ti. Confía en ti y en tu futuro. Si no confías en ti, ¿quién lo hará?

Tu vida es más de lo que puedes imaginar, y es este conocimiento lo que te hace capaz de conquistar el miedo a la incertidumbre y alinear tu vida para seguir a tu corazón. Tienes misiones importantes y promesas que cumplir. Al conquistar tu miedo a la incertidumbre, estás aceptando tu grandeza y el hecho de que eres más que tu cuerpo. Estás aceptando que viniste a este juego de la vida para misiones importantes y para servir a muchas otras almas. Esto puede sonar como la historia de la gallina y los huevos; necesitas superar el miedo a la incertidumbre para aceptar tu grandeza, pero necesitas aceptar la grandeza para superar el miedo a la incertidumbre. Sí, por supuesto. Para hacer que esto funcione, primero necesitas aceptar tu grandeza con fe y seguir tu corazón. Debes tener fe en ti mismo, en tu vida y en Dios, y dar un salto.

Una vez aceptado tu grandeza como alma, tu camino se vuelve más fácil. Estás dispuesto a aceptar cambios inesperados en tu vida porque sabes que no importa lo que pase, te guiarás a tu destino planeado. Deja de preocuparte por el futuro y empieza a vivir en el momento actual. Disfrutas todo en tu vida, de momento a momento. Ese es el arte de seguir con el flujo.

Ejercicio: Vida entera

1. Imagina ver toda tu vida desde el principio hasta el final, como si estuvieras viendo una línea temporal de eventos de izquierda a derecha.

2. Pregúntate:

   ¿Cuáles son las mayores lecciones que he aprendido en mi vida hasta ahora?

   ¿Cómo puede la vida ser aún más significativa?

ETAPA 7. PHOENIX

¡Descubre tu Phoenix!

El Phoenix es un pájaro imaginario que se quema y se levanta de las cenizas para renacer. El significado simbólico del Phoenix es la resurrección de tu alma y el renacimiento. A medida que conquistas tus miedos y activas tu autenticidad, trasciendes tu frecuencia de vibración y recuperas el acceso a la mayor conciencia de tus más altas intenciones y cualidades internas.

Anteriormente en este libro compartí contigo cómo salí de mi Noche Oscura del Alma. Fue una experiencia de conquistar miedos y reanudar mi vida nuevamente, como un Phoenix que salía de las cenizas de su antiguo cuerpo, y terminó con esta increíble sensación de dicha.

Varios días después, me acostumbré a experimentar la felicidad cada día. Luego, un deseo ardiente empezó a surgir dentro de mí, un deseo de compartir mis experiencias con otros. Me dije a mí mismo: "¡Todo el mundo merece experimentar una vida sin miedo!" Es como si algo hubiera encendido el fuego de mi pasión dentro de mi corazón y me hubiera empujado a tomar medidas. Puse mi experiencia en las redes sociales, alentando a los lectores a que se centren en conquistar sus miedos y sanar sus emociones si alguna vez se encontraron experimentando una Noche Oscura del Alma. Recibí comentarios de tanta gente diciendo que experimentaron una Noche Oscura del Alma. Esto fue sorprendente porque pensé que nadie sabía lo que significaba la Noche oscura del alma, pero parecía que lo habían conseguido por el nombre y no necesitaban una explicación. Poco después, empecé a recibir muchos mensajes directos de las redes sociales de personas que pasaban por su Noche Oscura del Alma, pidiéndome consejos, eran tantos. He experimentado tanta alegría en cada momento mientras compartía mis experiencias y le daba un consejo. Cada vez que veía sus caras iluminadas después de nuestras consultas individuales, experimenté un profundo sentimiento de satisfacción, y me dije a mí mismo: "Así puedo servir a otros. Mi vida es significativa. Dios me ha utilizado bien".

Cuando sigues a tu corazón y adquieres tu elixir, ya no estás impulsado por las necesidades de supervivencia; estás obligado a prestar servicio a otros y estás impulsado por una visión para ayudar a todas las demás vidas a crecer y prosperar. Ese es el estado del Phoenix. En este estado, tu cuerpo, mente y espíritu están alineados, y sacas la mejor versión de ti y actúas a lo máximo. Encuentras oportunidades que te llevan a conocer a tu gente prometida, y experimentas la mayor alegría y la satisfacción.

La esencia de tu ser

Antes de discutir tus misiones de vida, me gustaría que contemplaras la esencia de tu ser, tus valores básicos. Son la base de tus aspiraciones, motivaciones y deseos porque esas cosas deben estar detrás de tus misiones vitales. Tus valores fundamentales influyen en tus decisiones, afectan a tus pensamientos y comportamientos, y alimentan tu pasión. Tus valores básicos se describen normalmente como un conjunto de cualidades y atributos virtuosos, como la integridad, la honestidad, la equidad, la libertad, la seguridad, la armonía y la compasión. Todas las cualidades y atributos virtuosas son importantes y valiosas, pero hay una breve lista de cualidades y atributos que son más importantes para ti que otros debido a tu experiencia en el pasado. Tal vez hayas experimentado una falta de equidad en tu infancia que te hizo darte cuenta de la importancia de la equidad, y no puedes evitar plantear cuestiones de injusticia en tu vida, como "¿Por qué la gente trata a otros de manera diferente debido a su riqueza o su condición social?" Viene de lo más profundo de tu corazón, estas preguntas pueden servir como combustible para que tu ardiente pasión marque una diferencia en el mundo.

Tus valores básicos residen detrás de todas tus identidades; los valores básicos son la parte más pura de tu identidad. Si te presentaras a alguien, ¿cómo describirías tu identidad? Tal vez empezarías con tu ocupación o con tus funciones familiares, como marido/mujer, madre/padre, hija/hijo. ¿También podría añadir cosas sociales y materiales, como la riqueza, la fama o los logros? Y, por supuesto, describirías tu identidad por tu nombre, edad y atributos corporales. En este ejercicio, les pido que se separen de todas estas identidades y funciones, y miren lo que queda de ustedes. Lo que encuentras en la esencia de tu ser es algo intangible, algo que es significativo más allá del reino físico. Normalmente, las personas encuentran sus intenciones más puras, como "aspiro a experimentar compasión," "Estoy aquí para experimentar alegría", así como tus valores básicos, como la libertad, la integridad, la transparencia, la paz y la armonía. Entra en la esencia de tu ser y encuentra tus intenciones y valores básicos más puros en este ejercicio.

Ejercicio: La esencia de tu ser

1. Párate frente a un espejo y piensa en algunas formas diferentes de describir tu identidad. Entonces, quítate las máscaras de tu identidad y déjalas al lado. Repite este paso hasta dejar todas las identidades posibles que usarías para ti.

2. Ahora, mírate sin todas estas identidades. Sin cuerpo, sin nombre, sin estatus social, sin papeles familiares, sin nada. ¿Qué queda de ti?

3. Pregúntate: ¿Qué valores son los más importantes para mí?

Misiones de vida

Ahora, ¿Cuál podría ser tu misión? Desafortunadamente, no hay una forma sencilla de identificar tu misión. Cuando sea el momento, se te revelará, pero déjame darte algunas ideas sobre lo que podría ser para ti. Como he hablado en la Teoría del Juego de Vida, el propósito de tu vida debe ser algo significativo más allá del reino físico, y mi teoría es que crecer espiritualmente mediante la activación de cualidades más virtuosas es el propósito del Juego de la Vida. Para cada juego de la vida, se fijan objetivos de crecimiento espiritual para que consigas en toda la vida. Por ejemplo, podrías elegir alcanzar un nivel más alto de compasión, atender tu temperamento intolerante y cultivar la conciencia en esta vida.

Aunque tu camino de crecimiento continuará el resto de tu vida, si llegas al punto de la vida en que es hora de activar tu autenticidad, significa que has llegado a la mitad. Has llegado a un punto en el que te puedes empezar a centrar más en otros objetivos del Juego de Vida para crecer espiritualmente contribuyendo al crecimiento de otras personas. Creo que esta es la naturaleza de las misiones de nuestra vida.

En mi observación, después de ayudar a miles de personas a encontrar sus misiones vitales, hay al menos cinco tipos de misiones.

Misión 1: Enseñar

Se supone que compartirás lo que has aprendido a través de tus desafíos pasados con otros. Esa puede ser una misión importante. Porque hablas de tus historias de vida reales, tu pasión se traduce a través de tu comunicación, y la gente lo siente intensamente. Tu gente prometida se relacionará con tus historias, y te reconocerán como la persona de la que quieren aprender. Tu público es la gente que está pasando por desafíos similares a los que has tenido en el pasado; por lo tanto, está preparado para ofrecer la mejor solución posible a sus problemas. ¿Recuerdas lo desafiante que era tu vida? Tu público sigue pasando por esos desafíos, y muchos han sido impulsados al límite. Necesitan tu ayuda para darse cuenta que pueden cambiar su vida para mejor. Tus historias pueden hacerles creer que pueden hacer lo mismo, y pueden sentirse empoderados para tomar medidas y perseverar. Puedes compartir tus intenciones y valores básicos más puros con ellos, lo que permitirá a tu público activar las mismas intenciones y valores en sus vidas. Te sorprendería ver cuánto puedes ayudarles a cambiar sus vidas, cuánto puedes experimentar alegría y satisfacción compartiendo tus lecciones, y cuánto más significativa puede ser tu vida. Por supuesto, te irá muy bien porque esta es la promesa que hiciste con ellos, de servir para su crecimiento. Antes de que lo sepas, te convertirás en un gran ejemplo y una inspiración para muchos.

La enseñanza es el enfoque más sencillo para compartir tus lecciones con otros, pero el formato de la enseñanza puede variar. Podrías ir a una escuela y compartir tus conocimientos con los estudiantes, podrías organizar un seminario/taller o dar un discurso público.

Puedes escribir tu experiencia en libros y artículos de blog o publicar tu mensaje en las redes sociales. O, simplemente podrías compartir tus experiencias y conocimientos hablando con tu familia, amigos y colegas cada día.

Misión 2: Sanación

Ayudar a otros a superar sus desafíos es otra misión importante que puedes elegir realizar. Para hacerlo, necesitas estar seguro que se produzca una sanación en cada reto. Aquí, mi definición de sanación es liberar dolor emocional, identificar lecciones detrás de un desafío, y cambiar creencias y perspectivas. Como hemos debatido hasta ahora, los retos ocurren en nuestras vidas por una razón: crecimiento. Por lo tanto, si nos damos la espalda y evitamos enfrentar la situación, el mismo desafío ocurrirá una y otra vez en nuestras vidas hasta que crezcamos. Tenemos que enfrentar la situación por adelante, sanar nuestro dolor emocional, y cambiar las creencias y perspectivas que ya no nos sirven. Puedes ayudar a otros a sanar sus desafíos al escucharlos como una presencia compasiva, alentándoles a que consideren la situación como una oportunidad de aprendizaje, y guiándoles a identificar nuevas creencias y perspectivas que pueden incorporar en sus vidas. Puedes ofrecer esos servicios a tu familia, amigos y colegas en conversaciones informales, o puedes ofrecerlos como parte de tus servicios existentes como capacitador o consejero. He estado haciendo esto durante más de diez años, y siento una gran alegría cuando veo que alguien se transforma; literalmente, sus caras se iluminan. Me hace sentir como si Dios me estuviera utilizando bien.

Misión 3: Liderazgo

Se trata de vivir según tus valores básicos y asumir un papel de liderazgo para establecer, aceptar, proteger o restablecer los valores de la comunidad a la que perteneces. Los valores básicos son los que desean experimentar lo más posible en la vida, y si tus valores básicos son amenazados o abusados, puedes sentir un deseo ardiente de corregir la situación, ya sea en tu familia, comunidad o país. Por ejemplo, si la naturaleza es uno de tus valores fundamentales y ves los efectos desastrosos del cambio climático, podrías sentir un deseo ardiente de tomar medidas. Puedes comunicar la situación crítica a la comunidad a la que perteneces o tomar una iniciativa para introducir cambios en las prácticas comerciales y los estilos de vida para hacer una diferencia.

Para la misión de liderazgo, es esencial tener una visión de cambio. La gente viene a trabajar contigo porque están de acuerdo con tu visión. Al unirse con otros y unir fuerzas, se puede crear un gran movimiento para el cambio, y se puede hacer una diferencia en la sociedad. Observa que no necesitas estar en una posición de liderazgo para ser líder. Cuando hablas con alguien, puedes llevar a la otra persona a una visión. Hoy vivimos en un mundo donde la voz de una persona puede llegar al mundo entero. Este es el momento en que cualquiera puede iniciar cambios importantes para la humanidad.

Misión 4: Infraestructura

Una de tus misiones podría ser proporcionar un entorno para que otros aprendan, crezcan y vivan sus misiones. Aunque no interactúes directamente con otros, puedes contribuir a tu crecimiento proporcionando una infraestructura. Por ejemplo, para ayudar a difundir prácticas meditativas a crear más paz y armonía en la sociedad, ayuda a organizar una conferencia en la que las personas con ideas similares pueden reunirse, debatir temas importantes e inspirar a un público más amplio hacia una visión particular. O, puedes empezar un centro de bienestar donde la gente puede relajarse, sanarse y aprender juntos para el crecimiento espiritual.

Las misiones de infraestructura pueden apoyar a muchas personas en el cumplimiento de sus misiones. Cuando empecé a sanar como carrera, estudié de la fundadora de una técnica de sanación. Ella enseña a la gente a sanarse a si mismo y a otros, y también certifica a los profesores para enseñar la técnica de sanación. Ha organizado una comunidad de sanadores y maestros, personas de mente similares que apoyan el crecimiento de los demás, para que todos sus estudiantes puedan vivir su misión de sanar y enseñar a otros en su país. Su técnica de sanación se ha extendido en todo el mundo, y la comunidad ha crecido ampliamente. Me siento tan afortunado, agradecido y honrado de haber sido parte de sus lecciones durante muchos años. Este es un ejemplo de una misión de infraestructura.

Hay personas que no quieren hablar en público o en sesiones de uno a uno, pero son buenas para establecer infraestructuras y hacerlas sostenibles. Hay otros que son buenos para hablar y consultar, pero son débiles en el ámbito de la comercialización.

Hay otros que son buenos para hablar y consultar, pero son débiles en el ámbito de la comercialización. A lo largo de los años, he aprendido que todos tienen sus propias fuerzas, y cuando trabajamos juntos, podemos cumplir nuestro destino.

Misión 5: Crianza

La crianza es una misión muy importante que una persona puede cumplir en la vida. Desde el nacimiento, los padres desempeñan un papel importante en el apoyo al crecimiento de un niño que, un día, puede ser de gran servicio a la sociedad. Además, también tienes la oportunidad de crecer mediante la crianza de los hijos. Aunque no sientas que has hecho un buen trabajo de crianza, aún sirves para traer a un niño al mundo.

Por supuesto, esto también incluye la adopción. Adoptar un niño es algo tan hermoso que hacer, recibir un niño y criarlo como tuyo, amar a un niño incondicionalmente por el resto de sus vidas. Incluso si un niño no entra en tu vida biológicamente, la adopción se produce por las promesas entre las almas de los padres y el niño. Piénsalo: el alma quería vivir una vida con esos padres, sin importar lo que fuera necesario, aunque significara nacer en un útero distinto. Debe haber una conexión muy fuerte entre sus almas.

Nota sobre las misiones

- Puedes tener varias misiones en tu vida. Por ejemplo, creo que mis misiones incluyen la enseñanza, la sanación y la infraestructura, posiblemente el liderazgo en el futuro, pero probablemente no la crianza de padre.

- Tu misión evoluciona. Empecé en una misión de sanación, luego se añadió mi misión de infraestructura, y unos años después, empecé mi misión de enseñanza. Algunos años después, me di cuenta que mi misión de infraestructura había terminado, y parecía que una oportunidad se expandía más en mi misión de enseñanza para llegar a un público más amplio.

- Algunos podrán sentir que no debes hacer dinero con estas misiones. No estoy de acuerdo. Si gastas tus ahorros para hacer tu misión, no puedes continuar a largo plazo. Está totalmente bien hacer dinero con la actividad, así que puedes continuar con tus buenas obras y cumplir tus misiones. Puedes usar los beneficios para satisfacer tus necesidades diarias, tener buenas experiencias en tu vida, e invertir en la actividad para que puedas ofrecer mejores servicios.

- Cuando estés listo, tu público aparecerá. Aunque sientas que no estás calificado o no tengas a nadie con quien compartir tu conocimiento, la gente te encontrará cuando hayas alcanzado el nivel de tu crecimiento en el que estás dispuesto a compartir con otros. Sólo mantente auténtico y empieza a hablar. La gente te encontrará y pedirá tus servicios, pase lo que pase.

- No necesitas dejar tu trabajo actual o dejar tu relación para vivir tu misión. Puedes continuar tu vida hoy y alinear tus intenciones, comportamientos y acciones según tu autenticidad y misiones. ¿Cómo puedes hacer una diferencia en tu trabajo actual con tus intenciones renovadas y mentalidades? ¡Te sorprendería saber cómo tu trabajo actual puede servir a tus misiones! El trabajo que sentías era aburrido o no inspirador puede convertirse en un vehículo para cumplir con tus más altas intenciones. Es un sentimiento mágico saber que ya estás en el lugar adecuado para cumplir tu misión.

Proceso de visión

En el viaje del Héroe, un héroe recibe un llamado, da un salto de fe, pasa por entrenamiento y pruebas, conquista la experiencia y adquiere el elixir. Luego, el héroe regresa a casa con intensas intenciones, con una visión para que el mundo original cambie para mejor. Desde que empezaste a seguir tu corazón, has sido guiado por las intenciones más puras y cualidades virtuosas de tu alma. Sólo necesitabas mantener la fe. Aquí, me gustaría guiarles sobre cómo satisfacer los deseos de su mente y cuerpo.

Sea lo que sea en que te centres, teniendo una visión más clara puedes aumentar las posibilidades de hacer que tus sueños sucedan de la forma que tú quieras. Con este ejercicio, puedes aprovechar la esencia de tu ser y visualizar tus misiones saliendo de las intenciones más puras de tu alma.

Ejercicio: Proceso de visión

1. Piensa en los valores importantes que reconociste en el ejercicio anterior.

2. Imagina un mundo deseable donde todos tus valores importantes están bien establecidos, abrazados y protegidos.

3. Pregúntate: ¿Cómo puedo contribuir a crear este mundo deseable?

Preparándose para la muerte

No hay nada de qué preocuparse cuando se trata de la muerte. Es un punto de salida para completar esta vida física, y seguirás existiendo como conciencia en un mundo diferente a este. En cierto modo, la muerte es una graduación de una educación permanente y una liberación de las limitaciones físicas.

Debes entender que tu vida física es un entorno de aprendizaje muy único, precioso y eficaz, y hay muchas cosas que puedes hacer para hacer muchas diferencias positivas en tu vida después de la vida sin necesidad de hacer mucho esfuerzo físico, aunque sólo te queden unos días o horas. Esta es mi recomendación de las cinco primeras cosas que hacer antes de la muerte.

1. **Suelta tus creencias sobre la muerte.**

   Después de morir, experimentarás lo que creas sobre la vida después de la vida y la muerte. Por ejemplo, si crees que la gente va al cielo o al infierno, ahí es a donde irás. Si crees que dormirás en el cementerio, eso es lo que sucederá. Por eso es importante que dejes de creer tus creencias sobre la vida después de la muerte, y elijas creer lo mejor posible que pudiera pasar después de la muerte, yendo al lugar más hermoso que puedas imaginar y recibir la bienvenida por todas tus familias fallecidas y amigos. Lo que elijas creer será lo que experimentes después de la muerte.

2. **Deja ir tu enojo, resentimiento, arrepentimiento y culpa.**

Después de la muerte, la transición a un nuevo mundo sea lo que sea. Esto sucede en unos días después de tu muerte, pero si tienes un fuerte apego a tu vida física, perderás la oportunidad de la transición. Esos apegos son cosas como ira intensa, resentimiento, arrepentimiento y culpabilidad. Sugiero que dejes estas emociones para que puedas seguir adelante después de la muerte. Para hacerlo, completa el ejercicio de perdón en este libro para todas las personas que te han hecho sentir ira o resentimiento. Además, perdónate por cualquier culpa, arrepentimiento, o vergüenza que sientas. Este ejercicio de perdón hará una gran diferencia en tu vida después de la vida.

3. **Sana tu corazón.**

Podrías llevar dolor en tu corazón del pasado, ocasionando tristeza, arrepentimiento, o incluso culpabilidad. No puedes cambiar lo que pasó, pero aún puedes sanar tu corazón y dejar ir el dolor. Sugiero que hagas los ejercicios de sanación en este libro que están relacionados con tu situación de dolor. Dejar ir al dolor puede permitirte sentirte más feliz.

4. **Siéntete Orgulloso.**

No importa cómo se vea tu vida, es especial, valiosa e importante. La riqueza, la fama y la condición social no importan. Viviste esta vida de la mejor manera que pudiste, y sobreviviste hasta aquí. Piensa en cómo pudiste crecer a través de los errores y fracasos. Piensa en cómo ayudaste a los demás a sonreír. Encuentra razones para estar orgulloso de tu vida y mantener ese sentimiento lo más posible.

5. **Expresa gratitud.**

Ahora es el momento de darle gracias a toda la gente que te rodea. Toma el teléfono o escribe cartas a tu familia, amigos, colegas y conocidos. Exprésales tu gratitud. Esto te permitirá sentir conectado a sus corazones, lo que hará que sus corazones sientan calidez. ¿Qué es más importante que eso?

Después de que experimentes la muerte física, vuelves a casa como espíritu al cielo, al universo, al después de la vida, o como lo llames. Serás saludado por tus amigos del alma, que normalmente aparecen en la identidad que tenían cuando los conociste en la vida humana, como tus padres, seres queridos y otros miembros familiares. Si intentas volver a casa antes de tu tiempo, probablemente te dirán: "¡Vuelve! Aún no es tu momento". Sin embargo, si es tu momento, serás recibido y tendrás la oportunidad de revisar toda tu vida. Durante este tiempo, puedes repasar las lecciones aprendidas, confirmar los asuntos sin terminar e identificar nuevas oportunidades de crecimiento. Entonces, podrías elegir volver a una vida humana nuevamente o tomar un enfoque diferente para tu crecimiento.

Hay algunos caminos que la gente podría tomar después de su muerte en vez de volver a casa sin problemas. Hay varias razones por las que se pueden ir de lado, y una razón es que si alguien tiene un fuerte apego a la vida que terminó. Podría negarse a ir a casa y quedarse en la realidad de la tierra sin un cuerpo. Este es el fenómeno conocido como fantasma. El apego puede ser un fuerte resentimiento contra otra persona, o podría ser una gran preocupación para alguien que fue dejado solo después de su muerte. Además, alguien puede decidir tomar un camino diferente si tienen una creencia fuerte que se supone que van a un lugar determinado, como el infierno. En tales casos, crean una ilusión del infierno y luego la viven allí. La tercera razón es que simplemente no se dan cuenta que han muerto y siguen creyendo que siguen vivos. Por ejemplo, cuando un gran grupo de personas muere al mismo tiempo, como en una batalla, es posible que no reconozcan su propia muerte y sigan luchando en su conciencia.

Estas personas son las más difíciles de rescatar porque no tienen un cuerpo y no pueden ser consultadas por otros de una manera ordinaria. Pero aún puedes ayudarlos energéticamente para que puedan librarse de sus dolorosas emociones o creencias limitantes. Si sigues sintiendo tristeza o dolor por ellos, agravas sus situaciones. En cambio, lo que puedes hacer es mandarles energías positivas y creencias que pueden transformar sus energías y permitirles volver a casa. ¿Cómo puedes mandarles energías y creencias positivas? Simplemente centrándote en sentimientos y creencias positivas asociados a la persona, y se les serán enviados.

Para ello, lo mejor es centrarse en sus cualidades virtuosas, como el amor, la gratitud, la felicidad, la compasión y el honor. El amor y la gratitud les darán un sentimiento de calor, paz y aceptación y ayudarles a sanar sus miedos. La compasión les permitirá perdonar a otros, a sí mismos y ayudarles a sanar la ira y el resentimiento. Honrar a alguien es mantenerlos en la mejor versión de sí mismos y guiar tu atención hacia sus mejores cualidades.

Si conoces a alguien que ha muerto, pero puede estar atrapado, imagina a la persona y expresa amor y gratitud por ellos en tu mente. Desearía que tu dolor se aliviara y liberara. Imagina a la persona que demuestra sus mejores cualidades para otros y a sí mismos, y que les agradezca por ser una persona honorable.

EPÍLOGO

Has dejado tu cuerpo físico y lo estás viendo dejar de funcionar. Se devolverá al Planeta Tierra para transformarse en otra forma. Finalmente, llegas al momento final divino; estás completando esta vida.

Antes de que te des cuenta, hay una puerta abierta frente a ti, radiando luces hermosas. Te trae un sentimiento de paz y calor, invitándote a entrar. Sin duda, atraviesas la puerta y entras en un túnel de luces. Después de ser entretenido por capas de hermosas luces brillantes en el túnel, llegas a un gran campo abierto. No hay sonido ni viento. Es simplemente paz y calidez.

Desde lejos, un grupo de almas se acercan a ti. Cuando los miras, son caras familiares, tus familiares, amigos cercanos y otros seres queridos. Todos irradian hermosa luz en diferentes colores. Sonríen y te dan la bienvenida.

¡Oye, tú! ¡Bienvenido! ¿Cómo fue?" una voz pregunta.

Se reúnen a tu alrededor y te abrazan. Ha pasado un tiempo desde la última vez que los viste, y te hace tan feliz volver a verlos. De repente, recuerdas a los miembros de tu familia que dejaste en la vida humana. ¿Están bien? ¿Pueden ser felices?

"No te preocupes. Estarán bien. Todo está planeado para que cumplan sus propósitos para lo mejor," dice otra voz.

Poco a poco, vuelves a la conciencia de ti mismo como un alma y miras toda tu vida desde lejos. Recuerdas todas las lecciones que aprendiste, las cosas alegres que experimentaste, y los hermosos momentos que compartiste con los demás. También tomas nota de algunas oportunidades de crecimiento para tu próxima vida.

Otra voz te dice: "Oye, pongámonos al día y divirtámonos mucho".

Te dices a ti mismo: "Eso es correcto. No necesito preocuparme. Tengo mucho tiempo porque no hay tiempo ni espacio aquí. Divirtámonos mucho, luego manifestémonos para la próxima vida".

Te tomas de la mano con todos los demás y saltas a una luz brillante juntos para experimentar todos los lugares hermosos que puedes imaginar hasta la próxima vez que elijas entrar en una vida humana.

MENSAJE AL LECTOR

¿A quién admiras? Podrías pensar en gente exitosa en nuestro tiempo, como Oprah Winfrey, Michael Jordan o Steve Jobs. O quizá en alguien en la historia, como Gandhi, la Madre Teresa, o Martin Luther King, Jr. Para mí, es mi madre. Sé que esto puede sonar infantil, pero hablo en serio. Conozco a algunas personas geniales, y he conocido a muchas personas exitosas a través de negocios, actividades sociales, etc., pero aún así, admiro a mi madre como la más importante. ¿Por qué? Porque es la persona más feliz del mundo que conozco.

Mientras escribo esto hoy, mi madre, Keiko, tiene 82 años. Su marido, mi padre, murió hace muchos años cuando tenía sólo cincuenta años. Sus hijos, mi hermana y yo, vivimos nuestras vidas en diferentes lugares. Vive sola, pero está lejos de estar sola, tiene muchos amigos.

Juega al tenis de mesa al menos tres días cada semana y participa en torneos de tenis de mesa local cada mes. Sale a bailar todas las semanas, y también juega juegos de mahjong con sus amigos. Además, va al gimnasio de fitness todos los días. Cuando la llamo, está ocupada y tiene a dónde ir. Ella es la persona más ocupada de nuestra familia. Está sana y mantiene un estado mental y emocional feliz. No se distrae por sentimientos negativos. Está libre de estrés.

Hace varios años, estaba pasando por un momento difícil en mi vida, y perdí la motivación y la voluntad de vivir. Sentí que no había nada que quisiera hacer más. En el pasado, siempre había perseguido algo, logros comerciales, una relación más feliz, más dinero o más posesiones materiales. Pero ya no había motivación ni deseo. Nada. ¿Alguna vez te has despertado por la mañana y te has dado cuenta que no había nada que quisieras hacer? Es una sensación terrible. Te hace sentir como si estuvieras desperdiciando tu vida, como si fueras un fracaso y no mereces cosas buenas en la vida. Yo estaba allí. Había tocado fondo.

Luego, me dio curiosidad saber cómo mi madre podía permanecer tan feliz. Mi madre se estaba haciendo mayor, y no tenía ambiciones para obtener más logros. No buscaba dinero, su vida estaba bien establecida sin él. No había estado en una relación desde que murió mi padre, y había estado viviendo sola durante mucho tiempo. Me pareció que no tenía ninguna motivación particular para lograr o adquirir nada, pero era la persona más feliz que conocí. ¿Cómo pudo vivir así? ¿Qué la hizo tan feliz cuando no había oportunidad de mejorar la calidad de su vida?

Tan desesperado como estaba, corrí a su casa para verla. Le pregunté: "¿Cómo puedes mantener sentimientos tan felices todos los días?" Parecía desconcertada, pero me respondió con calma. Su respuesta fue algo que nunca había esperado. "Hiro, yo simplemente hago lo mismo todos los días. Eso es importante para mí. Encuentro alegría y felicidad en cada pequeña cosa que encuentro. Mi intención es ser quien soy".

Esas palabras me impactaron. Era como si me hubiera perdido el punto de la vida. La gente ve valores en diversas aspiraciones en la vida, como el éxito de empresas, los actos humanitarios, el valiente servicio, el conocimiento precioso, una familia feliz, etc. Todos estos son algo que queremos lograr. Mirando a mi madre, me di cuenta que había algo precioso y auténtico en la vida ordinaria que nos da grandes valores: simplemente estar en lugar de hacer. Esto me plantea algunas preguntas, como "¿Cuál es el significado de la vida?" y "¿Qué hace realmente feliz a la gente?"

En los últimos años, una de mis pasiones ha sido comprender el significado de la vida. Este libro es mi intento de poner mis muchos conocimientos diferentes para describir el panorama general de la estructura, el medio ambiente y las reglas de la vida humana, el Juego de la Vida.

Espero que este libro te haya dado algunas ideas y posiblemente desencadenado algunas transformaciones importantes para ti, permitiéndote crear más alegría, felicidad y abundancia en tu vida.

Se fiel a tu corazón.

Descubre tu Phoenix.

Sé el que prende la pasión en otros.

Sé el cambio que deseas ver en el mundo.

Con amor y gratitud,

Hiroyuki "Hiro" Miyazaki

RECONOCIMIENTOS

El mundo es un lugar mejor, gracias a las personas que están altamente desarrolladas espiritualmente y lideran a otros, siendo grandes ejemplos. Lo que lo hace aún mejor son las personas que comparten el don de su tiempo para ser tutores de futuros líderes. Gracias a todos los que se esfuerzan por crecer y ayudan a otros a hacer lo mismo.

Doy las gracias a mis familiares, Masumitsu Miyazaki, Keiko Miyazaki, Kaori Miyazaki y Taichi Miyazaki, por su continuo inspiración, comprensión, respeto y apoyo.

Le doy las gracias, Sayuri Sato Hirata, por su continuo aliento y apoyo durante todo este viaje de escritura. Me siento afortunado de haberte conocido, y estoy emocionado de experimentar alegría en cumplir nuestra visión compartida y misión juntos. Y doy gracias al equipo del Centro de Bienestar Aiki dirigido por Sayuri Sato Hirata y Carlos Kasuga Sakai por apoyarme para entregar mi método de sanación "Phoenix Blessing" a un público más amplio a nivel internacional. (https://aiki.com.mx)

Doy gracias a Ángel Ray por ser mi mejor amiga y sincera consejera durante muchos años. Gracias por ser una inspiración para vivir una vida de autenticidad a través de sus productos de joyería y su viaje de vida (https://www.aquarylis.com)

Doy gracias a Rose Mihaly, mi exjefe en mis días corporativos, por ser el tipo de líder que admiro y me esfuerzo por convertirme. Su inteligencia, compasión y alegría me han inspirado para crecer como persona y líder.

Doy gracias a Vianna Stibal por ser una gran inspiración como maestro espiritual y sanador milagroso. Me has ayudado a crecer tanto espiritualmente y me has dado oportunidades de conectarme con tantas personas maravillosas en el mundo.

Doy gracias a Claudia Plattner por compartir profundas ideas conmigo cuando me perdí en un cruce de mi vida, y ayudarme a encontrar la dirección durante tiempos inciertos. Tu mensaje intuitivo siempre ha sido alentador y puntual.

Doy gracias a Elaine Cole por alentarme a escribir mi libro y por ayudarme en el camino. También doy gracias a Gerald Cole por revisar mi manuscrito y darme dirección cuando fue necesario.

Doy gracias a Alexandra P. Brown por su amistad, inspiración, consejo sincero, presencia alegre y apoyo a mis actividades en el Reino Unido.

Doy las gracias a Natalie Yufereva por permitirme conectarme con la audiencia de habla rusa en sus corazones y apoyarme en proporcionar comunicación a la comunidad rusa. Doy las gracias a mis amigos en Irkutsk - Mikhail Sychugov, Natalia Dracheva, Evgeni Drachev, Alexander Zausaev, Uliana Zausaeva - por permitirme asimilarme en la cultura y la belleza natural de Siberia, además de la hospitalidad y la presencia alegre a lo largo de mis actividades en Rusia.

Doy las gracias a Zaituna Maidenova y a Saliya Zaidinova por permitirme asimilar a la cultura y a la tierra del Asia central. También les agradezco que me apoyen para llevar a cabo excursiones espirituales en Egipto. Eso fue realmente alegre y satisfactorio.

Doy gracias a Ann Young por ayudarme a ampliar mi alcance a la audiencia de habla china y a experimentar alegría y felicidad de la cultura allí. Me permitiste sentir que tengo tantos hermanos y hermanas en Asia.

Doy gracias a Ayda Velasco por la amistad, inspiración, consejo sincero, presencia alegre y apoyo a mis actividades de sanación en Colombia.

Doy gracias a Elena Karasenko por la amistad, inspiración, consejos sinceros, presencia alegre y apoyo a mis actividades de sanación en Ucrania.

Doy gracias a Maria Mamaeva por la amistad, inspiración, consejos sinceros, presencia alegre y apoyo a mis actividades de sanación en Rusia.

Doy gracias a Nagy Szilvia por la amistad, inspiración, consejos sinceros, presencia alegre y apoyo a mis actividades de sanación en Hungría.

Doy gracias a Tanja Wilcken por la amistad, inspiración, consejo sincero, presencia alegre y apoyo a mis actividades de sanación en Alemania.

Doy gracias a mis amigos y organizadores que me han ayudado a conectar con tanta gente a través de talleres/webinars en países, como Australia, Austria, Colombia, Croacia, Francia, Alemania, Grecia, Hungría, India, Japón, Kazajstán, Letonia, México, España, Suiza, Emiratos Árabes Unidos, Ucrania y Estados Unidos.

A todas las personas que he tenido la oportunidad de ayudar a sanar o ayudarme a ser sanado, les doy gracias por ayudarme a experimentar alegría y satisfacción, aprender lecciones y crecer espiritualmente a lo largo de los años.

Doy gracias a los grandes maestros, incluyendo (pero no limitándose a) Jesucristo, Buda, Thoth, Kuan Yin y Virgen María, por ayudarme en mi viaje espiritual y en mi escritura de libros. Sin ustedes, este libro no sería posible.

Por último, pero, ante todo, doy gracias a Dios, el Creador de todo lo que es, por dejarme estar al servicio entregando los mensajes con este libro a otros. Doy las gracias por el hecho de que lo que estaba en secreto ha sido traído a la luz. Ha sido un honor ser bien usado por ti.

SEMINARIOS Y TALLERES

"Phoenix Blessing™" es una técnica de sanación de energía desarrollada por Hiroyuki 'Hiro' Miyazaki. Los seminarios y talleres de Phoenix Blessing™ están diseñados como guías terapéuticas de autoayuda para desarrollar la capacidad de la mente para sanar y experimentar alegría y plenitud en la vida.

Los seminarios facilitados por Hiroyuki Miyazaki y practicantes certificados de Phoenix Blessing™ incluyen:

- Noche Obscura del Alma

- Dinero y felicidad

- Relación de alma gemela

- Auto-empoderamiento

- Alegría y felicidad

- Activando la prosperidad

Talleres facilitados por Hiroyuki Miyazaki e instructores certificados de Phoenix Blessing™ incluyen:

- Practicantes de Phoenix Blessing™

- Ascendiendo a tu más alto potencial

- Relaciones y bienestar

- Despertando la prosperidad en ti

- Curso de negocios para empresarios de negocios de bienestar.

- Viaje místico a Egipto (Taller)

- Talleres facilitados por Hiroyuki Miyazaki:

- Instructores de Phoenix Blessing™

- La teoría del Juego de la Vida

- Ley de la atracción

- Descubrimiento de la misión de vida

- Viaje Místico a Egipto (Tour)

Para más información sobre los horarios de las clases de Phoenix Blessing™, visita nuestro sitio web en https://www.phoenixblessing.com

SOBRE EL AUTOR

Hiroyuki "Hiro" Miyazaki tiene 17 años de experiencia en la gestión de la consultoría empresarial y de proyectos en la industria financiera. Después de salvarse de vivir el ataque terrorista del 11 de septiembre en 2001, comenzó a cuestionar el significado de la vida y exploró su mundo interior, finalmente encontrando su pasión en el dominio espiritual y emocional y cambiando de carreras para convertirse en sanador espiritual, maestro y capacitador. Se centra en prestar servicios a otros, su actividad se amplió a nivel mundial y ha ayudado a muchas personas a través de sesiones privadas y talleres. Su curso autorizado se ha extendido a más de 35 países.

Hoy, Hiro es un autor con publicaciones y un orador que inspira, es profesor de sanación, capacitador y consultor. Es el creador de Phoenix Blessing, la técnica de sanación emocional que inventó para sanar los retos emocionales más difíciles que trae la Noche Oscura del Alma. Fue certificado como profesor SIY, entrenador de inteligencia espiritual (SQ21), instructor de ciencias ThetaHealing© Instructor/Practicante de la ciencia, un profesor de QHHT y un maestro Reiki.

Hiro nació y creció en Japón. Actualmente vive en Los Ángeles y ofrece sesiones privadas y talleres de autodesarrollo a nivel internacional. Le encanta viajar, conectarse con personas en diversas culturas, y explorar maravillas del mundo. Tiene pasión por aprender y compartir prácticas espirituales del antiguo Egipto.

Usted puede encontrar más información sobre sus talleres públicos, seminarios en línea y sesiones privadas de sanación en https://phoenixblessing.com/.

SIY (Search Inside Yourself) es un programa de capacitación emocional basado en la conciencia desarrollado en Google. (https://siyli.org)

SQ21™ es un programa de evaluación de inteligencia espiritual creado por Cindy Wigglesworth de Deep Change, Inc. (https://www.deepchange.com). La Inteligencia espiritual se define como "la capacidad de actuar con sabiduría y compasión manteniendo al mismo tiempo la paz interna y externa (ecuanimidad), independientemente de las circunstancias.

La técnica ThetaHealing© es una técnica de meditación creada por Vianna Stibal en 1995, que utiliza una filosofía espiritual con el fin de mejorar en mente, cuerpo y espíritu, al tiempo que te acercan al Creador de todo lo que es. ThetaHealing© y ThetaHealer© son marcas registradas de THINK (https://www.thetahealing.com).

QHHT (Quantum Healing Hypnosis Technique) es una técnica de hipnosis desarrollada por Dolores Cannon. (https://www.qhhtofficial.com)